TOEIC®テスト
公式プラクティス

リスニング編

一般財団法人 国際ビジネスコミュニケーション協会

Copyright © 2012 by Educational Testing Service. All rights reserved. ETS and TOEIC are registered trademarks of Educational Testing Service (ETS) in the United States and other countries.

No part of this work may be reproduced, transcribed, or used in any form or by any means—graphic, electronic, or mechanical, including photocopying, recording, taping, Web distribution, or information storage and retrieval systems—without the prior written permission of the publisher.

目次

問題編

- ■ 本書の構成と効果的な使い方 4
- ■ TOEIC® テストについて 6
- ■ TOEIC 公開テスト　受験の流れ 8

■ Part 1　写真描写問題 9
- **Unit 1**　人物の描写 12
- **Unit 2**　物の描写 17
- **Unit 3**　人物の動作と状況の描写 27
- **Challenge 1** 36

■ Part 2　応答問題 49
- **Unit 4**　Part 2 における質問の種類 52
- **Unit 5**　WH 疑問文 57
- **Unit 6**　Yes/No 疑問文、選択疑問文 63
- **Unit 7**　依頼・許可・提案・勧誘の文 72
- **Unit 8**　付加疑問文と否定疑問文、肯定文と否定文 79
- **Challenge 2** 86

■ Part 3　会話問題 91
- **Unit 9**　Society & Life（社会と生活）................................... 94
- **Unit 10**　Workplace & Business（職場とビジネス）............. 101
- **Unit 11**　Personnel & Training（人事と研修）..................... 108
- **Challenge 3** 115

■ Part 4　説明文問題 123
- **Unit 12**　Telephone Messages（電話メッセージ）................ 126
- **Unit 13**　Announcements（アナウンス）............................... 133
- **Unit 14**　Advertisements & Talks（宣伝とトーク）.............. 140
- **Challenge 4** 147

本書の構成と効果的な使い方

本書の特長と構成

- TOEIC®テストには、リスニングセクションとリーディングセクションがありますが、本書ではリスニングセクションのみを学習します。
- 本書はTOEICテストを開発する米国のテスト機関ETSが制作・監修した公式教材です。
- 段階を追った練習問題をこなしながら、TOEIC形式の問題に解答するスキルを少しずつ身につける仕組みになっています。
- 音声は、すべて実際のTOEICテストでナレーションを行うナレーター*が担当しています。
    *ただし、今後のテストではナレーターが変更になる可能性もあります。
- TOEIC形式の問題に挑戦する前に、さまざまなタスクに取り組みます。その過程で会話などを繰り返し聞くためリスニング力が向上し、英語の選択肢を読むうちにリーディングの訓練もできます。

※実際のTOEICテストでは書き込み禁止です。

Unitの学習 — Part 1〜4の問題をテーマ別に分けて学習する

1 Warm Up
キーワードの聞き取りで基礎力構築

- キーワードをつかむ
- テーマをつかむ
- *学習の目的：
学習テーマに沿った定型文や重要語句などを把握する。

2 Practice
さまざまなタスクで段階的に実力強化

- 概要と詳細をつかむ
- さまざまな表現を学ぶ
- *学習の目的：
繰り返し聞いて、正確な聴解力を養成する。

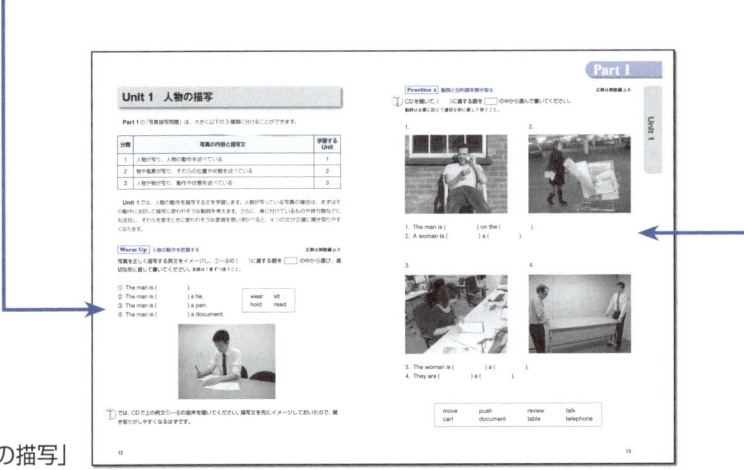

例：
Unit 1「人物の描写」

3 TOEIC形式問題に挑戦
Unit のまとめとしての実践演習

Warm Up、Practice で学習したテーマに沿った TOEIC 形式の問題に取り組む。
＊学習の目的：
TOEIC テストと同様の解答形式やスピードに慣れる。

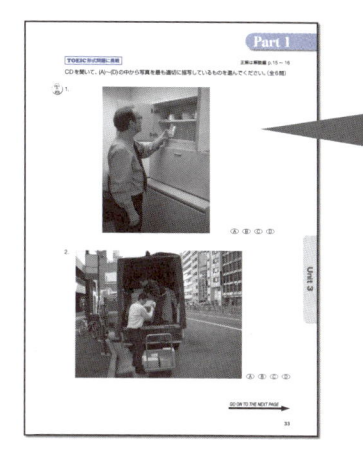

> Unitのテーマに即したTOEIC形式の問題で、リスニング力向上を図る。

Challenge の学習 — 各 Part の総仕上げとして TOEIC 形式の問題を解く
合計 144 問

4 さまざまなテーマからなる問題で各 Part の総仕上げ

各 Part のまとめとして、TOEIC テスト本番と同様にさまざまなテーマからなる形式の問題に解答。
＊学習の目的：
テスト1回分を超える問題数をこなして、解答形式やスピードに慣れる。

> 問題は実際のテストと同じ形式

> 本番と同様のナレーター＊とスピード

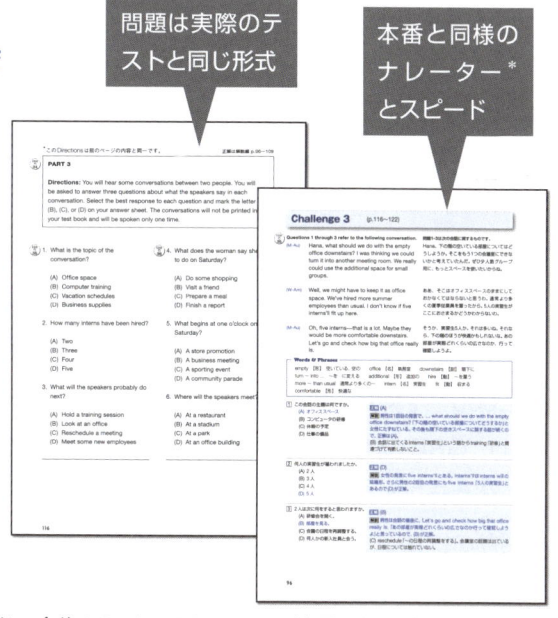

＊ただし、今後のテストではナレーターが変更になる可能性もあります。

+α 最終演習

> **TOEIC テスト新公式問題集**との組み合わせ学習で、受験準備を万全に！

さらに、テスト準備には、「TOEIC テスト新公式問題集」シリーズ（別売）でリーディング問題も含め、200 問の問題を 2 時間で解答してみることをお奨めします。
参考スコア範囲も算出できます。

TOEIC® テストについて

TOEIC® テストとは何か？

　TOEIC（トーイック）とはTest of English for International Communicationの略称で、英語のコミュニケーション能力を幅広く評価する世界共通のテストです。

　TOEICテストの最大の特長は合格・不合格ではなく、受験者の能力をリスニング5点〜495点、リーディング5点〜495点、トータル10点〜990点のスコアで評価することです。そのスケールは常に一定であり、受験者の能力に変化がない限りスコアも一定に保たれます。これにより、受験者は正確に現在の英語能力を把握できたり、目標とするスコアを設定することが可能です。

　日本では個人による受験のほかに2010年度には約2,900の企業・団体・学校で採用されており、企業では自己啓発や英語研修の効果測定、新入社員の英語能力測定などといった目的のほか、海外出張や駐在の基準、昇進・昇格の要件としても利用されています。大学・短大では英語課程の単位認定や推薦入試などでも利用されています。現在、TOEICプログラムは世界120カ国で実施されており、受験者は年間約600万人（2010年1月〜2010年12月）です。

TOEIC® テストの制作機関

　TOEICテストを開発した米国の非営利テスト開発機関であるEducational Testing Service（ETS：米国ニュージャージー州プリンストン）は教育研究に携わる機関としては世界最大の組織で、各種教育専門家、言語学者、統計学者、心理学者など内部スタッフ、外部スタッフを合わせて約2,800名を擁しています。ETSはTOEICテストのほかにもTOEFLやSAT（全米大学入学共通試験）、GRE（大学院入学共通試験）など各種の資格試験や国家試験、適性試験を含めた、米国における公共テストの大半を開発・制作、実施しています。また教育分野における調査研究など、幅広い活動を行っています。

　日本におけるTOEICテストの実施・運営は一般財団法人国際ビジネスコミュニケーション協会が行っています。

現実のコミュニケーションに近いテスト

- 実際のコミュニケーションで必要とされる英語能力を評価するために、現実に即した状況や設定をテスト上でも再現しています。
- 発音は米国・英国・カナダ・オーストラリア（ニュージーランドを含む）です。
- 「要点がわかる」「推測できる」といった能力に加えて、言語運用能力の基礎をなす文法、語彙、音声識別能力などを幅広く測定し、基礎能力があってこそ持ちうる高いレベルでの能力も評価できるように設計されています。
- 題材には一般的な場面、またはビジネスでのコミュニケーションの場面が採用されており、特殊なビジネス英語の知識を必要としたり、その国の歴史や文化に関連する固有の事象が分からなければ解答できない問題などはありません。

問題形式

- 問題はリスニングセクション（45分間・100問）と、リーディングセクション（75分間・100問）からなり、2時間で200問に答えます。途中、休憩はありません。
- リスニングセクションは会話やナレーションを聞いて設問に答えます。リーディングセクションは印刷された問題を読んで設問に答えます。
- リスニング5点～495点、リーディング5点～495点、トータル10点～990点のスコアで5点刻みで表示します。
- テストは英文のみで構成されており、英文和訳・和文英訳といった設問はありません。
- マークシート方式の一斉客観テストです。

※注意：テスト中、問題用紙への書き込みは一切禁じられています。

リスニングセクション（45分間）

パート	Name of each part	パート名	問題数
1	Photographs	写真描写問題	10
2	Question-Response	応答問題	30
3	Conversations	会話問題	30
4	Talks	説明文問題	30

リーディングセクション（75分間）
※本書ではリーディングセクションは学習しません。

パート	Name of each part	パート名	問題数
5	Incomplete Sentences	短文穴埋め問題	40
6	Text Completion	長文穴埋め問題	12
7	Reading Comprehension ・Single passage ・Double passage	読解問題 ・1つの文書 ・2つの文書	28 20

TOEIC® 公開テスト　受験の流れ

　TOEIC公開テストは年9回（1・3・5・6・7・9・10・11・12月）全国80都市で実施されます。
　受験地によっては、開催されない回もありますので、公式サイトや申込書に記載されている受験地別スケジュール表でご確認ください。
※各学校や企業などで実施する団体特別受験制度（IPテスト）は、この受験の流れとは異なります。

1. 申込

お申込方法は、「インターネット申込」と、「申込書による申込」があります*。申込の締切は受験日の1か月以上前です。申込期間は実施回により異なりますので、公式サイトや書店店頭でご確認の上、期間内にお申込みください。

▼ 受験票の発送（試験日の約2週間前に発送）

2. 公開テスト受験

試験当日は、以下のものが必要です。

〔携行品〕
- 受験票
- 証明写真1枚（縦4cm×横3cm）
- 写真貼付の身分証明書（有効期限内のもの）
- 筆記用具（HB鉛筆またはシャープペンシルと消しゴム）
- 腕時計

※携行品の詳細は、公式サイトまたは申込書をご確認ください。

▼ 公式認定証の発送（試験日から30日以内に発送）

3. 公式認定証（試験結果）の送付

公式認定証には、リスニングとリーディング各セクションのスコアとトータル・スコア、受験者全体の中でどの位置にいるのかを示すPercentile Rank（パーセンタイルランク）や、レベル別評価を表すScore Descriptors（スコアディスクリプターズ）などの情報が載せられています。

＊公開テストは、下記よりお申し込みいただけます。

■ インターネット申込：公式サイト（http://www.toeic.or.jp）
■ 申込書による申込：　主要書店・大学生協
■ 申込書直接請求先：　一般財団法人　国際ビジネスコミュニケーション協会

〒100-0014　東京都千代田区永田町2-14-2　山王グランドビル
一般財団法人　国際ビジネスコミュニケーション協会
IIBC試験運営センター　TOEICテスト申込書請求係
TEL:　03-5521-6033　FAX:　03-3581-4783

Part 1
写真描写問題

Unit 1　人物の描写 ……………………………………………………………… 12

Unit 2　物の描写 ………………………………………………………………… 17

Unit 3　人物の動作と状況の描写 …………………………………………… 27

Challenge 1 ……………………………………………………………………… 36

●Part 1「写真描写問題」の出題形式

- 1枚の写真について4つの短い説明文が放送され、その中から写真を最も的確に描写しているものを選ぶ問題です。
- 4つの説明文はそれぞれ1度だけ放送されます。
- 問題は全部で10問あります。
- 問題用紙には4つの説明文は印刷されていません。
- 次の問題が読み上げられるまでのポーズは5秒あります。

●Part 1の Point

① 写真の内容は、人物の動作や状態、物や風景などを写したものです。

② 人物が中心に写っている写真では、服装や動作、手に持っている物、周囲にある物などに注目し、それらを描写する文をイメージしてみると正解が選びやすいでしょう。

③ 物や風景が中心の写真では「何がどこにあるか」など、物の位置や状態に注目して描写文をイメージしてみましょう。

④ 写真の内容を表す表現と似た音を含む不正解の文が出題されることがあるので、注意することが大切です。

Part 1

●Unit 1～3の学習の流れ

Unit 1～3では Part 1の「写真描写問題」について学習します。各Unitは、以下の流れに沿って進めます。Unit 2、3では、**1**、**2** を2セット学習した後に **3** のTOEIC形式の問題に挑戦します。

【学習内容の流れ】

1 （学習ポイントの理解と、キーワードの聞き取り練習）

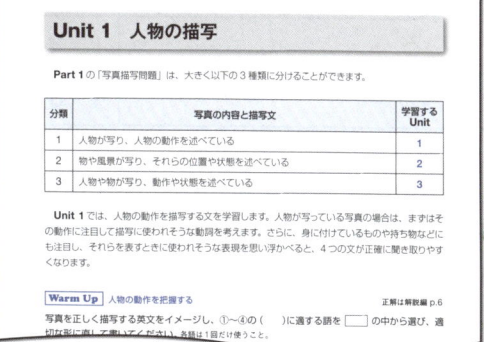

各Unitのポイントの解説

Warm Up
写真を見ながらCDを聞いて表現を確認し、キーワードを聞き取る練習

＊学習の目的
写真を見て、描写文をイメージしながら聞くことで、聞き取りがしやすくなる。

2 （写真を見ながらさまざまな描写文を聞き取る練習）

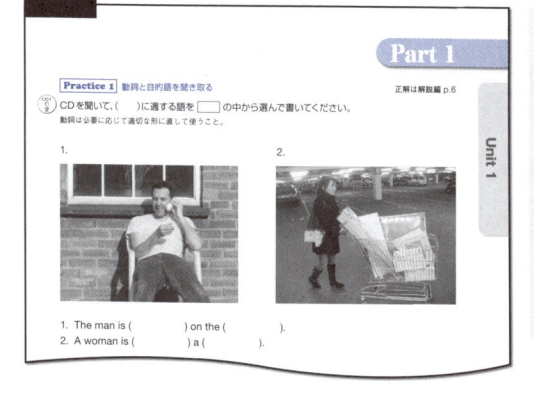

Practice 1 **Practice 2**
「写真を見ながら描写文を聞く」「描写文に合う写真を選ぶ」「ディクテーション（書き取り）」など、さまざまな角度からの聞き取り練習

＊学習の目的
写真に注目し、テーマに沿った描写文を多数聞くことで、正確な聴解力を身に付ける。

3 （TOEIC形式の問題に解答）

TOEIC形式問題に挑戦
各Unitで学習したテーマに限定されたTOEIC形式の問題に連続して解答

＊学習の目的
テスト本番と同様の形式の問題に解答することで、スピードに慣れて解答のコツをつかむ。

Unit 1　人物の描写

Part 1の「写真描写問題」は、大きく以下の3種類に分けることができます。

分類	写真の内容と描写文	学習するUnit
1	人物が写り、人物の動作を述べている	1
2	物や風景が写り、それらの位置や状態を述べている	2
3	人物や物が写り、動作や状態を述べている	3

Unit 1では、人物の動作を描写する文を学習します。人物が写っている写真の場合は、まずはその動作に注目して描写に使われそうな動詞を考えます。さらに、身に付けているものや持ち物などにも注目し、それらを表すときに使われそうな表現を思い浮かべると、4つの文が正確に聞き取りやすくなります。

Warm Up　人物の動作を把握する　　　　　　　　　　　　正解は解説編 p.6

写真を正しく描写する英文をイメージし、①～④の(　　)に適する語を□の中から選び、適切な形に直して書いてください。各語は1度ずつ使うこと。

① The man is (sitting).
② The man is (wearing) a tie.
③ The man is (holding) a pen.
④ The man is (reading) a document.

wear	sit
hold	read

では、CDで上の例文①～④の音声を聞いてください。描写文を先にイメージしておいたので、聞き取りがしやすくなるはずです。

Part 1

Practice 1 動詞と目的語を聞き取る

正解は解説編 p.6

CDを聞いて、(　)に適する語を [　] の中から選んで書いてください。
動詞は必要に応じて適切な形に直して使うこと。

1.

2.

1. The man is (talking) on the (telephone).
2. A woman is (pushing) a (cart).

3.

4.

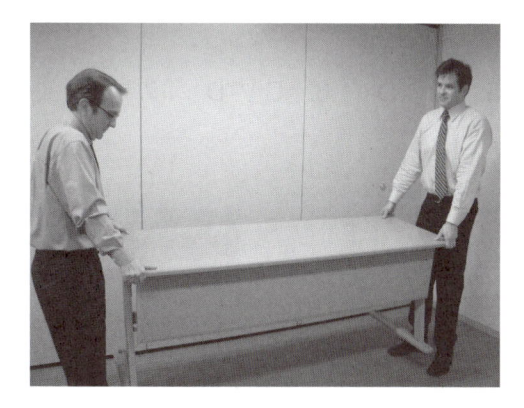

3. The woman is (reviewing) a (document).
4. They are (moving) a (table).

move	push	review	talk
cart	document	table	telephone

Practice 2 主語と動詞を聞き取る   正解は解説編 p.6

CDを聞いて、各文がどちらの写真を描写しているかを判断し、記号を選んでください。
1～4の文は写真A、写真Bから、5～8の文は写真C、写真Dから選ぶこと。

(CD1 03) 1. A / B   2. A / B   3. A / B   4. A / B

写真A   写真B

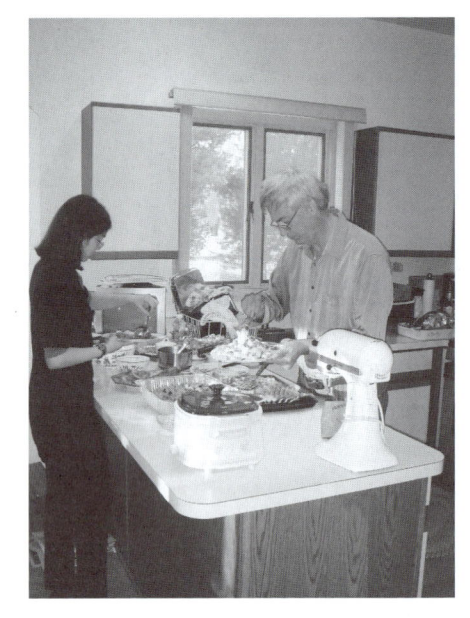

(CD1 04) 5. C / D   6. C / D   7. C / D   8. C / D

写真C   写真D

Part 1

TOEIC形式問題に挑戦 正解は解説編 p.7〜8

CDを聞いて、(A)〜(D)の中から写真を最も適切に描写しているものを選んでください。(全6問)

1.

ⓐ Ⓑ Ⓒ Ⓓ

2.

Ⓐ Ⓑ Ⓒ ⓓ

3.

ⓐ Ⓑ Ⓒ Ⓓ

GO ON TO THE NEXT PAGE

Unit 1

4. Ⓐ Ⓑ Ⓒ Ⓓ

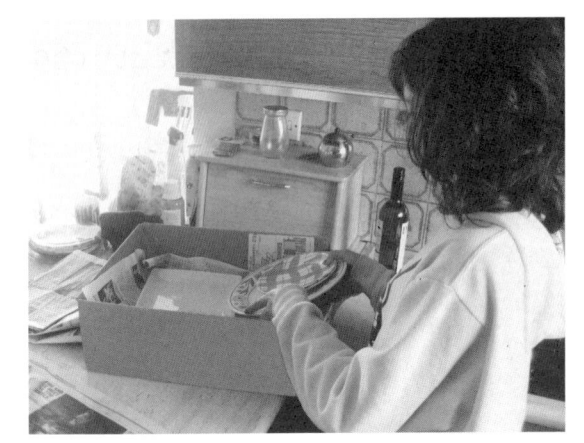

5. Ⓐ Ⓑ Ⓒ Ⓓ

6. Ⓐ Ⓑ Ⓒ Ⓓ

Part 1

Unit 2 物の描写

A 物の場所や位置

Unit 2 では物や風景を描写する文を学習します。Part 1 の写真の中には、人物ではなく物や風景だけが写っているものがあります。こうした写真の場合は、物がある場所や位置、その状態などに注目することが重要です。

まずは「物の場所や位置」を描写する文から学習します。

Warm Up 物と場所を把握する 正解は解説編 p.9

物の場所や位置を表すときは、There is[are] 〜や、＜主語＋be動詞＋前置詞＞などの形を使います。

次の各文は下の写真を描写している文です。CDを聞いて、(　)にあてはまる語を書いてください。

1. There are (glasses) in the cupboard.
2. Some (shelves) are on the top shelf.
3. A pitcher is on the (tray).
4. There is (water) in the pitcher.

Practice 1 場所を表す前置詞（句）を理解する   正解は解説編 p.9

下の写真を見て、それぞれの物の場所を正しく表す文になるように、(A) 〜 (H) の（　）にあてはまる語句を □ の中から選んで書いてください。文が完成したら CD を聞いて、正解を確認してください。各語句は 1 度ずつ使うこと。

(A) There is a window blind (behind) the table.
(B) There is a computer (on) the table.
(C) The mouse is (next to) the computer.
(D) The bulletin board is (above) the bookcase.
(E) The plant is (below) the bulletin board.
(F) The bookcase is (against) the wall.
(G) Some books are (in) the bookcase.
(H) Some files are (between) the table and the bookcase.

| above | against | behind | below |
| between | next to | in | on |

| Practice 2 | 物と場所を正確に聞き取る | 正解は解説編 p.9 |

CD を聞いて、1〜5 の各文が下の写真を適切に表していれば T を、適切に表していなければ F を書いてください。

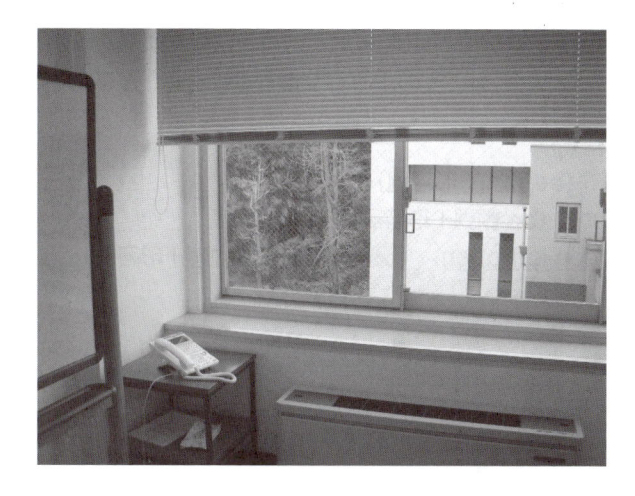

1. (T)
2. (T)
3. (F)
4. (T)
5. (F)

B 物の状態

ここでは「物の状態」を描写する文を学習します。

Warm Up 物の状態を把握する

物の状態を描写するときには、おもに次のような文型を使います。以下の例文を聞きましょう。

＜例文＞
① The drawer is full. （be 動詞＋形容詞）
② The drawer is open. （be 動詞＋形容詞）
③ The drawer has been left open. （現在完了形の受動態＋形容詞）

＜例文の訳＞
① 引き出しはいっぱいである。
② 引き出しは開いている。
③ 引き出しは開いたままである。

次の各文は下の写真を描写している文です。CDを聞いて、（　　）にあてはまる語を書いてください。

正解は解説編 p.10

1. The windows are (open).
2. The plants have been (placed) on the chairs.

Part 1

Practice 1 物の状態を正確に聞き取る

正解は解説編 p.10

(CD1 12) 次の1～3の写真について、それぞれA、Bの2つの文が読まれます。A、Bのうち、写真を適切に描写しているほうを選んでください。

1.

A / B

2.

A / B

3.

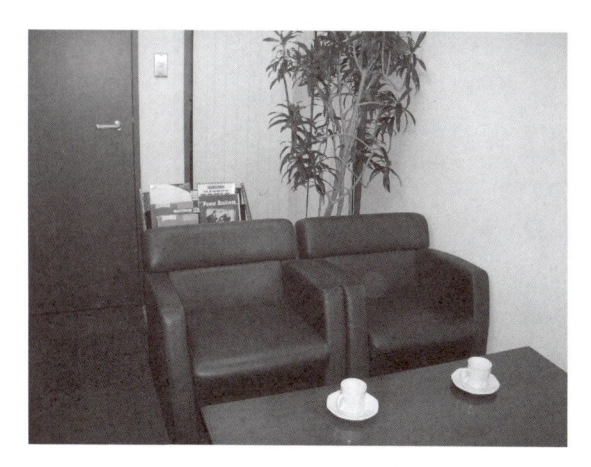

A / B

Unit 2

21

Practice 2 物の状態を正確に聞き取る　　　　　　　　　　　　　　　正解は解説編 p.10

次の1〜4の写真について、それぞれA〜Cの3つの文が読まれます。A〜Cの中から、写真を最も適切に描写しているものを選んでください。

1.

A / B / C

2.

A / B / C

22

3.

A / B / C

4.

A / B / C

TOEIC形式問題に挑戦　　　　　　　　　　　正解は解説編 p.11〜12

CDを聞いて、(A)〜(D)の中から写真を最も適切に描写しているものを選んでください。(全6問)

1.

Ⓐ　Ⓑ　●　Ⓓ

2.

Ⓐ　Ⓑ　Ⓒ　Ⓓ

3.

Ⓐ Ⓑ ● Ⓓ

4.

Ⓐ ● Ⓒ Ⓓ

GO ON TO THE NEXT PAGE

Part 1

Unit 2

5.

Ⓐ Ⓑ ● Ⓓ

6.

● Ⓑ Ⓒ Ⓓ

Part 1

Unit 3 人物の動作と状況の描写

A 動作と状況の描写

　Unit 3 では「人物の動作」の描写文と「物の状態」の描写文が混在している問題と、長めで意味をつかみづらい文が使われている問題を学習します。まずは「人物の動作」と「物の状態」を描写する文を含む問題から学習します。人物が写っていると、人物の動作ばかりに注目しがちですが、物を描写している文が正解であることもあります。また、物を主語とした文では受動態がよく使われるなど、文の構造が複雑になりがちです。すべての選択肢の文に集中し、正確に聞き取ることが必要です。

Warm Up 動作や状況を把握する　　　　　　　　　　　　正解は解説編 p.13

次の各文は下の写真を描写している文です。CD を聞いて、（　）にあてはまる語を書いてください。

1. He is (conectlug) headphones to a computer.
　　人物が主語で、人物の動作を描写している文

2. The headphones are (being) (attached) to the computer.
　　物が主語で、物の状態を描写している文

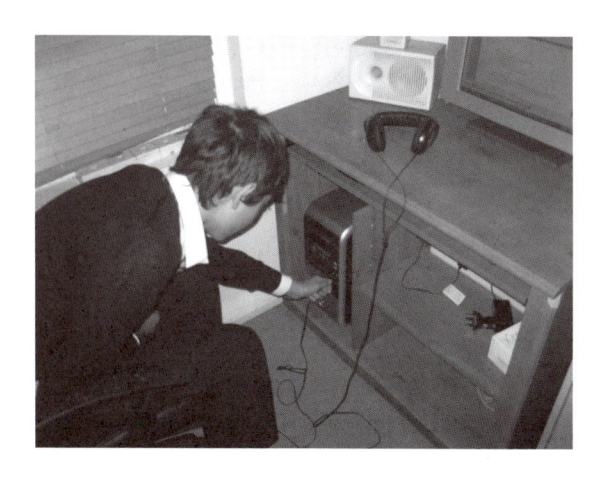

3. (There) (are) headphones on the desk.
　　There is[are] ～ の形で、物の場所を描写している文

Practice 1 動作や状況を正確に聞き取る　　　　　　　　正解は解説編 p.13

CDを聞いて、下の写真を描写する文になるように、(　)にあてはまる語を書いてください。

1. She is (putting) the books (in) the box.
2. The books are being (putted) (in) the box.
3. The box is being (filled) (with) books.
4. (There) (are) a lot of books in the box.

Part 1

Practice 2 動作や状況を正確に聞き取る   正解は解説編 p.13

次の1～3の写真について、それぞれA～Cの3つの文が読まれます。A～Cの中から、写真を適切に描写しているものを2つ選んでください。

1.

Ⓐ / B / Ⓒ

2.

Ⓐ / B / Ⓒ

3.

Ⓐ / Ⓑ / C

B 詳細な描写

ここでは、「誰が誰に何をする」「誰がどこで何をする」など、描写が詳細で、それゆえ比較的長い文が含まれている問題を学習します。文がやや複雑になるため、意味を把握しづらい場合がありますが、「誰が」「何をする」「誰に」「どこで」といった意味のまとまりごとにフレーズをとらえ、文全体の意味をつかむことが大切です。

Warm Up 意味の切れ目を把握する

詳細な描写を聞き取るには、次の例文にあるような意味のまとまりを意識することが大切です。

<例文>
① He's emptying a cup into the sink.
② He's emptying out the contents of the cup.

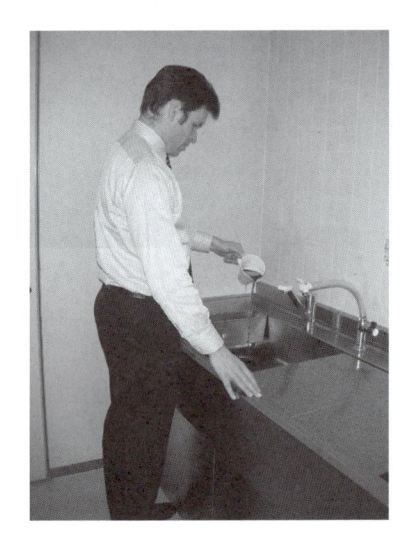

<例文の訳>
① 彼は流し台でカップを空にしている。
② 彼はカップの中身を空にしている。

次の各文は下の写真を描写している文です。意味の切れ目を意識しながらCDを聞いて、（　）にあてはまる語を書いてください。

正解は解説編 p.14

1. The woman is showing a document (To)(the)(man).
2. The woman is holding up a (piece)(of)(paper).

Part 1

Practice 1 意味の切れ目をとらえ、文を正確に聞き取る　　　正解は解説編 p.14

次の1～3の写真について、それぞれA、Bの2つの文が読まれます。A、Bのうち、写真を適切に描写しているほうを選んでください。

1.

A / B

2.

A / B

3.

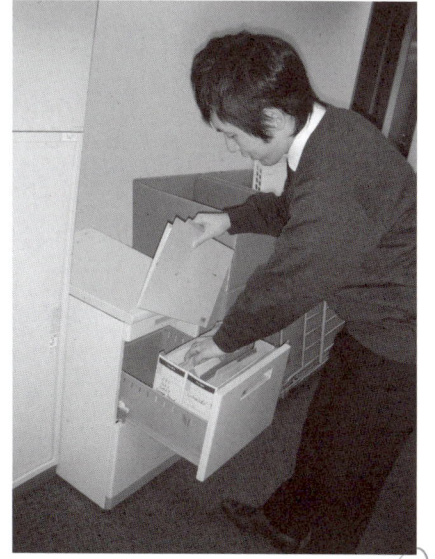

A / B

Practice 2 意味の切れ目をとらえ、文を正確に聞き取る　　　　正解は解説編 p.14

次の1〜3の写真について、それぞれA〜Cの3つの文が読まれます。意味の切れ目に注意してCDを聞き、A〜Cの中から、写真を最も適切に描写しているものを選んでください。

1.

A / (B) / C

2.

A / B / (C)

3.

(A) / B / C

Part 1

TOEIC形式問題に挑戦　　　　　　　　　　　　正解は解説編 p.15〜16

CDを聞いて、(A) 〜 (D) の中から写真を最も適切に描写しているものを選んでください。(全6問)

1.

Ⓐ Ⓑ Ⓒ Ⓓ

2.

Ⓐ Ⓑ Ⓒ Ⓓ

GO ON TO THE NEXT PAGE ➡

3.

Ⓐ Ⓑ Ⓒ Ⓓ

4.

Ⓐ Ⓑ Ⓒ Ⓓ

5.

Ⓐ ● Ⓒ Ⓓ

6.

Ⓐ Ⓑ ● Ⓓ

Part 1

Unit 3

Challenge 1

Part 1のまとめとして、TOEIC®テストと同様にさまざまなテーマからなる問題演習を行います。以下の順で学習してください。

●学習の進め方

1. まず演習を始める前に、次にあるテスト本番のDirections「指示」を読み、その意味を把握する。(次ページの訳も参照)
2. Directions「指示」の音声 (CD 1-Track 25) を聞き、本番の形式を理解する。
3. 問題に解答する。(20問*) 　　　　　*テスト本番ではPart 1の写真描写問題は10問。

LISTENING TEST

In the Listening test, you will be asked to demonstrate how well you understand spoken English. The entire Listening test will last approximately 45 minutes. There are four parts, and directions are given for each part. You must mark your answers on the separate answer sheet. Do not write your answers in your test book.

PART 1
Directions: For each question in this part, you will hear four statements about a picture in your test book. When you hear the statements, you must select the one statement that best describes what you see in the picture. Then find the number of the question on your answer sheet and mark your answer. The statements will not be printed in your test book and will be spoken only one time.

Example

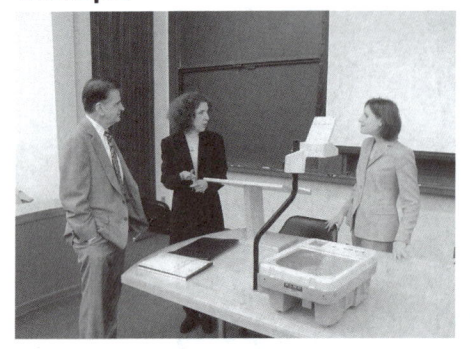

Sample Answer
Ⓐ Ⓑ ● Ⓓ

Look at the example item below.
Now listen to the four statements.

(A) They're leaving the room.
(B) They're turning on the machine.
(C) They're standing near the table.
(D) They're reading the newspaper.

Statement (C), "They're standing near the table," is the best description of the picture, so you should select answer (C) and mark it on your answer sheet.

Now Part 1 will begin.

青字の部分は音声のみで印刷はされていません。

Part 1

訳

リスニングテスト

リスニングテストでは、英語の会話をどの程度理解しているか試されます。リスニングテストは全体で約45分です。4つのパートに分かれており、各パートで指示が与えられます。答えは、別紙の解答用紙にマークしてください。問題用紙に答えを書き込んではいけません。

パート1

指示：このパートでは、問題用紙にあるそれぞれの写真について、4つの説明文が放送されます。説明文を聞き、写真の内容を最も的確に描写している1文を選んでください。そして解答用紙の問題番号に合う欄に、答えをマークしてください。説明文は問題用紙には印刷されておらず、1度だけ放送されます。

例

下の例題を見てください。
では4つの例文を聞きましょう。

(A) 彼らは部屋を退出している。
(B) 彼らは機械の電源を入れている。
(C) 彼らはテーブルの近くに立っている。
(D) 彼らは新聞を読んでいる。

(C) の文「彼らはテーブルの近くに立っている」がこの写真を最も的確に表しているので、(C) を選び、解答用紙にマークします。

ではパート1が始まります。

注意：

- ここで示した通り、リスニングテスト全体のDirections「指示」の後、Part 1のDirections「指示」が放送されます。これら両方の指示を合わせて、1分30秒ほどの放送が流れます。すべて聞き取れなくても心配のないように、左ページのDirectionsを読み、訳を参考にして内容をよく理解しておきましょう。

- また、テストでは各問題の前にLook at the picture marked number XX in your test book. 「問題用紙にある××番の写真を見てください」という指示が流れます。

※テストでは解答はすべて解答用紙にマークしますが、本書には解答用紙は付属していません。

CDを聞いて、写真の内容を最も的確に描写しているものを (A) ～ (D) の中から選んでください。

正解は解説編 p.17～23

1.

Ⓐ Ⓑ ● Ⓓ

2.

Ⓐ Ⓑ ● Ⓓ

Part 1

3.

Ⓐ ⒷⒸ Ⓓ

4.

Ⓐ Ⓑ Ⓒ Ⓓ

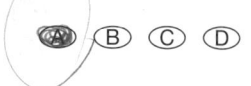

GO ON TO THE NEXT PAGE

Challenge 1

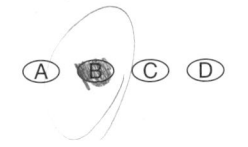

5.

Ⓐ Ⓑ Ⓒ Ⓓ

6.

Ⓐ Ⓑ Ⓒ Ⓓ

Part 1

7.

Ⓐ ● Ⓒ Ⓓ

8.

Ⓐ ● Ⓒ Ⓓ

GO ON TO THE NEXT PAGE

9.

Ⓐ Ⓑ Ⓒ **Ⓓ**

10.

Ⓐ Ⓑ Ⓒ Ⓓ

11.

Ⓐ Ⓑ Ⓒ ●

12.

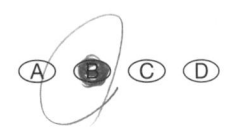

Ⓐ Ⓑ Ⓒ Ⓓ

GO ON TO THE NEXT PAGE

13. Ⓐ Ⓑ Ⓒ Ⓓ

14. Ⓐ Ⓑ Ⓒ Ⓓ

Part 1

15.

Ⓐ Ⓑ Ⓒ Ⓓ

16.

Ⓐ Ⓑ Ⓒ Ⓓ

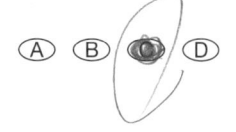

GO ON TO THE NEXT PAGE

17.

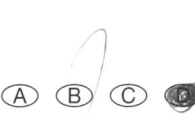

A B C D

18.

A B C D

46

19.

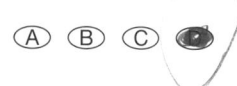

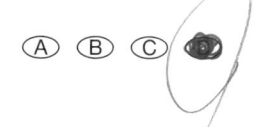

Ⓐ Ⓑ Ⓒ Ⓓ

20.

Ⓐ Ⓑ Ⓒ Ⓓ

Part 2
応答問題

Unit 4	Part 2 における質問の種類	52
Unit 5	WH 疑問文	57
Unit 6	Yes/No 疑問文、選択疑問文	63
Unit 7	依頼・許可・提案・勧誘の文	72
Unit 8	付加疑問文と否定疑問文、肯定文と否定文	79
Challenge 2		86

● Part 2「応答問題」の出題形式 — 3語
  出だしの数語に注意して聞く。

- 1つの質問、または発言を聞き、それに対する3つの応答の中から最も適切なものを選ぶ問題です。

> 例：（第1話者） Where is the meeting room?
> （第2話者） (A) To meet the new director.
> (B) It's the first room on the right.
> (C) Yes, at two o'clock.

※第1話者の発言の多くは質問ですが、感想などを述べる肯定文等も含まれます。本書では肯定文等も含んだ第1話者の発言を「質問」と呼びます。

- 質問と応答はそれぞれ1度だけ放送されます。
- 問題は全部で30問あります。
- 問題用紙には質問も応答も印刷されていません。
- 選択肢(C)が読まれた後、次の質問までのポーズは5秒あります。

● Part 2の Point

① 質問の意図を把握できるように、注意深く聞きましょう。

② 応答はDo you ～?に対してYes, we do.と答えるといった文法形式通りのものだけでなく、YesやNoの後に情報が加えられたり、また、質問に対して質問で応答する場合もあります。質問から場面（オフィスか店かなど）や、質問者と応答者との関係（同僚同士か、店員と顧客かなど）をつかめれば、質問に対する自然な応答を選択するうえで大きな助けとなります。

③ 選択肢(C)と次の質問の間は5秒です。次々に質問と応答の音声が流れるので、1度解答に遅れてしまうと、何問も聞き逃してしまう可能性があります。この5秒の間で必ず解答をマークしましょう。

④ 聞き逃してしまった質問があったら、(A)～(C)のいずれかの選択肢にマークをしておき、落ち着いて次の質問の聞き取りに集中するようにしましょう。

Part 2

●Unit 4〜8の学習の流れ

Unit 4〜8では**Part 2**の「応答問題」について学習します。

- **Unit 4** ……… **Unit 4**は、**Unit 5〜8**を学習するためのウォーミングアップを行います。キーワードに注目し、**Part 2**でよく出題される質問の種類を正確に理解することを目的に学習を進めます。

- **Unit 5〜8** ….. 各**Unit** は、「WH疑問文」「Yes/No疑問文」「付加疑問文」などといった質問の種類ごとに分けられています。**1** と **2** で、各テーマに沿った問題を学習した後、**3** のTOEIC形式の問題でテスト本番の形式に慣れる練習をします。

※Unit 6、8は **1**、**2** が2セットあります。

【学習内容の流れ】

1 (学習ポイントの理解と、キーワードの聞き取り練習)

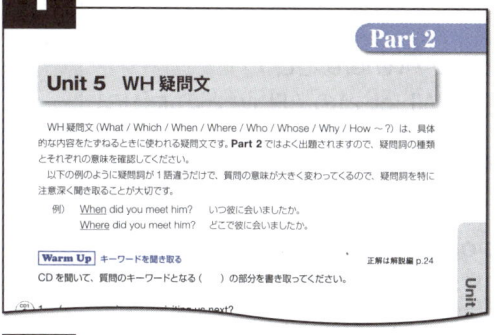

各Unitのポイントの解説

Warm Up
質問のキーワードの書き取り練習

＊学習の目的
重要な語句を聞き取るスキルを伸ばし、質問を正確に理解することで、応答がイメージしやすくなる。

2 (質問に対する適切な応答を学ぶ練習)

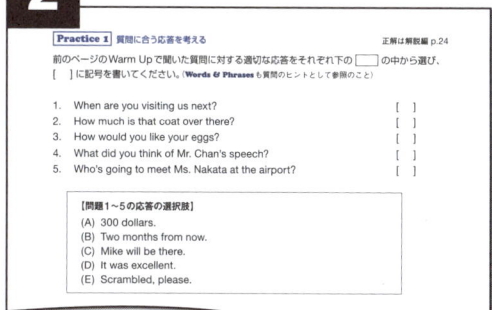

Practice 1
Warm Upで学習した質問に対する応答を選ぶ練習

Practice 1の復習
CDを聞き、Practice 1の正解の応答を確認

Practice 2
Practice 1で学習した質問に対する、別の応答パターンを選ぶ練習

＊学習の目的
同じ質問を繰り返し聞きながら、さまざまな応答のパターンを学ぶ。

3 (TOEIC形式の問題に解答)

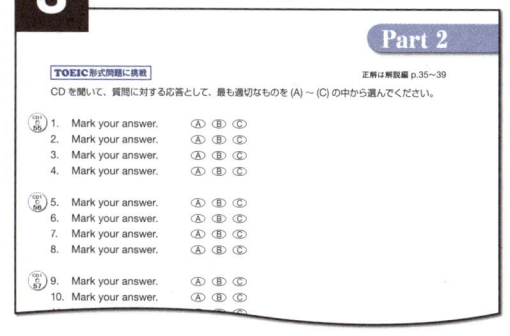

TOEIC形式問題に挑戦
各Unitで学習したテーマに限定されたTOEIC形式の問題に連続して解答

＊学習の目的
テスト本番と同様の形式の問題に解答することで、スピードに慣れて、解答のコツをつかむ。

Unit 4　Part 2 における質問の種類

　TOEIC テストの **Part 2** で出題される質問は、以下の表のように大きく 5 種類に分けることができます。この中には質問ではなく感想・意見・事実などを述べる肯定文や否定文も少数ですが含まれます。

　Unit 4 では、この表に示した 5 種類の質問（発言）を聞き分ける練習を行います。そして **Unit 5** 〜8 で、質問の種類ごとに学習します。（表の右欄を参照）

分類	質問の種類	例	Unit
1	WH 疑問文	What will you send? 何を送りますか。 (Who だれ / When いつ / Where どこ / Why なぜ / What 何 / Which どの / How どのように)	5
2	Yes/No 疑問文	Do you like movies? 映画は好きですか。	6
2	選択疑問文	Did you drive here or take the train? ここまで車を運転して来ましたか、それとも電車に乗りましたか。	6
3	依頼	Could you carry this box? この箱を運んでいただけますか。	7
3	許可	May I park here? ここに駐車しても構いませんか。	7
3	提案	Let's go to the café. カフェに行きましょう。	7
3	勧誘	Would you like to come to my house for dinner? 我が家に夕食に来ませんか。	7
4	付加疑問文	You like coffee, don't you? コーヒーは好きですよね。 You don't like coffee, do you? コーヒーは好きではありませんよね。	8
4	否定疑問文	Don't you like coffee? コーヒーは好きではありませんか。	8
5	肯定文・否定文 （感想・意見・事実など）	It's a wonderful movie. それは素晴らしい映画です。 I can't find my hat. 私の帽子が見つかりません。	

Part 2

Warm Up 1 質問の種類を理解する 正解は次のページ

まず、前のページの表の中から、分類1「WH疑問文」と、分類3「依頼・許可・提案・勧誘」を取り上げて学習します。

(CD1 33)
1. CDを聞いて、質問のキーワードとなる(　)の部分を書き取ってください。
2. 質問の種類を下の□の中から選び、[　]にA〜Eの記号を書いてください。

> A. 提案・勧誘 (〜したらどうでしょうか)　B. 時 (いつ)
> C. 場所 (どこ)　D. 物 (何)
> E. 人物 (だれ)

例 (*Where*) do you live?　あなたはどこに住んでいますか。　[C]
① (Who) is the woman in the black dress?　[E]
② (When) does the new post office open?　[B]
③ (where) is my hat?　[C]
④ (What) kind of books do you like?　[D]
⑤ (How)(about) going to see a baseball game?　[A]

(CD1 34)
3. CDを聞いて、質問のキーワードとなる(　)の部分を書き取ってください。
4. 質問の種類を下の□の中から選び、[　]にF〜Jの記号を書いてください。

> F. 依頼 (〜していただけますか)　G. 提案・勧誘 (〜しませんか)
> H. 方法 (どのように)　I. 選択 (どれ)
> J. 理由 (なぜ)

例 (*Which*) coat is yours?　どのコートがあなたのですか。　[I]
⑥ (Why) did Jenny call the restaurant?　[J]
⑦ (How) did she get to the hotel?　[H]
⑧ (Could) you send this letter?　[F]
⑨ (Which) of these bags are yours?　[I]
⑩ (Would) you (like) to join our hiking club?　[G]

Warm Up 1の復習

1. 正解を確認してください。太字がキーワード、[ ] 内が質問の種類を表しています。
2. もう1度CDを聞いて、質問の意味を理解したら□にチェックをします。意味がわからない文は、下の和訳を確認してください。

CD1-33
- □ ① **Who** is the woman in the black dress?　　　[E. 人物]
- □ ② **When** does the new post office open?　　　[B. 時]
- □ ③ **Where** is my hat?　　　[C. 場所]
- □ ④ **What** kind of books do you like?　　　[D. 物]
- □ ⑤ **How about** going to see a baseball game?　　　[A. 提案・勧誘]

CD1-34
- □ ⑥ **Why** did Jenny call the restaurant?　　　[J. 理由]
- □ ⑦ **How** did she get to the hotel?　　　[H. 方法]
- □ ⑧ **Could** you send this letter?　　　[F. 依頼]
- □ ⑨ **Which** of these bags are yours?　　　[I. 選択]
- □ ⑩ **Would** you **like** to join our hiking club?　　　[G. 提案・勧誘]

Words & Phrases

in ~【前】~を着ている　　get to ~　~へ行く　　Could you ~?　~していただけますか。
Would you like to ~?　~しませんか。　　join【動】参加する

和訳

① 黒いドレスの女性はだれですか。
② 新しい郵便局はいつ開業しますか。
③ 私の帽子はどこですか。
④ どんな種類の本が好きですか。
⑤ 野球の試合を見に行きませんか。

⑥ Jenny はなぜレストランに電話をかけたのですか。
⑦ 彼女はどうやってホテルに行きましたか。
⑧ この手紙を送っていただけますか。
⑨ これらのバッグのうちどれがあなたのものですか。
⑩ 私たちのハイキングクラブに参加しませんか。

Part 2

Warm Up 2 質問の種類を理解する   正解は次のページ

次に、52ページの表の中から、分類2「Yes/No疑問文、選択疑問文」、分類4「付加疑問文、否定疑問文」、分類5「肯定文・否定文 (感想・意見・事実など)」を取り上げて学習します。

CD1 35
1. CDを聞いて、質問のキーワードとなる ( ) の部分を書き取ってください。
2. 質問の種類を下の □ の中から選び、[ ] にA〜Eの記号を書いてください。

> A. Yes/No 疑問文 (〜ですか)
> B. 付加疑問文 (〜ですよね)
> C. 否定疑問文 (〜ではないのですか)
> D. 選択疑問文 (〜ですか、それとも〜ですか)
> E. 肯定文・否定文 (感想・意見・事実など) (〜です / 〜ではありません)

例 (*Do*) you like this music? この音楽は好きですか。 [A]
① This (is) the best concert I've ever been to. [E]
② The train (will) be coming at two o'clock, (won't) it? [B]
③ (Won't) Nick join the new computer training class? [C]
④ (Do) you live in this town? [A]
⑤ (Should) I sign now (or) after the meeting? [D]

CD1 36
3. CDを聞いて、質問のキーワードとなる ( ) の部分を書き取ってください。
4. 質問の種類を下の □ の中から選び、[ ] にF〜Jの記号を書いてください。

> F. Yes/No 疑問文 (〜でしたか)
> G. 付加疑問文 (〜でしたよね)
> H. 否定疑問文 (〜ではなかったのですか)
> I. 選択疑問文 (〜でしたか、それとも〜でしたか)
> J. 肯定文・否定文 (感想・意見・事実など) (〜でした / 〜ではありませんでした)

例 (*Did*) you have breakfast today? 今日、朝食を食べましたか。 [F]
⑥ (Did) Lucy go to the dentist today? [F]
⑦ The store (wasn't) open last Tuesday, (was) it? [G]
⑧ I've been (promoted) to manager. 部長 [J]
⑨ (Hasn't) Mr. Kim arrived yet? [H]
⑩ (Did) you drive to New York (or) fly there? [I]

Warm Up 2 の復習

1. 正解を確認してください。太字がキーワード、[ ] 内が質問の種類を表しています。
2. もう1度CDを聞いて、質問の意味を理解したら □ にチェックをします。意味がわからない文は、下の和訳を確認してください。

(CD1 35)
- □ ① This **is** the best concert I've ever been to.　　　[E. 肯定文]
- □ ② The train **will** be coming at two o'clock, **won't** it?　[B. 付加疑問文]
- □ ③ **Won't** Nick join the new computer training class?　[C. 否定疑問文]
- □ ④ **Do** you live in this town?　　　　　　　　　　[A. Yes/No 疑問文]
- □ ⑤ **Should** I sign now **or** after the meeting?　　　　[D. 選択疑問文]

(CD1 36)
- □ ⑥ **Did** Lucy go to the dentist today?　　　　　　　[F. Yes/No 疑問文]
- □ ⑦ The store **wasn't** open last Tuesday, **was** it?　　　[G. 付加疑問文]
- □ ⑧ I've been **promoted** to manager.　　　　　　　　[J. 肯定文]
- □ ⑨ **Hasn't** Mr. Kim arrived yet?　　　　　　　　　　[H. 否定疑問文]
- □ ⑩ **Did** you drive to New York **or** fly there?　　　　　[I. 選択疑問文]

Words & Phrases

sign 【動】署名する　　dentist 【名】歯医者　　promote 【動】昇進させる

arrive 【動】到着する　　yet 【副】（否定文で）まだ

和訳

① これは、私が今までに行った中で最高のコンサートです。
② その電車は2時に来るのですよね。
③ Nick はコンピュータに関する新しい研修に参加しないのですか。
④ あなたはこの町に住んでいるのですか。
⑤ 今サインをするべきですか、それとも会議の後ですか。

⑥ Lucy は今日、歯医者へ行きましたか。
⑦ その店は先週の火曜日は開いていませんでしたよね。
⑧ 私は部長に昇進しました。
⑨ Kim さんはまだ着いていないのですか。
⑩ あなたはニューヨークまで車で行きましたか、それとも飛行機で行きましたか。

Part 2

Unit 5　WH 疑問文

WH 疑問文 (What / Which / When / Where / Who / Whose / Why / How ～?) は、具体的な内容をたずねるときに使われる疑問文です。**Part 2** ではよく出題されますので、疑問詞の種類とそれぞれの意味を確認してください。

以下の例のように疑問詞が 1 語違うだけで、質問の意味が大きく変わってくるので、疑問詞を特に注意深く聞き取ることが大切です。

例）　<u>When</u> did you meet him?　　いつ彼に会いましたか。
　　　<u>Where</u> did you meet him?　　どこで彼に会いましたか。

Warm Up　キーワードを聞き取る　　　　　　　　　　　　正解は解説編 p.24

CD を聞いて、質問のキーワードとなる（　　）の部分を書き取ってください。

(CD1 37)
1. (When) are you visiting us next?
2. (How) (much) is that coat over there?
3. (How) would you like your eggs?
4. (What) did you think of Mr. Chan's speech?
5. (Who) 's going to meet Ms. Nakata at the airport?

(CD1 38)
6. (Where) are you having dinner tonight?
7. (Why) is the sales department so quiet today?
8. (How) (often) does he go to the head office?
9. (What) (size) clothes do you wear?
10. (Which) packages need to be sent?

Practice 1 質問に合う応答を考える　　　　　　　　　　　　　　正解は解説編 p.24

前のページの Warm Up で聞いた質問に対する適切な応答をそれぞれ下の ☐ の中から選び、[ ] に記号を書いてください。(**Words & Phrases** も質問のヒントとして参照のこと)

1. When are you visiting us next?　　　　　　　　　　　　　　[B]
2. How much is that coat over there?　　　　　　　　　　　　[A]
3. How would you like your eggs?　　　　　　　　　　　　　　[E]
4. What did you think of Mr. Chan's speech?　　　　　　　　[D]
5. Who's going to meet Ms. Nakata at the airport?　　　　　[C]

【問題1〜5の応答の選択肢】
(A) 300 dollars.
(B) Two months from now.
(C) Mike will be there.
(D) It was excellent.
(E) Scrambled, please.

Words & Phrases ＜質問＞

over there　あそこに　　How would you like 〜?　〜をどのようにしてほしいですか。
What do you think of 〜?　〜についてどう思いますか。

Part 2

6. Where are you having dinner tonight? [J]
7. Why is the sales department so quiet today? [G]
8. How often does he go to the head office? [H]
9. What size clothes do you wear? [F]
10. Which packages need to be sent? [I]

【問題6〜10の応答の選択肢】
(F) Extra large.
(G) Several people are on vacation.
(H) Usually once or twice a month.
(I) The ones on the counter.
(J) At the Italian restaurant.

Words & Phrases ＜質問＞

sales department　営業部　　How often 〜?　どのくらいの頻度で〜　　head office　本社
What size 〜?　何サイズの〜　　package【名】小包

| **Practice 1 の復習** | 音声で質問と応答を確認する | 和訳は解説編 p.24 |

Practice 1 の質問と正解の応答を CD を聞いて確認してください。1 問ごとに CD を止め、質問と応答を声に出してリピートするとより効果的です。

CD1-39

1. When are you visiting us next?
    (B) Two months from now.
2. How much is that coat over there?
    (A) 300 dollars.
3. How would you like your eggs?
    (E) Scrambled, please.
4. What did you think of Mr. Chan's speech?
    (D) It was excellent.
5. Who's going to meet Ms. Nakata at the airport?
    (C) Mike will be there.

CD1-40

6. Where are you having dinner tonight?
    (J) At the Italian restaurant.
7. Why is the sales department so quiet today?
    (G) Several people are on vacation.
8. How often does he go to the head office?
    (H) Usually once or twice a month.
9. What size clothes do you wear?
    (F) Extra large.
10. Which packages need to be sent?
    (I) The ones on the counter.

Words & Phrases <応答>

scramble 【動】 ごちゃ混ぜにする、スクランブルにする　　excellent 【形】 素晴らしい
usually 【副】 普段は　　once 【副】 1度　　twice 【副】 2度　　extra large 特大の
one 【代】 （前出の）もの

Part 2

Practice 2 別の応答パターンを選ぶ　　　　　　　　　　　　　　　　正解は解説編 p.25

Practice 1で学んだものと同じ質問に対する、別の適切な応答を選ぶ応用問題です。
CD を聞いて、質問に対する応答として、最も適切なものを (A) 〜 (C) の中から選んでください。

（CD1 41）
1. Mark your answer.　　(A) ●B (C)
2. Mark your answer.　　(A) (B) ●
3. Mark your answer.　　(A) (B) ●
4. Mark your answer.　　● (B) (C)

TOEIC形式問題に挑戦　　　　　　　　　　　　　　　　　正解は解説編 p.26〜30

CD を聞いて、質問に対する応答として、最も適切なものを (A) 〜 (C) の中から選んでください。

（CD1 42）
1. Mark your answer.　　(A) ●B (C)
2. Mark your answer.　　(A) (B) ●
3. Mark your answer.　　● (B) (C)
4. Mark your answer.　　(A) ● (C)

（CD1 43）
5. Mark your answer.　　(A) (B) ●
6. Mark your answer.　　(A) (B) ●
7. Mark your answer.　　(A) ● (C)
8. Mark your answer.　　(A) ● (C)

（CD1 44）
9. Mark your answer.　　● (B) (C)
10. Mark your answer.　　(A) ● (C)
11. Mark your answer.　　● (B) (C)
12. Mark your answer.　　(A) (B) ●

（CD1 45）
13. Mark your answer.　　(A) (B) ●
14. Mark your answer.　　(A) ● (C)
15. Mark your answer.　　(A) ● (C)
16. Mark your answer.　　(A) (B) ●

（CD1 46）
17. Mark your answer.　　● (B) (C)
18. Mark your answer.　　● (B) (C)
19. Mark your answer.　　● (B) (C)
20. Mark your answer.　　(A) ● (C)

Unit 5

Memo

Part 2

Unit 6 Yes/No 疑問文、選択疑問文

A Yes/No 疑問文

　Yes/No 疑問文は、Do you ～?、Is it ～?、Can he ～? など、通常 Yes もしくは No で答えることができる疑問文です。主語と述語動詞（be 動詞、一般動詞、助動詞）に特に注目して、何がたずねられているのかを注意深く聞き取ってください。

＊ Can I help you?「手伝いましょうか」などの申し出に対する応答は、文法的には Yes, you can. となりますが、実際は Yes/No を使わずに Thanks.「ありがとう」などと答えることがよくあります。このような「申し出」と同じような使い方をする「依頼」「許可」「提案」「勧誘」の文は次の Unit 7 でまとめて学習します。

Warm Up キーワードを聞き取る　　　　　　　　　　　　　正解は解説編 p.31

CD を聞いて、質問のキーワードとなる（　）の部分を書き取ってください。

1. (Do) you (sell) scarves in this store?
2. (Should) I (wear) a tie tonight?
3. (Did) Gary (attend) the meeting this morning?
4. (Did) you (know) the name of the new marketing director?
5. (Do) you (have) a chance to read the newspaper today?

6. (Has) the new copy machine (arrived)?
7. (Were) you (working) late last night?
8. (Did) Karen (go) to the party last Sunday?
9. (Do) I need to (bring) a laptop for the business trip?
10. (Are) all branch managers (coming) to the reception?

Practice 1 質問に合う応答を考える   正解は解説編 p.31

日常の会話では、Yes/No 疑問文に対して単純に Yes や No だけで答えるのではなく、それに付随した情報を付け加えることがあります。また、Yes や No といった語を省略し、情報のみを伝える場合もあります。

前のページの Warm Up で聞いた質問に対する適切な応答をそれぞれ下の ◻ の中から選び、[　] に記号を書いてください。(**Words & Phrases** も質問のヒントとして参照のこと)

1. Do you sell scarves in this store?   [B]
2. Should I wear a tie tonight?   [A]
3. Did Gary attend the meeting this morning?   [D]
4. Do you know the name of the new marketing director?   [C]
5. Did you have a chance to read the newspaper today?   [E]

【問題1〜5の応答の選択肢】
(A) It's up to you. …せなた次第
(B) No, but our Middleton store does.
(C) Yes, it's Ms. Ito.
(D) No, he had another appointment.
(E) I haven't had time yet.

Words & Phrases ＜質問＞

scarves　scarf「マフラー、スカーフ」の複数形　　tie【名】（蝶）ネクタイ　　attend【動】参加する

director【名】管理者　　have a chance to〜　〜する機会がある

Part 2

6. Has the new copy machine arrived? [J]
7. Were you working late last night? [I]
8. Did Karen go to the party last Sunday? [G]
9. Do I need to bring a laptop for the business trip? [H]
10. Are all branch managers coming to the reception? [F]

【問題6〜10の応答の選択肢】

(F) Only two of them.
(G) No, she couldn't make it.
(H) No, you don't have to.
(I) Yes, I had to finish a report.
(J) It's arriving this afternoon.

Words & Phrases ＜質問＞

copy machine　コピー機　　arrive【動】到着する　　laptop【名】ノートパソコン
business trip　出張　　branch manager　支店長　　reception【名】歓迎会

Practice 1の復習 音声で質問と応答を確認する　　　和訳は解説編 p.31

Practice 1の質問と正解の応答をCDを聞いて確認してください。1問ごとにCDを止め、質問と応答を声に出してリピートするとより効果的です。

CD1-49
1. Do you sell scarves in this store?
   (B) No, but our Middleton store does.
2. Should I wear a tie tonight?
   (A) It's up to you.
3. Did Gary attend the meeting this morning?
   (D) No, he had another appointment.
4. Do you know the name of the new marketing director?
   (C) Yes, it's Ms. Ito.
5. Did you have a chance to read the newspaper today?
   (E) I haven't had time yet.

CD1-50
6. Has the new copy machine arrived?
   (J) It's arriving this afternoon.
7. Were you working late last night?
   (I) Yes, I had to finish a report.
8. Did Karen go to the party last Sunday?
   (G) No, she couldn't make it.
9. Do I need to bring a laptop for the business trip?
   (H) No, you don't have to.
10. Are all branch managers coming to the reception?
    (F) Only two of them.

Words & Phrases <応答>

up to〜　〜次第で　　appointment【名】約束　　make it　都合がつく

Part 2

Practice 2 別の応答パターンを選ぶ   正解は解説編 p.32〜33

Practice 1 で学んだものと同じ質問に対する、別の適切な応答を選ぶ応用問題です。
CD を聞いて、質問に対する応答として、最も適切なものを (A) 〜 (C) の中から選んでください。

CD1 51

1. Mark your answer.   Ⓐ Ⓑ Ⓒ
2. Mark your answer.   Ⓐ Ⓑ Ⓒ
3. Mark your answer.   Ⓐ Ⓑ Ⓒ
4. Mark your answer.   Ⓐ Ⓑ Ⓒ
5. Mark your answer.   Ⓐ Ⓑ Ⓒ

Unit 6

B 選択疑問文

2つの選択肢を接続詞の or を用いて比較し、選択させる疑問文です。質問が長くなることもあるので、何と何が選択肢として提示されているのかに注意して聞いてください。

> 例 Should I <u>stay here</u> or <u>wait for you in the meeting room</u>?
>   選択肢1   選択肢2
>
> 訳 私はここにいましょうか、それとも会議室であなたをお待ちしましょうか。

Warm Up キーワードを聞き取る　　　　　　　　　　正解は解説編 p.33

CDを聞いて、質問のキーワードとなる（　）の部分を書き取ってください。

1. (Did) Henry speak (spanish) or (Italian)?
2. (Do) you come back (later), or would you prefer to (wait)?
3. (Should) I (lead) you at your hotel or at the conference center?
4. (Can) you (finish) that report today, or (will) you (need) more time?

Part 2

Practice 1 質問に合う応答を考える

正解は解説編 p.33

選択疑問文に対する応答の多くは、提示された選択肢のどちらか（選択肢1か選択肢2）で答えます。ほかに、提示された選択肢のどちらでもよいと答えたり、選択肢のどちらでもないことを伝える場合もあります。

前のページのWarm Upで聞いた質問に対する適切な応答をそれぞれ下の ☐ の中から選び、[ ] に記号を書いてください。（**Words & Phrases** も質問のヒントとして参照のこと）

1. Does Henry speak Spanish or Italian? [C]
2. Can you come back later, or would you prefer to wait? [B]
3. Should I meet you at your hotel or at the conference center? [A]
4. Can you finish that report today, or will you need more time? [D]

(A) Let's meet at the conference center.
(B) I'll come back after lunch.
(C) I think he speaks Italian.
(D) I'll have it done by 5 P.M.

Words & Phrases ＜質問＞

prefer to〜　〜するほうを好む　　conference 【名】 会議、協議

Unit 6

Practice 1の復習 音声で質問と応答を確認する　　　　　　　　和訳は解説編 p.33

Practice 1の質問と正解の応答をCDを聞いて確認してください。1問ごとにCDを止め、質問と応答を声に出してリピートするとより効果的です。

1. Does Henry speak Spanish or Italian?
   (C) I think he speaks Italian.

2. Can you come back later, or would you prefer to wait?
   (B) I'll come back after lunch.

3. Should I meet you at your hotel or at the conference center?
   (A) Let's meet at the conference center.

4. Can you finish that report today, or will you need more time?
   (D) I'll have it done by 5 P.M.

Words & Phrases ＜応答＞

have ＋物＋過去分詞　（物)を〜させる

Practice 2 別の応答パターンを選ぶ　　　　　　　　正解は解説編 p.34

Practice 1で学んだものと同じ質問に対する、別の適切な応答を選ぶ応用問題です。
CDを聞いて、質問に対する応答として、最も適切なものを(A)〜(C)の中から選んでください。

1. Mark your answer.　　Ⓐ **Ⓑ** Ⓒ
2. Mark your answer.　　**Ⓐ** Ⓑ Ⓒ
3. Mark your answer.　　Ⓐ **Ⓑ** Ⓒ
4. Mark your answer.　　Ⓐ **Ⓑ** Ⓒ

Part 2

TOEIC形式問題に挑戦　　　　　　　　　　　正解は解説編 p.35〜39

CDを聞いて、質問に対する応答として、最も適切なものを (A) 〜 (C) の中から選んでください。

(CD1 55)
1. Mark your answer.　　(A) (B) (C)
2. Mark your answer.　　(A) (B) (C)
3. Mark your answer.　　(A) (B) (C)
4. Mark your answer.　　(A) (B) (C)

(CD1 56)
5. Mark your answer.　　(A) (B) (C)
6. Mark your answer.　　(A) (B) (C)
7. Mark your answer.　　(A) (B) (C)
8. Mark your answer.　　(A) (B) (C)

(CD1 57)
9. Mark your answer.　　(A) (B) (C)
10. Mark your answer.　　(A) (B) (C)
11. Mark your answer.　　(A) (B) (C)
12. Mark your answer.　　(A) (B) (C)

(CD1 58)
13. Mark your answer.　　(A) (B) (C)
14. Mark your answer.　　(A) (B) (C)
15. Mark your answer.　　(A) (B) (C)
16. Mark your answer.　　(A) (B) (C)

(CD1 59)
17. Mark your answer.　　(A) (B) (C)
18. Mark your answer.　　(A) (B) (C)
19. Mark your answer.　　(A) (B) (C)
20. Mark your answer.　　(A) (B) (C)

Unit 6

Unit 7　依頼・許可・提案・勧誘の文

　依頼・許可・提案・勧誘の文は、Can you open the door?「ドアを開けてくれますか」のように、形は Yes/No 疑問文でも、単純に Yes, I can. / No, I can't.「はい、できます/いいえ、できません」と応答するものだけではありません。自然な会話では Sure.「もちろん」、No problem.「問題ありません」といった応答が使われることがあります。依頼をしているのか、許可を求めているのかといった質問者の意図を汲み取って応答を選ばなければなりません。下の表で、質問の種類とその意味や使い方を確認してください。

質問の種類	例	よく使われる応答
依頼 〜してくれますか 〜していただけますか	①Can you go shopping for me? （私のために買い物に行ってくれますか） ②Could you go shopping for me?＜丁寧な表現＞ （私のために買い物に行っていただけますか） ③Would you mind going shopping for me?*＜丁寧な表現＞ （私のために買い物に行っていただいても構いませんか） *mind は「気にする」。	[了承] ①②Sure. / Certainly. / Of course.（もちろん）、All right. / OK.（了解です） ③Would you mind 〜? の応答には No problem.（問題ないです）、Not at all.（構いません）などが使われる。 [断る] Sorry, but I'm busy now.（悪いけど、今、手が離せません） I'm afraid I can't.（申し訳ないけれど、できません）
許可 〜してもいいですか 〜してもよろしいですか	④Can I open the window? ⑤May I open the window? ⑥Do you mind if I open the window? （窓を開けてもいいですか）	[了承] ④⑤Sure.（もちろん）、Please go ahead.（どうぞ） ⑥Of course not.（構いません） [断る] ④⑤ I'd rather you didn't.（開けないでほしいです） ⑥ I'm afraid I do.（すみませんが、開けてほしくないです）
提案（申し出） 〜しましょうか	Can I carry your bag? （あなたのバッグを運びましょうか） Would you like a ride to the station? （あなたを駅までお送りしましょうか）	[了承] Thank you.（ありがとう）、That'd be great.（助かります） [断る] Thanks, but I can manage.（ありがとう、でも自分でできます）
提案 〜しましょう	Shall we have lunch? Why don't we have lunch? How about having lunch? Let's have lunch. （昼食にしましょう）	[了承] That's a good idea.（いい考えですね）、I'd love to.（喜んで） [断る] I'm afraid I can't.（申し訳ないけれど、できません）
勧誘 〜しませんか	Would you like to come to the party tonight? （今夜パーティーに来ませんか）	[了承] I'd love to.（喜んで） [断る] Sorry, I have to go straight home.（申し訳ないけれど、まっすぐ帰宅しなければいけません）

Part 2

Warm Up キーワードを聞き取る   正解は解説編 p.40

CD を聞いて、質問のキーワードとなる (   ) の部分を書き取ってください。

1. (   ) (   ) about the new product.
2. (   ) you (   ) to see a movie tomorrow?
3. (   ) you (   ) up that table?
4. (   ) I (   ) the meeting early?
5. (   ) (   ) visiting the museum next Sunday?

6. (   ) I (   ) the boxes for you?
7. (   ) (   ) you give Mary your phone number?
8. (   ) I (   ) you prepare the handouts?
9. (   ) you (   ) if I join the meeting?
10. (   ) don't we (   ) pizza for dinner?

Practice 1 質問に合う応答を考える   正解は解説編 p.40

前のページの Warm Up で聞いた質問に対する適切な応答をそれぞれ下の ☐ の中から選び、[ ] に記号を書いてください。(**Words & Phrases** も質問のヒントとして参照のこと)

1. Let's talk about the new product.   [   ]
2. Would you like to see a movie tomorrow?   [   ]
3. Can you clean up that table?   [   ]

【問題1〜3の応答の選択肢】
(A) Certainly, I'll clear the dishes away.
(B) What do you want to see?
(C) I'll show you the latest report.

4. May I leave the meeting early?   [   ]
5. How about visiting the museum next Sunday?   [   ]
6. Can I carry the boxes for you?   [   ]

【問題4〜6の応答の選択肢】
(D) Thank you so much.
(E) Sorry, I'm busy that day.
(F) What time do you want to leave?

Words & Phrases <質問>

product 【名】製品   How about 〜ing? 〜するのはどうですか。

Part 2

7. Why don't you give Mary your phone number?　　　　[　]
8. Shall I help you prepare the handouts?　　　　[　]
9. Do you mind if I join the meeting?　　　　[　]
10. Why don't we have pizza for dinner?　　　　[　]

> 【問題7〜10の応答の選択肢】
> (G) Actually, I already ate.
> (H) OK, I will.
> (I) Thanks, but I can manage.
> (J) Not at all, come with us.

Words & Phrases ＜質問＞

help＋人＋動詞の原形　（人）が〜するのを手伝う　　prepare 【動】 準備する

handout 【名】 配布資料

Unit 7

Practice 1の復習 音声で質問と応答を確認する   和訳は解説編 p.40

Practice 1の質問と正解の応答をCDを聞いて確認してください。1問ごとにCDを止め、質問と応答を声に出してリピートするとより効果的です。

CD1-62
1. Let's talk about the new product.
    (C) I'll show you the latest report.
2. Would you like to see a movie tomorrow?
    (B) What do you want to see?
3. Can you clean up that table?
    (A) Certainly, I'll clear the dishes away.

CD1-63
4. May I leave the meeting early?
    (F) What time do you want to leave?
5. How about visiting the museum next Sunday?
    (E) Sorry, I'm busy that day.
6. Can I carry the boxes for you?
    (D) Thank you so much.

CD1-64
7. Why don't you give Mary your phone number?
    (H) OK, I will.
8. Shall I help you prepare the handouts?
    (I) Thanks, but I can manage.
9. Do you mind if I join the meeting?
    (J) Not at all, come with us.
10. Why don't we have pizza for dinner?
    (G) Actually, I already ate.

Words & Phrases <応答>

latest 【形】 最新の   certainly 【副】 もちろん   clear ~ away ~を取り除く
manage 【動】 何とかする   Not at all. 全く問題ないです。   actually 【副】 実は
already 【副】 すでに

Part 2

Practice 2 別の応答パターンを選ぶ　　　　　　　　　　　　　正解は解説編 p.41

Practice 1で学んだものと同じ質問に対する、別の適切な応答を選ぶ応用問題です。
CDを聞いて、質問に対する応答として、最も適切なものを (A) 〜 (C) の中から選んでください。

CD1-65
1. Mark your answer.　　Ⓐ Ⓑ Ⓒ
2. Mark your answer.　　Ⓐ Ⓑ Ⓒ
3. Mark your answer.　　Ⓐ Ⓑ Ⓒ
4. Mark your answer.　　Ⓐ Ⓑ Ⓒ

TOEIC形式問題に挑戦　　　　　　　　　　　　　正解は解説編 p.42〜46

CDを聞いて、質問に対する応答として、最も適切なものを (A) 〜 (C) の中から選んでください。

CD1-66
1. Mark your answer.　　Ⓐ Ⓑ Ⓒ
2. Mark your answer.　　Ⓐ Ⓑ Ⓒ
3. Mark your answer.　　Ⓐ Ⓑ Ⓒ
4. Mark your answer.　　Ⓐ Ⓑ Ⓒ

CD1-67
5. Mark your answer.　　Ⓐ Ⓑ Ⓒ
6. Mark your answer.　　Ⓐ Ⓑ Ⓒ
7. Mark your answer.　　Ⓐ Ⓑ Ⓒ
8. Mark your answer.　　Ⓐ Ⓑ Ⓒ

CD1-68
9. Mark your answer.　　Ⓐ Ⓑ Ⓒ
10. Mark your answer.　　Ⓐ Ⓑ Ⓒ
11. Mark your answer.　　Ⓐ Ⓑ Ⓒ
12. Mark your answer.　　Ⓐ Ⓑ Ⓒ

CD1-69
13. Mark your answer.　　Ⓐ Ⓑ Ⓒ
14. Mark your answer.　　Ⓐ Ⓑ Ⓒ
15. Mark your answer.　　Ⓐ Ⓑ Ⓒ
16. Mark your answer.　　Ⓐ Ⓑ Ⓒ

CD1-70
17. Mark your answer.　　Ⓐ Ⓑ Ⓒ
18. Mark your answer.　　Ⓐ Ⓑ Ⓒ
19. Mark your answer.　　Ⓐ Ⓑ Ⓒ
20. Mark your answer.　　Ⓐ Ⓑ Ⓒ

Unit 7

Memo

Unit 8 付加疑問文と否定疑問文、肯定文と否定文

A 付加疑問文と否定疑問文

付加疑問文（下の表の例文①、②）は、相手に確認や同意を求める文です。また、否定疑問文（同例文③）は相手に確認をするときや、意外な驚きを表すときに使います。

	例	意味
付加疑問文	① The bus is coming soon, isn't it? ② The bus isn't coming soon, is it?	バスはすぐやって来ますよね。 バスはすぐにはやって来ませんよね。
否定疑問文	③ Isn't the bus coming soon?	バスはすぐやって来るのではないのですか。

【意味の違い】
① バスがすぐに来ることを期待し、その確認をしている。
② バスはすぐに来ないと推測し、その確認をしている。
③ バスがすぐに来ないということに驚いている。

応答

付加疑問文や否定疑問文に対して答えるときは、Yes/Noだけでなく、付随した情報を付け加えたり、Yes/Noを省いて答えることもあります。

①～③に対する応答の例	意味
(Yesまたは省略) It should be here shortly.	(はい) すぐにこちらに着くはずです。
(Noまたは省略) It's not coming for another 20 minutes.	(いいえ) あと20分は来ません。

Warm Up キーワードを聞き取る　　　　　　　　　　　　正解は解説編 p.47

CD を聞いて、質問のキーワードとなる（　）の部分を書き取ってください。

1. The hotel is close to the airport, (　　　) (　　　)?
2. (　　　) Kate (　　　) the promotion plan?
3. (　　　) you have to (　　　) soon?
4. You (　　　) met Mr. Clark, (　　　) (　　　)?
5. (　　　) (　　　) a beautiful dress?

Column

前のページの表を参考にしてそれぞれを書き換え、意味も確認してください。（正解はページ下）

1. 付加疑問文から否定疑問文への書き換え

①付加疑問文　This suitcase <u>is</u> big enough for the trip, <u>isn't it?</u>（肯定文 ＋ 付加疑問）
　　訳 このスーツケースはその旅行に十分な大きさですよね。（十分と期待した確認）

②付加疑問文　This suitcase <u>isn't</u> big enough for the trip, <u>is it?</u>（否定文 ＋ 付加疑問）
　　訳 このスーツケースはその旅行に十分な大きさではないですよね。（不十分と推測した確認）

③否定疑問文　_____
　　訳 このスーツケースはその旅行に十分な大きさではないのですか。（驚き）

2. 否定疑問文から付加疑問文への書き換え

①付加疑問文　_____（肯定文 ＋ 付加疑問）
　　訳 報告書を仕上げましたよね。（仕上げたことを期待した確認）

②付加疑問文　_____（否定文 ＋ 付加疑問）
　　訳 報告書を仕上げていないのですよね。（仕上げていないことを推測した確認）

③否定疑問文　<u>Haven't</u> you finished the report?
　　訳 報告書を仕上げたのではないのですか。（驚き）

正解

1. ③　<u>Isn't</u> this suitcase big enough for the trip?
2. ①　You've [You have] <u>finished</u> the report, <u>haven't you</u>?
　 ②　You <u>haven't finished</u> the report, <u>have you</u>?

Part 2

Practice 1 質問に合う応答を考える   正解は解説編 p.47

前のページのWarm Upで聞いた質問に対する適切な応答をそれぞれ下の □ の中から選び、[ ] に記号を書いてください。(**Words & Phrases** も質問のヒントとして参照のこと)

1. The hotel is close to the airport, isn't it?   [   ]
2. Hasn't Kate finished the promotion plan?   [   ]
3. Don't you have to leave soon?   [   ]
4. You haven't met Mr. Clark, have you?   [   ]
5. Isn't this a beautiful dress?   [   ]

> (A) Yes, but it's too big for me.
> (B) Yes, I've met him.
> (C) Yes, I'm in a hurry.
> (D) It's about a fifteen-minute drive.
> (E) She's already submitted it.

Words & Phrases <質問>

promotion plan　販売促進計画　　leave　【動】　出発する

Unit 8

| **Practice 1 の復習** | 音声で質問と応答を確認する | 和訳は解説編 p.47

Practice 1 の質問と正解の応答を CD を聞いて確認してください。1 問ごとに CD を止め、質問と応答を声に出してリピートするとより効果的です。

CD2 03

1. The hotel is close to the airport, isn't it?
   (D) It's about a fifteen-minute drive.

2. Hasn't Kate finished the promotion plan?
   (E) She's already submitted it.

3. Don't you have to leave soon?
   (C) Yes, I'm in a hurry.

4. You haven't met Mr. Clark, have you?
   (B) Yes, I've met him.

5. Isn't this a beautiful dress?
   (A) Yes, but it's too big for me.

Words & Phrases <応答>

submit 【動】提出する 　　be in a hurry 急いでいる

| **Practice 2** | 別の応答パターンを選ぶ | 正解は解説編 p.48

Practice 1 で学んだものと同じ質問に対する、別の適切な応答を選ぶ応用問題です。
CD を聞いて、質問に対する応答として、最も適切なものを (A) 〜 (C) の中から選んでください。

CD2 04

1. Mark your answer.　　Ⓐ　Ⓑ　Ⓒ
2. Mark your answer.　　Ⓐ　Ⓑ　Ⓒ
3. Mark your answer.　　Ⓐ　Ⓑ　Ⓒ
4. Mark your answer.　　Ⓐ　Ⓑ　Ⓒ

Part 2

B 肯定文と否定文 (感想・意見・事実など)

第1話者の発話が疑問文ではなく、肯定文や否定文を使って感想や意見、事実などを述べる文である場合とその応答について学習します。

Warm Up キーワードを聞き取る　　　　　　　　　　　　　　　正解は解説編 p.49

CD を聞いて、質問のキーワードとなる (　) の部分を書き取ってください。

1. Your (　　　) is very (　　　) today.
2. I (　　　) the company picnic.
3. The Berlin (　　　) is (　　　) in May.
4. I've (　　　) (　　　) to the opera house.
5. I (　　　) my proposal is (　　　).

Words & Phrases ＜応答＞

company picnic　会社の親睦会　　Berlin　ベルリン　　opera house　オペラ劇場
proposal　【名】提案

Practice 1 さまざまな応答パターンを理解する   正解は解説編 p.49

前のページのような感想・意見・事実などを述べる文に対する応答は、ある程度応答が限定されるWH疑問文やYes/No疑問文などに比べて多岐にわたります。次の1〜5の発言に対するさまざまな応答パターンを学んでください。

CDを聞いて、それぞれ3つの応答の（　）の部分を書き取ってください。Answer 1〜3は、いずれも発言に対する適切な応答です。応答を聞くときには、最初の発言とのつながりを意識し、意味を考えながら聞きましょう。

1. Your office is very busy today.
    Answer 1: (   ), it's always (   ) this.
    Answer 2: We (   ) a lot of (   ) now.
    Answer 3: Yes, it's (   ) to concentrate.

2. I enjoyed the company picnic.
    Answer 1: (   ) was it (   )?
    Answer 2: Me too, there were some fun (   ).
    Answer 3: I (   ) I could have (   ).

3. The Berlin branch is opening in May.
    Answer 1: I (   ) it was (   ) to be sooner.
    Answer 2: That'll be (   ) for business.
    Answer 3: We should (   ) it in the summer.

4. I've never been to the opera house.
    Answer 1: I'm (   ) you would (   ) it.
    Answer 2: Me (   ).
    Answer 3: (   ) is it?

5. I hope my proposal is accepted.
    Answer 1: I (   ) so, (   ).
    Answer 2: (   ) will you find (   ) the result?
    Answer 3: (   ) is it about?

Part 2

Practice 2 別の応答パターンを選ぶ

正解は解説編 p.50

Practice 1で学んだものと同じ質問に対する、別の適切な応答を選ぶ応用問題です。
CDを聞いて、質問に対する応答として、最も適切なものを (A) ～ (C) の中から選んでください。

(CD2-11)
1. Mark your answer.　　(A) (B) (C)
2. Mark your answer.　　(A) (B) (C)
3. Mark your answer.　　(A) (B) (C)

TOEIC形式問題に挑戦

正解は解説編 p.51～55

CDを聞いて、質問に対する応答として、最も適切なものを (A) ～ (C) の中から選んでください。

(CD2-12)
1. Mark your answer.　　(A) (B) (C)
2. Mark your answer.　　(A) (B) (C)
3. Mark your answer.　　(A) (B) (C)
4. Mark your answer.　　(A) (B) (C)

(CD2-13)
5. Mark your answer.　　(A) (B) (C)
6. Mark your answer.　　(A) (B) (C)
7. Mark your answer.　　(A) (B) (C)
8. Mark your answer.　　(A) (B) (C)

(CD2-14)
9. Mark your answer.　　(A) (B) (C)
10. Mark your answer.　　(A) (B) (C)
11. Mark your answer.　　(A) (B) (C)
12. Mark your answer.　　(A) (B) (C)

(CD2-15)
13. Mark your answer.　　(A) (B) (C)
14. Mark your answer.　　(A) (B) (C)
15. Mark your answer.　　(A) (B) (C)
16. Mark your answer.　　(A) (B) (C)

(CD2-16)
17. Mark your answer.　　(A) (B) (C)
18. Mark your answer.　　(A) (B) (C)
19. Mark your answer.　　(A) (B) (C)
20. Mark your answer.　　(A) (B) (C)

Unit 8

Challenge 2

Part 2のまとめとして、TOEIC®テストと同様にさまざまなテーマからなる問題演習を行います。以下の順で学習してください。

● **学習の進め方**

1. まず演習を始める前に、次にあるテスト本番のDirections「指示」を読み、その意味を把握する。(次ページの訳も参照)
2. Directions「指示」の音声 (CD 2-Track 17) を聞き、本番の形式を理解する。
3. 問題に解答する。(40問[*])   [*]テスト本番ではPart 2の応答問題は30問。

PART 2

Directions: You will hear a question or statement and three responses spoken in English. They will not be printed in your test book and will be spoken only one time. Select the best response to the question or statement and mark the letter (A), (B), or (C) on your answer sheet.

Example

Sample Answer
Ⓐ ● Ⓒ

For example, you will hear: Where is the meeting room?

You will also hear: (A) To meet the new director.
       (B) It's the first room on the right.
       (C) Yes, at two o'clock.

The best response to the question "Where is the meeting room?" is choice (B), "It's the first room on the right," so (B) is the correct answer. You should mark answer (B) on your answer sheet.

> Now let us begin with question number 11.

青字の部分は音声のみで印刷はされていません。

Part 2

訳

パート2

指示：1つの質問または文と、それに対する3つの応答が英語で放送されます。放送内容は問題用紙に印刷されておらず、流れるのは1度だけです。質問または文に対して最も適切な応答を選び、解答用紙に(A)、(B)、(C)のいずれかをマークしてください。

例

まず聞こえるのは、「会議室はどこですか」。

続いて聞こえるのは、(A) 新しい管理者に会うため。
(B) 右手にある1つ目の部屋です。
(C) はい、2時に。

「会議室はどこですか」という質問に対する最も適切な応答は、(B)「右手にある1つ目の部屋です」なので、(B)が正解です。解答用紙の(B)をマークします。

では問題11番から始めます。

注意：

本番の問題用紙には、下のように問題11〜40の指示（意味は「解答用紙に解答をマークしなさい」）のみが印刷されています。注意深く音声を聞き、解答用紙にマークすることに集中してください。

11. Mark your answer on your answer sheet.
12. Mark your answer on your answer sheet.
13. Mark your answer on your answer sheet.
14. Mark your answer on your answer sheet.
15. Mark your answer on your answer sheet.
16. Mark your answer on your answer sheet.
17. Mark your answer on your answer sheet.
18. Mark your answer on your answer sheet.
19. Mark your answer on your answer sheet.
20. Mark your answer on your answer sheet.
21. Mark your answer on your answer sheet.
22. Mark your answer on your answer sheet.
23. Mark your answer on your answer sheet.
24. Mark your answer on your answer sheet.
25. Mark your answer on your answer sheet.
26. Mark your answer on your answer sheet.
27. Mark your answer on your answer sheet.
28. Mark your answer on your answer sheet.
29. Mark your answer on your answer sheet.
30. Mark your answer on your answer sheet.
31. Mark your answer on your answer sheet.
32. Mark your answer on your answer sheet.
33. Mark your answer on your answer sheet.
34. Mark your answer on your answer sheet.
35. Mark your answer on your answer sheet.
36. Mark your answer on your answer sheet.
37. Mark your answer on your answer sheet.
38. Mark your answer on your answer sheet.
39. Mark your answer on your answer sheet.
40. Mark your answer on your answer sheet.

※テストでは解答はすべて解答用紙にマークしますが、本書には解答用紙は付属していません。

CDを聞いて、設問に対する応答として、最も適切なものを (A) ～ (C) の中から選んでください。

正解は解説編 p.56～65

(CD2 18) 1. Mark your answer. Ⓐ Ⓑ Ⓒ
2. Mark your answer. Ⓐ Ⓑ Ⓒ
3. Mark your answer. Ⓐ Ⓑ Ⓒ
4. Mark your answer. Ⓐ Ⓑ Ⓒ

(CD2 19) 5. Mark your answer. Ⓐ Ⓑ Ⓒ
6. Mark your answer. Ⓐ Ⓑ Ⓒ
7. Mark your answer. Ⓐ Ⓑ Ⓒ
8. Mark your answer. Ⓐ Ⓑ Ⓒ

(CD2 20) 9. Mark your answer. Ⓐ Ⓑ Ⓒ
10. Mark your answer. Ⓐ Ⓑ Ⓒ
11. Mark your answer. Ⓐ Ⓑ Ⓒ
12. Mark your answer. Ⓐ Ⓑ Ⓒ

(CD2 21) 13. Mark your answer. Ⓐ Ⓑ Ⓒ
14. Mark your answer. Ⓐ Ⓑ Ⓒ
15. Mark your answer. Ⓐ Ⓑ Ⓒ
16. Mark your answer. Ⓐ Ⓑ Ⓒ

(CD2 22) 17. Mark your answer. Ⓐ Ⓑ Ⓒ
18. Mark your answer. Ⓐ Ⓑ Ⓒ
19. Mark your answer. Ⓐ Ⓑ Ⓒ
20. Mark your answer. Ⓐ Ⓑ Ⓒ

Part 2

CD2 23 21. Mark your answer. Ⓐ Ⓑ Ⓒ
22. Mark your answer. Ⓐ Ⓑ Ⓒ
23. Mark your answer. Ⓐ Ⓑ Ⓒ
24. Mark your answer. Ⓐ Ⓑ Ⓒ

CD2 24 25. Mark your answer. Ⓐ Ⓑ Ⓒ
26. Mark your answer. Ⓐ Ⓑ Ⓒ
27. Mark your answer. Ⓐ Ⓑ Ⓒ
28. Mark your answer. Ⓐ Ⓑ Ⓒ

CD2 25 29. Mark your answer. Ⓐ Ⓑ Ⓒ
30. Mark your answer. Ⓐ Ⓑ Ⓒ
31. Mark your answer. Ⓐ Ⓑ Ⓒ
32. Mark your answer. Ⓐ Ⓑ Ⓒ

CD2 26 33. Mark your answer. Ⓐ Ⓑ Ⓒ
34. Mark your answer. Ⓐ Ⓑ Ⓒ
35. Mark your answer. Ⓐ Ⓑ Ⓒ
36. Mark your answer. Ⓐ Ⓑ Ⓒ

CD2 27 37. Mark your answer. Ⓐ Ⓑ Ⓒ
38. Mark your answer. Ⓐ Ⓑ Ⓒ
39. Mark your answer. Ⓐ Ⓑ Ⓒ
40. Mark your answer. Ⓐ Ⓑ Ⓒ

Challenge 2

Part 3
会話問題

Unit 9	Society & Life（社会と生活）	94
Unit 10	Workplace & Business（職場とビジネス）	101
Unit 11	Personnel & Training（人事と研修）	108
Challenge 3		115

●Part 3「会話問題」の出題形式

- 2人による会話を聞き、会話に関する設問に最も適切な解答を4つの選択肢の中から選ぶ問題です。
- 会話は10あり、設問は各会話につき3つ、合計30問あります。
- 問題用紙には設問と選択肢が記載されていますが、会話は記載されていません。
- 会話はそれぞれ1度だけ放送され、会話の放送後に3つの設問が読み上げられます（選択肢は読み上げられません）。
- 次の設問が読み上げられるまでのポーズは8秒あります。

●Part 3の Point

① 会話の場面は職場や日常生活に関するものです。職場の同僚同士、店員と顧客の会話などさまざまなものが出題されます。

② 単語1語1句の聞き取りにとらわれず、会話全体の流れと概要を把握することが大切です。最初の2～3文で2人の話者のいる場所・関係・話題のカギが推測できることが多いので、冒頭部分は特に集中して聞きましょう。

③ 解答に長い時間をかけ過ぎず、すぐにマークしましょう。

④ 放送では会話の後に設問が読み上げられますが、それまで解答を待つ必要はありません。聞きながら解答できる問題をマークしても構いません。

⑤ 会話が放送される前に3つの設問を読み、設問の解答に必要な情報に注目すると聞き取りやすくなります。

⑥ 余裕があれば、設問に加え選択肢にも簡単に目を通しておくと、その情報が会話の理解の助けになることがあります。

⑦ 会話の中で使われている表現が、設問や選択肢の中ではほかの表現で言い換えられていることもあるので、意味をよく理解して解答を選びましょう。

Part 3

●Unit 9〜11の学習の流れ

Unit 9〜11ではPart 3の「会話問題」について学習します。各Unitは、**Conversation A**、**B**、**C**の3つの会話から構成され、それぞれの**Conversation**では以下の流れに沿って学習します。

| Conversation A・B | 1 ⇒ 2 ⇒ 3 |
| Conversation C | 3 (1 と 2 の練習を行わずにTOEIC形式の問題に挑戦することで、テスト本番の準備ができます。) |

※正解の確認は 1 〜 3 の解答をすべて終えてから行うことをお勧めします。

【学習内容の流れ】

1 （単語を確認し、会話のテーマをつかむ練習）

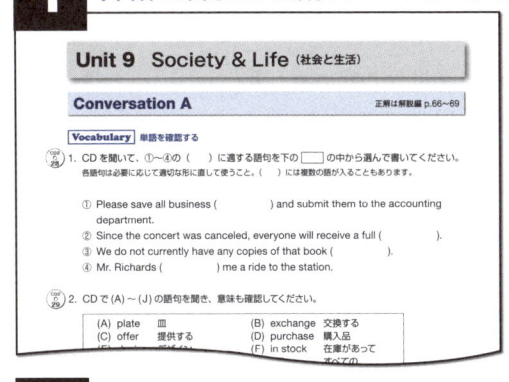

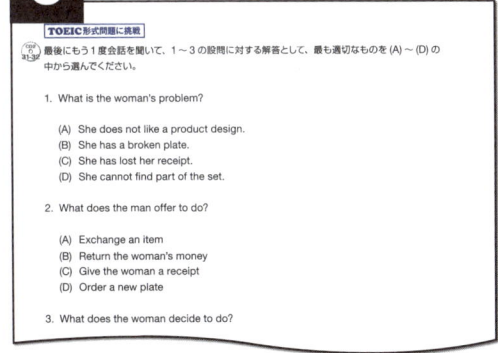

Vocabulary
1. 文中での語句の聞き取り
2. 会話に出てくる語句の確認

Warm Up
会話の冒頭の音声のみを聞いて、会話のテーマをつかみ、続きを推測する練習

＊**学習の目的**
単語の意味を確認し、会話を聞き取るための基礎力を固める。

注：Conversation Cでは 1 と 2 は行いません。

2 （会話の詳細をつかむ練習）

会話全体を聞いて詳細をつかむ練習

Practice 1
概要をつかむ練習

Practice 2
ポイントとなる語句を正確に聞き取る練習

Practice 3
詳細を聞き取る練習

＊**学習の目的**
会話を繰り返し聞いて、趣旨の異なる問題に解答することで、理解力を高める。

3 （TOEIC形式の問題に解答）

TOEIC形式問題に挑戦
会話全体を再度聞き、TOEIC形式の問題に解答

＊**学習の目的**
TOEICテスト本番と同様の形式の設問に解答する。すでに会話を十分に理解しているので、自信を持って解答できる。

93

Unit 9 Society & Life (社会と生活)

Conversation A

正解は解説編 p.66〜69

Vocabulary 単語を確認する

1. CD を聞いて、①〜④の（　）に適する語句を下の □ の中から選んで書いてください。
   各語句は必要に応じて適切な形に直して使うこと。（　）には複数の語が入ることもあります。

   ① Please save all business (　　　　) and submit them to the accounting department.
   ② Since the concert was canceled, everyone will receive a full (　　　　).
   ③ We do not currently have any copies of that book (　　　　).
   ④ Mr. Richards (　　　　) me a ride to the station.

2. CD で (A) 〜 (J) の語句を聞き、意味も確認してください。

(A)	plate	皿	(B) exchange	交換する
(C)	offer	提供する	(D) purchase	購入品
(E)	design	デザイン	(F) in stock	在庫があって
(G)	receipt	レシート	(H) full	すべての
(I)	refund	返金	(J) probably	恐らく

Warm Up 会話のテーマをつかむ

会話は初めの部分を聞き取ることができれば、たとえ途中に聞き取れない箇所があっても、たいていの場合は会話全体の文脈を推測することができます。

1. 会話の冒頭の音声が流れます。これを聞いて、会話の行われている場所を (A) 〜 (C) の中から選んでください。

   (A) At a restaurant
   (B) At an airport
   (C) At a store

2. この会話の続きがどのようになるかを推測し、(A) 〜 (C) の中から選んでください。

   (A) The man will offer to make an exchange.
   (B) The man will buy a gift.
   (C) The man will make a reservation.

Part 3

※ **Practice 1～3** と **TOEIC形式問題に挑戦** は、会話全体を聞きます。

Practice 1 概要を聞き取る

CDを聞いて、内容を正しく表す文になるように (A) ～ (C) の中から選んでください。

1. The speakers are
   (A) customers.
   (B) a store clerk and a customer.
   (C) coworkers.

2. The speakers are talking about
   (A) a recent purchase.
   (B) a new product line.
   (C) an advertised discount.

3. The man asks if the woman
   (A) will come back.
   (B) has a receipt.
   (C) can pay by credit card.

Practice 2 詳細を聞き取る

次の英文は、会話中の発言の一部分が空欄になったものです。CDを聞いて、(　) にあてはまる語を書いてください。

1. One of the plates was (　　　).
2. Can I (　　　) it?
3. We have (　　　) (　　　) of this design.

Practice 3 理解を深める

CDを聞いて、会話の内容を正しく表しているものにはTを、正しく表していないものにはFを書いてください。

1. More than two plates have been damaged. (　)
2. The woman received the plates as a gift. (　)
3. The set of dinner plates is not in stock. (　)
4. The woman will make an exchange. (　)
5. The woman will use all of the plates. (　)

Unit 9

TOEIC形式問題に挑戦

最後にもう1度会話を聞いて、1〜3の設問に対する解答として、最も適切なものを (A) 〜 (D) の中から選んでください。

1. What is the woman's problem?

    (A) She does not like a product design.
    (B) She has a broken plate.
    (C) She has lost her receipt.
    (D) She cannot find part of the set.

2. What does the man offer to do?

    (A) Exchange an item
    (B) Return the woman's money
    (C) Give the woman a receipt
    (D) Order a new plate

3. What does the woman decide to do?

    (A) Accept the man's offer
    (B) Buy some new plates
    (C) Keep a set of dishes
    (D) Wait for the manager

Part 3

Conversation B

正解は解説編 p.70〜73

Vocabulary 単語を確認する

1. CD を聞いて、①〜④の（　）に適する語句を下の□の中から選んで書いてください。
   各語句は必要に応じて適切な形に直して使うこと。（　）には複数の語が入ることもあります。

   ① (　　　　), it's going to rain in the afternoon.
   ② The bookstore is (　　　　) the train station.
   ③ The meeting room will be (　　　　) after 3 P.M.
   ④ I'm busy (　　　　), so I'll call you at lunchtime.

2. CD で (A) 〜 (I) の語句を聞き、意味も確認してください。

(A)	locate	設ける	(B) opposite	向かいに
(C)	unfortunately	あいにく	(D) at the moment	現在
(E)	stay	滞在	(F) available	利用できる
(G)	be scheduled to	〜する予定である	(H) complete	完了させる
(I)	reopen	再開する		

Warm Up 会話のテーマをつかむ

会話は初めの部分を聞き取ることができれば、たとえ途中で聞き取れない箇所があっても、たいていの場合は会話全体の文脈を推測することができます。

1. 会話の冒頭の音声が流れます。これを聞いて、何に関する会話か (A) 〜 (C) の中から選んでください。

   (A) A restaurant
   (B) An art exhibit
   (C) A hotel facility

2. この会話の続きがどのようになるかを推測し、(A) 〜 (C) の中から選んでください。

   (A) The woman will give the man his bill.
   (B) The woman will give the man directions.
   (C) The woman will talk about her hobbies.

Unit 9

※ **Practice 1〜3** と **TOEIC形式問題に挑戦** は、会話全体を聞きます。

Practice 1 概要を聞き取る

CD を聞いて、内容を正しく表す文になるように (A) 〜 (C) の中から選んでください。

1. The speakers are
    (A) a customer and a desk clerk.
    (B) colleagues.
    (C) hotel guests.

2. The man wants to find
    (A) a restaurant.
    (B) a gym.
    (C) a conference hall.

3. The man is asking
    (A) when breakfast will be served.
    (B) when the gym reopens.
    (C) when checkout is.

Practice 2 詳細を聞き取る

次の英文は、会話中の発言の一部分が空欄になったものです。CD を聞いて、(　　) にあてはまる語を書いてください。

1. We have a (　　　　), located on the fourth floor.
2. Unfortunately, it's (　　　　) at the moment.
3. Do you know (　　　　) it'll be available again?

Practice 3 理解を深める

CD を聞いて、会話の内容を正しく表しているものには T を、正しく表していないものには F を書いてください。

1. The woman works at the hotel.　　　　　　　　　　　　　　　(　　)
2. The man is not staying at the hotel.　　　　　　　　　　　　(　　)
3. The gym is located in the basement.　　　　　　　　　　　　(　　)
4. The elevators are being cleaned.　　　　　　　　　　　　　　(　　)
5. The woman will call the man's mobile phone.　　　　　　　(　　)

Part 3

TOEIC形式問題に挑戦

最後にもう1度会話を聞いて、1〜3の設問に対する解答として、最も適切なものを (A) 〜 (D) の中から選んでください。

1. Why is the gym closed?

    (A) It is being repaired.
    (B) It is being cleaned.
    (C) The air conditioner is not working.
    (D) New equipment is being installed.

2. When will the gym be available?

    (A) At around 2:00 P.M.
    (B) At around 2:30 P.M.
    (C) At around 4:00 P.M.
    (D) At around 4:30 P.M.

3. What does the woman offer to do?

    (A) Take the man to the gym
    (B) Finish cleaning the man's room
    (C) Contact the man later
    (D) Give the man a brochure

Conversation C

正解は解説編 p.74〜75

TOEIC形式問題に挑戦

Unit のまとめとして実践形式の問題に取り組んでください。CD を聞いて、1〜3 の設問に対する解答として、最も適切なものを (A)〜(D) の中から選んでください。

1. What are the speakers discussing?

    (A) An art display
    (B) An academic meeting
    (C) A musical performance
    (D) A trip overseas

2. What does the man indicate about the event?

    (A) It is expensive.
    (B) It is popular.
    (C) It starts at seven.
    (D) It will end in a week.

3. What does the woman suggest the man do?

    (A) Visit the event soon
    (B) Take photos for the show
    (C) Work after hours
    (D) Write about the event

Part 3

Unit 10 Workplace & Business (職場とビジネス)

Conversation A

正解は解説編 p.76〜79

Vocabulary 単語を確認する

1. CD を聞いて、①〜④の (　) に適する語を下の □ の中から選んで書いてください。

   ① They live in a fashionable (　　　　) of New York.
   ② Let's first discuss the (　　　　) of the last meeting.
   ③ Please tell me the (　　　　) time that the seminar starts.
   ④ We will meet our (　　　　) sales for this year.

2. CD で (A) 〜 (I) の語を聞き、意味も確認してください。

(A) minutes	議事録	(B) discuss	話し合う
(C) move	移転	(D) district	地区
(E) actually	実際に	(F) exact	正確な
(G) location	位置	(H) agree	同意する
(I) target	目標		

Warm Up 会話のテーマをつかむ

会話は初めの部分を聞き取ることができれば、たとえ途中で聞き取れない箇所があっても、たいていの場合は会話全体の文脈を推測することができます。

1. 会話の冒頭の音声が流れます。これを聞いて、何に関する会話か (A) 〜 (C) の中から選んでください。

   (A) Meeting minutes
   (B) A client
   (C) A vacation

2. この会話の続きがどのようになるかを推測し、(A) 〜 (C) の中から選んでください。

   (A) The man will make an appointment with a client.
   (B) The man will talk about his vacation plans.
   (C) The man will ask about a meeting.

※ **Practice 1〜3** と **TOEIC形式問題に挑戦** は、会話全体を聞きます。

Practice 1 概要を聞き取る

CDを聞いて、内容を正しく表す文になるように (A)〜(C) の中から選んでください。

1. The speakers
    (A) have never met before.
    (B) are colleagues.
    (C) are a receptionist and a client.

2. The speakers are discussing
    (A) a promotion schedule.
    (B) a business trip.
    (C) an office move.

3. The man needs
    (A) some documents.
    (B) more information.
    (C) new office furniture.

Practice 2 詳細を聞き取る

次の英文は、会話中の発言の一部分が空欄になったものです。CDを聞いて、(　)にあてはまる語を書いてください。

1. We didn't decide on the exact (　　　).
2. That's all the (　　　) I need.
3. I should be able to complete the (　　　).

Practice 3 理解を深める

CDを聞いて、会話の内容を正しく表しているものにはTを、正しく表していないものにはFを書いてください。

1. The man has finished writing some meeting minutes.　　　(　)
2. The man wants to confirm some details.　　　(　)
3. An office move was discussed in the meeting.　　　(　)
4. The woman did not attend the meeting.　　　(　)
5. The woman answered the man's question.　　　(　)

Part 3

TOEIC形式問題に挑戦

最後にもう1度会話を聞いて、1〜3の設問に対する解答として、最も適切なものを (A) 〜 (D) の中から選んでください。

1. What does the woman ask the man to do?

    (A) Change the time of a meeting
    (B) Find an office building
    (C) Finish some work early
    (D) Call the building manager

2. What does the man want to know?

    (A) A building name
    (B) A meeting location
    (C) The time of a move
    (D) The reason for a move

3. When does the man expect to finish the minutes?

    (A) Later today
    (B) Tomorrow morning
    (C) Tomorrow evening
    (D) Next week

Conversation B

正解は解説編 p.80〜83

Vocabulary 単語を確認する

1. CD を聞いて、①〜④の（　）に適する語句を下の □ の中から選んで書いてください。
   各語句は必要に応じて適切な形に直して使うこと。（　）には複数の語が入ることもあります。

   ① Can we meet next Friday (　　　　)?
   ② Could you help me (　　　　) for the presentation?
   ③ How many (　　　　) will there be at this meeting?
   ④ Make sure that the work has been done (　　　　).

2. CD で (A)〜(I) の語句を聞き、意味も確認してください。

(A)	perhaps	恐らく	(B) properly	適切に
(C)	service engineer	修理技術者	(D) fix	修理する
(E)	immediately	ただちに	(F) prepare	準備する
(G)	attendee	出席者	(H) public relations	広報
(I)	instead	その代わりに		

Warm Up 会話のテーマをつかむ

会話は初めの部分を聞き取ることができれば、たとえ途中で聞き取れない箇所があっても、たいていの場合は会話全体の文脈を推測することができます。

1. 会話の冒頭の音声が流れます。これを聞いて、何に関する会話か (A)〜(C) の中から選んでください。

   (A) A training program
   (B) A mechanical problem
   (C) A publication

2. この会話の続きがどのようになるかを推測し、(A)〜(C) の中から選んでください。

   (A) The speakers will talk about a training instructor.
   (B) The speakers will call a repair service.
   (C) The speakers will discuss a newspaper article.

Part 3

※ **Practice 1～3** と **TOEIC形式問題に挑戦** は、会話全体を聞きます。

Practice 1 概要を聞き取る

CD を聞いて、内容を正しく表す文になるように (A) ～ (C) の中から選んでください。

1. The conversation is most likely taking place
    (A) at a school.
    (B) at a repair shop.
    (C) in an office.

2. The speakers are talking about
    (A) a printing problem.
    (B) computer software.
    (C) a user's manual.

3. The woman needs to
    (A) prepare some documents.
    (B) install a new software program.
    (C) set up a projector.

Practice 2 詳細を聞き取る

次の英文は、会話中の発言の一部分が空欄になったものです。CD を聞いて、(　) にあてはまる語を書いてください。

1. I'm trying to get some (　　　) ready.
2. Do you have any idea what's (　　　) with it?
3. That's too (　　　) for me.

Practice 3 理解を深める

CD を聞いて、会話の内容を正しく表しているものには T を、正しく表していないものには F を書いてください。

1. The woman has a problem with her computer.　　　　(　)
2. The woman has called some service engineers.　　　 (　)
3. Repair people will come in the afternoon.　　　　　(　)
4. The woman is late for a presentation.　　　　　　　(　)
5. There is a printer on the eighth floor.　　　　　　(　)

Unit 10

TOEIC形式問題に挑戦

最後にもう1度会話を聞いて、1〜3の設問に対する解答として、最も適切なものを (A) 〜 (D) の中から選んでください。

1. What does the woman want to do?

    (A) Attend a meeting
    (B) Print out a report
    (C) Promote a product
    (D) Move to the eighth floor

2. What does the man say he has already done?

    (A) Given a presentation
    (B) Submitted a report
    (C) Telephoned service engineers
    (D) Had a lunch meeting

3. What does the man suggest the woman do?

    (A) Cancel a meeting
    (B) Request a repair
    (C) Write a report
    (D) Use another printer

Part 3

Conversation C

正解は解説編 p.84〜85

TOEIC形式問題に挑戦

Unit のまとめとして実践形式の問題に取り組んでください。CD を聞いて、1〜3 の設問に対する解答として、最も適切なものを (A) 〜 (D) の中から選んでください。

1. Where does the conversation most likely take place?

    (A) In a showroom
    (B) In a store
    (C) In a restaurant
    (D) In an office

2. What does the man plan to do tomorrow?

    (A) E-mail colleagues
    (B) Retire from a company
    (C) Finish a proposal
    (D) Set up a party

3. What will the woman most likely do next?

    (A) Give a slide show
    (B) Review a colleague's work
    (C) Request a coworker's assistance
    (D) Go to a party

Unit 11 Personnel & Training（人事と研修）

Conversation A

正解は解説編 p.86〜89

Vocabulary 単語を確認する

1. CD を聞いて、①〜④の（　）に適する語句を下の □ の中から選んで書いてください。
各語句は必要に応じて適切な形に直して使うこと。（　）には複数の語が入ることもあります。

① I work in research and (　　　　).
② Traveling to Europe was a good (　　　　) for me.
③ That company is (　　　　) quickly.
④ If you need any (　　　　), please let me know.

2. CD で (A) 〜 (J) の語句を聞き、意味も確認してください。

(A) product	製品	(B) development	開発
(C) project	プロジェクト	(D) experience	経験
(E) fit in	（環境などに）溶け込む	(F) professional	プロ意識が高い
(G) look forward to	〜を楽しみにする	(H) expand	拡大する
(I) extra	追加の	(J) assistance	手伝うこと

Warm Up 会話のテーマをつかむ

会話は初めの部分を聞き取ることができれば、たとえ途中で聞き取れない箇所があっても、たいていの場合は会話全体の文脈を推測することができます。

1. 会話の冒頭の音声が流れます。これを聞いて、何に関する会話か (A) 〜 (C) の中から選んでください。

(A) A presentation
(B) A hotel reservation
(C) A person

2. この会話の続きがどのようになるかを推測し、(A) 〜 (C) の中から選んでください。

(A) The speakers will talk about the transfer of a colleague.
(B) The speakers will talk about a sales project.
(C) The speakers will talk about their vacation abroad.

Part 3

※ Practice 1～3 と TOEIC形式問題に挑戦 は、会話全体を聞きます。

Practice 1 概要を聞き取る

CDを聞いて、内容を正しく表す文になるように (A) ～ (C) の中から選んでください。

1. The speakers
    (A) are working together.
    (B) have never met before.
    (C) attended the same presentation.

2. The speakers are talking about
    (A) a business trip.
    (B) a visiting professor.
    (C) a new colleague.

3. Maisie Harford will
    (A) move to Sydney.
    (B) work on a project.
    (C) become a manager.

Practice 2 詳細を聞き取る

次の英文は、会話中の発言の一部分が空欄になったものです。CDを聞いて、(　) にあてはまる語を書いてください。

1. I hear she has a lot of (　　　　).
2. I'm sure she'll (　　　　) (　　　　) very well here.
3. I'm looking forward to (　　　　) with her.

Practice 3 理解を深める

CDを聞いて、会話の内容を正しく表しているものにはTを、正しく表していないものにはFを書いてください。

1. Maisie Harford will assist the speakers.　　　　　　　　　　　　(　　)
2. The speakers are working on a new product development project.　(　　)
3. The woman has worked with Maisie Harford before.　　　　　　　(　　)
4. The man has met Maisie Harford.　　　　　　　　　　　　　　　(　　)
5. A project has been canceled.　　　　　　　　　　　　　　　　　(　　)

Unit 11

109

TOEIC形式問題に挑戦

最後にもう1度会話を聞いて、1〜3の設問に対する解答として、最も適切なものを (A) 〜 (D) の中から選んでください。

1. Where did the man meet Maisie Harford?

    (A) At an office party
    (B) At a product development seminar
    (C) In the Sydney office
    (D) In a university class

2. What does the man say about Maisie Harford?

    (A) She is quiet.
    (B) She is well-educated.
    (C) She is professional.
    (D) She is inexperienced.

3. Why do the speakers need help with the project?

    (A) The amount of work is increasing.
    (B) A colleague will retire soon.
    (C) The work is behind schedule.
    (D) A colleague will be transferred to another office.

Part 3

Conversation B

正解は解説編 p.90〜93

Vocabulary 単語を確認する

1. CD を聞いて、①〜④の( )に適する語句を下の □ の中から選んで書いてください。
   各語句は必要に応じて適切な形に直して使うこと。( )には複数の語が入ることもあります。

   ① This test ( ) all new employees.
   ② We have ( ) software.
   ③ It's all explained in the user's ( ).
   ④ Which conference ( ) are you attending this afternoon?

2. CD で (A) 〜 (J) の語句を聞き、意味も確認してください。

(A) session	セッション、会合	(B) time sheet	勤務記録表
(C) system	システム	(D) be required for	〜に必修である
(E) organized	整った、組織化された	(F) cover	扱う
(G) similar	類似した	(H) previous	前の
(I) expect	予期する	(J) manual	マニュアル、手引書

Warm Up 会話のテーマをつかむ

会話は初めの部分を聞き取ることができれば、たとえ途中に聞き取れない箇所があっても、たいていの場合は会話全体の文脈を推測することができます。

1. 会話の冒頭の音声が流れます。これを聞いて、何に関する会話か (A) 〜 (C) の中から選んでください。

   (A) A seminar
   (B) A company picnic
   (C) A job application

2. この会話の続きがどのようになるかを推測し、(A) 〜 (C) の中から選んでください。

   (A) The speakers will talk about a training schedule.
   (B) The speakers will talk about sending a résumé.
   (C) The speakers will talk about the weather report.

Unit 11

※ **Practice 1〜3** と **TOEIC形式問題に挑戦** は、会話全体を聞きます。

Practice 1 概要を聞き取る

CDを聞いて、内容を正しく表す文になるように (A)〜(C) の中から選んでください。

1. The event is
   (A) a job fair.
   (B) a sales meeting.
   (C) a training program.

2. (A) Both of the speakers have attended the event.
   (B) One of the speakers has attended the event.
   (C) Neither of the speakers has attended the event.

3. The event
   (A) takes place only once.
   (B) takes place on different days.
   (C) has been canceled.

Practice 2 詳細を聞き取る

次の英文は、会話中の発言の一部分が空欄になったものです。CDを聞いて、(　　) にあてはまる語を書いてください。

1. It was very well (　　　　) and I enjoyed it.
2. There was a lot of (　　　　) to cover.
3. I know (　　　　) to expect.

Practice 3 理解を深める

CDを聞いて、会話の内容を正しく表しているものにはTを、正しく表していないものにはFを書いてください。

1. The event takes about three hours. (　　)
2. The woman rescheduled her session. (　　)
3. The woman used to work for a different company. (　　)
4. All the sessions are already finished. (　　)
5. There is a user's manual for the system. (　　)

Part 3

TOEIC形式問題に挑戦

最後にもう1度会話を聞いて、1～3の設問に対する解答として、最も適切なものを (A) ～ (D) の中から選んでください。

1. What kind of training are the speakers discussing?

    (A) Recording sales
    (B) Using a time sheet system
    (C) Writing a manual
    (D) Taking a customer's call

2. What is mentioned about the training?

    (A) It is required for all staff.
    (B) It takes place every Friday.
    (C) It is held twice a year.
    (D) It is organized by the woman.

3. What does the man suggest the woman do?

    (A) Ask for a different assignment
    (B) Go to the session immediately
    (C) Talk to other staff members
    (D) Read some material before the session

Unit 11

Conversation C

正解は解説編 p.94～95

TOEIC形式問題に挑戦

Unit のまとめとして実践形式の問題に取り組んでください。CD を聞いて、1～3 の設問に対する解答として、最も適切なものを (A)～(D) の中から選んでください。

1. What are the speakers talking about?

    (A) Job descriptions
    (B) A training plan
    (C) Interview costs
    (D) A recruitment process

2. When will the man most likely meet the applicants?

    (A) Later today
    (B) Later this week
    (C) Next week
    (D) The week after next

3. What does the man ask the woman to do?

    (A) Apply for a position
    (B) Send him some résumés
    (C) E-mail some job candidates
    (D) Contact the assistant manager

Part 3

Challenge 3

Part 3のまとめとして、TOEIC®テストと同様にさまざまなテーマからなる問題演習を行います。以下の順で学習してください。

●学習の進め方

1. まず演習を始める前に、次にあるテスト本番のDirections「指示」を読み、その意味を把握する。（青枠内の訳も参照）
2. Directions「指示」の音声（CD 2-Track 61）を聞き、本番の形式を理解する。
3. 問題に解答する。（42問*）　　　　　　　*テスト本番ではPart 3の会話問題は30問。

CD2 61

PART 3

Directions: You will hear some conversations between two people. You will be asked to answer three questions about what the speakers say in each conversation. Select the best response to each question and mark the letter (A), (B), (C), or (D) on your answer sheet. The conversations will not be printed in your test book and will be spoken only one time.

訳

パート3

指示：2人の人物による会話が放送されます。各会話の内容に関する3つの問題に解答してください。それぞれの問題について最も適切な選択肢を選び、解答用紙に(A)、(B)、(C)、(D)のいずれかをマークしてください。会話は問題用紙には印刷されておらず、放送されるのは1度だけです。

※テストでは解答はすべて解答用紙にマークしますが、本書には解答用紙は付属していません。

PART 3

Directions: You will hear some conversations between two people. You will be asked to answer three questions about what the speakers say in each conversation. Select the best response to each question and mark the letter (A), (B), (C), or (D) on your answer sheet. The conversations will not be printed in your test book and will be spoken only one time.

1. What is the topic of the conversation?

    (A) Office space
    (B) Computer training
    (C) Vacation schedules
    (D) Business supplies

2. How many interns have been hired?

    (A) Two
    (B) Three
    (C) Four
    (D) Five

3. What will the speakers probably do next?

    (A) Hold a training session
    (B) Look at an office
    (C) Reschedule a meeting
    (D) Meet some new employees

4. What does the woman say she has to do on Saturday?

    (A) Do some shopping
    (B) Visit a friend
    (C) Prepare a meal
    (D) Finish a report

5. What begins at one o'clock on Saturday?

    (A) A store promotion
    (B) A business meeting
    (C) A sporting event
    (D) A community parade

6. Where will the speakers meet?

    (A) At a restaurant
    (B) At a stadium
    (C) At a park
    (D) At an office building

Part 3

7. What product are the speakers talking about?

    (A) Books
    (B) Videos
    (C) Toys
    (D) Clothing

8. When will the products be available for sale?

    (A) In June
    (B) In July
    (C) In August
    (D) In September

9. Where will the man's advertisements be seen?

    (A) On the Internet
    (B) On television
    (C) In magazines
    (D) In store windows

10. What is the conversation mainly about?

    (A) Attending a training course
    (B) Joining a gym
    (C) Purchasing some equipment
    (D) Finding an apartment

11. What does the woman offer the man?

    (A) A recommendation letter
    (B) A tour of the facility
    (C) A two-week trial period
    (D) A discounted price

12. What does the man say he will do?

    (A) Talk to his manager
    (B) Go to the bank
    (C) Revise a contract
    (D) Send a check

GO ON TO THE NEXT PAGE

13. What kind of work will the man do?

    (A) Construction work
    (B) Car repair
    (C) Truck driving
    (D) Plumbing

14. How long does the training program last?

    (A) One week
    (B) One month
    (C) Six weeks
    (D) Six months

15. What will the man have to do at the end of the course?

    (A) Find employment
    (B) Take a certification test
    (C) Purchase a car
    (D) Pay a fee

16. What is the main topic of the conversation?

    (A) Renting a vehicle
    (B) Choosing a fabric
    (C) Sending a shipment
    (D) Arranging a meeting

17. What does the woman plan to do next week?

    (A) Sew some garments
    (B) Visit some factories
    (C) Review a movie
    (D) Buy a car

18. What problem does the man mention?

    (A) Rates are going up.
    (B) A delivery is late.
    (C) The airport is closed.
    (D) Only one model is available.

Part 3

19. What does the man say will happen on Monday?

    (A) A chef will be interviewed.
    (B) A client will visit.
    (C) A restaurant will close.
    (D) An employee will be hired.

20. How does the man know about the Trivet Café?

    (A) He read an article about it.
    (B) He lives nearby.
    (C) He has eaten there many times.
    (D) He used to work there.

21. What does the woman offer to do?

    (A) Buy a newspaper
    (B) Make a reservation
    (C) Meet a colleague
    (D) Pick up a menu

22. What is the subject of the report?

    (A) A convention
    (B) A budget
    (C) A competitor
    (D) A trip

23. What does the man ask the woman for?

    (A) A telephone number
    (B) A meeting agenda
    (C) More time to finish a project
    (D) Updates to a document

24. What is the woman planning to do?

    (A) Make an announcement
    (B) Send an e-mail
    (C) Copy a report
    (D) Change a meeting time

GO ON TO THE NEXT PAGE

25. Who most likely is the woman?

    (A) A security guard
    (B) A flight attendant
    (C) A travel guide
    (D) A theater employee

26. What does the man plan to do tomorrow night?

    (A) Return some tickets
    (B) Attend a performance
    (C) Perform for an audience
    (D) Take a tour

27. What does the man ask about?

    (A) Starting times
    (B) Ticket prices
    (C) Seat locations
    (D) Driving directions

28. What type of position is available?

    (A) Administrator
    (B) Architect
    (C) Artist
    (D) Interviewer

29. Where did the woman work in Tokyo?

    (A) At a copy center
    (B) At a magazine publisher
    (C) At an airline
    (D) At a bookstore

30. What does the man ask the woman to do?

    (A) Come in for an interview
    (B) Fill out an application
    (C) Provide a reference
    (D) Submit a portfolio

Part 3

31. Why is the man calling?

    (A) To request a payment
    (B) To confirm a class schedule
    (C) To register for an event
    (D) To ask survey questions

32. What is the woman's profession?

    (A) Accountant
    (B) Computer technician
    (C) Event planner
    (D) Professor

33. What does the woman suggest?

    (A) Making the seminar longer
    (B) Offering a different payment method
    (C) Starting at a later time
    (D) Having more instructors

34. What product are the speakers discussing?

    (A) A light fixture
    (B) A refrigerator
    (C) A table
    (D) A sofa

35. What feature of the product do the speakers discuss?

    (A) Its size
    (B) Its quality
    (C) Its durability
    (D) Its price

36. What does the man say he will have to do?

    (A) Request a catalog
    (B) Check an inventory list
    (C) Change a payment plan
    (D) Order from a manufacturer

GO ON TO THE NEXT PAGE

37. What are the speakers mainly discussing?

    (A) Hiring a receptionist
    (B) Revising an employee handbook
    (C) Updating a work schedule
    (D) Getting new uniforms

38. Where do the speakers work?

    (A) At a clothing company
    (B) At a hotel
    (C) At a hospital
    (D) At a cleaning service

39. According to the man, what does O'Neill Designs offer?

    (A) A discount
    (B) Overnight delivery
    (C) A return policy
    (D) Free fittings

40. Who most likely is the man?

    (A) A researcher
    (B) A book editor
    (C) A news reporter
    (D) A physician

41. Why does the woman congratulate the man?

    (A) He has received an award.
    (B) His article will be published.
    (C) He has been promoted.
    (D) His project is completed.

42. What does the man plan to do this summer?

    (A) Change jobs
    (B) Attend a conference
    (C) Teach a class
    (D) Write a book

Part 4
説明文問題

Unit 12　Telephone Messages（電話メッセージ）　………… 126

Unit 13　Announcements（アナウンス）　……………………… 133

Unit 14　Advertisements & Talks（宣伝とトーク）　………… 140

Challenge 4　………………………………………………………… 147

●Part 4「説明文問題」の出題形式

- 1人の話者による短いアナウンスやナレーション（本書ではこれをトークと呼びます）を聞き、トークに関する設問に最も適切な解答を4つの選択肢の中から選ぶ問題です。
- トークは10あり、設問は各トークにつき3つ、合計30問あります。
- 問題用紙には設問と選択肢が記載されていますが、トークは記載されていません。
- トークはそれぞれ1度だけ放送され、トークの放送後に3つの設問が読み上げられます（選択肢は読み上げられません）。
- 次の設問が読み上げられるまでのポーズは8秒あります。

●Part 4の Point

① トークの内容は職場でのお知らせ、人物を紹介する短いスピーチ、留守電メッセージ、録音されたメッセージ、公共交通機関の案内放送などです。
※トークが始まる前に、Questions ... refer to the following xxx (telephone message, announcement, etc.)という指示が流れるので、xxxに注意して聞くと、トークの種類がわかります。

② Part 3の会話と同様に、単語1語1句の聞き取りにとらわれず、トーク全体の流れと概要を把握することが大切です。最初の2〜3文でトークの目的、聞き手、話されている場所、主題などがわかることが多いので、冒頭部分は特に集中して聞きましょう。

③ 解答に長い時間をかけ過ぎず、すぐにマークしましょう。

④ 放送ではトークの後に設問が読み上げられますが、それまで解答を待つ必要はありません。トークを聞きながら解答できる問題をマークしても構いません。

⑤ トークが放送される前に3つの設問を読み、設問の解答に必要な情報に注目すると、聞き取りやすくなります。

⑥ 余裕があれば、設問に加え選択肢にも簡単に目を通しておくと、その情報がトークの理解の助けになることがあります。

⑦ トークの中で使われている表現が、設問や選択肢の中ではほかの表現で言い換えられていることもあるので、意味をよく理解して解答を選びましょう。

Part 4

●Unit 12～14の学習の流れ

Unit 12～14ではPart 4の「説明文問題」について学習します。各Unitは、**Talk A**、**B**、**C**の3つのトークから構成され、それぞれの**Talk**では以下の流れに沿って学習します。

| Talk A・B | 1 ⇒ 2 ⇒ 3 |
| Talk C | 3 (1 と 2 の練習を行わずにTOEIC形式の問題に挑戦することで、テスト本番の準備ができます。) |

※正解の確認は 1 ～ 3 の解答をすべて終えてから行うことをお勧めします。

【学習内容の流れ】

1 (単語を確認し、トークの主題をつかむ練習)

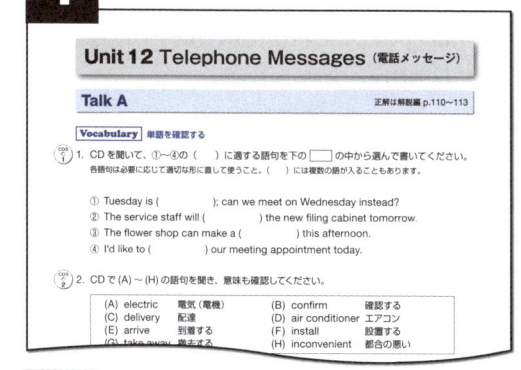

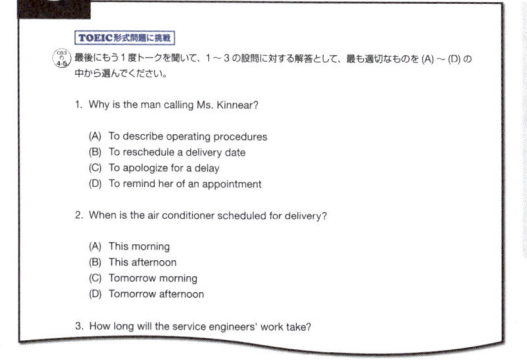

Vocabulary
1. 文中での語句の聞き取り
2. トークに出てくる語句の確認

Warm Up
トークの冒頭の音声のみを聞いて、トークのテーマをつかむ練習

***学習の目的**
単語の意味を確認し、トークを聞き取るための基礎力を固める。

注：Talk C では 1 と 2 は行いません。

2 (トークの詳細をつかむ練習)

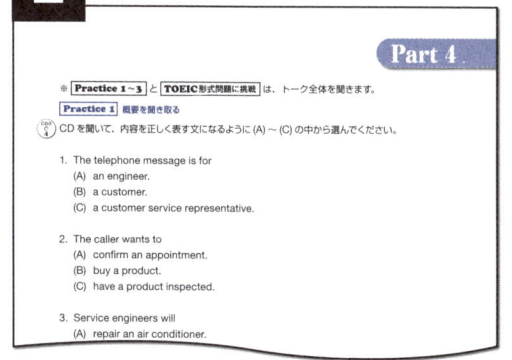

トーク全体を聞いて詳細をつかむ練習

Practice 1
概要をつかむ練習

Practice 2
ポイントとなる語句を考え、聞き取る練習

Practice 3
詳細を聞き取る練習

***学習の目的**
トークを繰り返し聞いて、趣旨の異なる問題に解答することで、理解力を高める。

3 (TOEIC形式の問題に解答)

TOEIC形式問題に挑戦
トーク全体を再度聞き、TOEIC形式の問題に解答

***学習の目的**
TOEICテスト本番と同様の形式の設問に解答する。すでにトークを十分に理解しているので、自信を持って解答できる。

Unit 12 Telephone Messages (電話メッセージ)

Talk A

正解は解説編 p.110〜113

Vocabulary 単語を確認する

1. CD を聞いて、①〜④の ( ) に適する語句を下の □ の中から選んで書いてください。
   各語句は必要に応じて適切な形に直して使うこと。( ) には複数の語が入ることもあります。

   ① Tuesday is (   ); can we meet on Wednesday instead?
   ② The service staff will (   ) the new filing cabinet tomorrow.
   ③ The flower shop can make a (   ) this afternoon.
   ④ I'd like to (   ) our meeting appointment today.

2. CD で (A) 〜 (H) の語句を聞き、意味も確認してください。

(A) electric	電気（電機）	(B) confirm	確認する
(C) delivery	配達	(D) air conditioner	エアコン
(E) arrive	到着する	(F) install	設置する
(G) take away	撤去する	(H) inconvenient	都合の悪い

Warm Up トークのテーマをつかむ

トークは初めの部分に特に注意して聞くと、たいていの場合はトークの目的や背景をつかむことができます。

1. トークの冒頭の音声が流れます。これを聞いて、トークの目的を (A) 〜 (C) の中から選んでください。

   (A) To explain a theater schedule
   (B) To advertise a new product
   (C) To discuss a visit

2. このトークの話題の中心となっているものを (A) 〜 (C) の中から選んでください。

   (A) An air conditioner
   (B) A discount ticket
   (C) A catering service

Part 4

※ **Practice 1～3** と **TOEIC形式問題に挑戦** は、トーク全体を聞きます。

Practice 1 概要を聞き取る

CDを聞いて、内容を正しく表す文になるように (A) ～ (C) の中から選んでください。

1. The telephone message is for
    (A) an engineer.
    (B) a customer.
    (C) a customer service representative.

2. The caller wants to
    (A) confirm an appointment.
    (B) buy a product.
    (C) have a product inspected.

3. Service engineers will
    (A) repair an air conditioner.
    (B) deliver an air conditioner.
    (C) clean an air conditioner.

Practice 2 詳細を聞き取る

CDを聞いて、内容に関する次の英文の (　　) をトーク中の語を使って埋めてください。

1. The service engineers will arrive between (　　　　) A.M. and (　　　　) noon.
2. The service engineers will (　　　　) (　　　　) the old air conditioner.
3. The work should take about (　　　　) minutes.

Practice 3 理解を深める

CDを聞いて、トークの内容を正しく表しているものには T を、正しく表していないものには F を書いてください。

1. Ms. Kinnear does not have an air conditioner.　　　　　(　　)
2. The old air conditioner has already been removed.　　(　　)
3. The service time can be changed.　　　　　　　　　　(　　)
4. The caller will try to call Ms. Kinnear again.　　　　　(　　)
5. The service engineers will arrive later today.　　　　　(　　)

Unit 12

TOEIC形式問題に挑戦

最後にもう1度トークを聞いて、1〜3の設問に対する解答として、最も適切なものを (A) 〜 (D) の中から選んでください。

1. Why is the man calling Ms. Kinnear?

    (A) To describe operating procedures
    (B) To reschedule a delivery date
    (C) To apologize for a delay
    (D) To remind her of an appointment

2. When is the air conditioner scheduled for delivery?

    (A) This morning
    (B) This afternoon
    (C) Tomorrow morning
    (D) Tomorrow afternoon

3. How long will the service engineers' work take?

    (A) Half an hour
    (B) An hour
    (C) An hour and a half
    (D) Two hours

Part 4

Talk B

正解は解説編 p.114〜117

Vocabulary 単語を確認する

1. CDを聞いて、①〜④の（　）に適する語句を下の□の中から選んで書いてください。
各語句は必要に応じて適切な形に直して使うこと。（　）には複数の語が入ることもあります。

   ① All the rooms are (　　　　) with a projector.
   ② (　　　　) 40 people can register for the training session.
   ③ The large hall (　　　　) 1,000 people.
   ④ I have already (　　　　) two tickets for the show.

2. CDで (A)〜(J) の語句を聞き、意味も確認してください。

(A) human resources	人材	(B) book	予約する
(C) accommodate	収容できる	(D) enough	十分に
(E) currently	現在は	(F) reserve	予約する
(G) possible	可能な	(H) equip	備え付ける
(I) hold	収容できる	(J) up to	〜まで

Warm Up トークのテーマをつかむ

トークは初めの部分に特に注意して聞くと、たいていの場合はトークの目的や背景をつかむことができます。

1. トークの冒頭の音声が流れます。これを聞いて、トークの目的を (A)〜(C) の中から選んでください。

   (A) To talk about a room
   (B) To inquire about a job
   (C) To offer a service

2. このトークの話題の中心となっているものを (A)〜(C) の中から選んでください。

   (A) Job interviews
   (B) Meeting rooms
   (C) Publications

Unit 12

※ Practice 1～3 と TOEIC形式問題に挑戦 は、トーク全体を聞きます。

Practice 1 概要を聞き取る

CDを聞いて、内容を正しく表す文になるように (A) ～ (C) の中から選んでください。

1. The message is about
   (A) a room arrangement.
   (B) buying a house.
   (C) a hotel reservation.

2. The caller is
   (A) visiting a client.
   (B) making a request.
   (C) scheduling an appointment.

3. The caller wants the listener to
   (A) cancel a meeting.
   (B) clean a room.
   (C) change a meeting room.

Practice 2 詳細を聞き取る

CDを聞いて、内容に関する次の英文の (　) をトーク中の語を使って埋めてください。

1. The caller needs to find a room for (　　　) people.
2. The meeting is at (　　　) o'clock.
3. Only Conference Room A is (　　　) (　　　).

Practice 3 理解を深める

CDを聞いて、トークの内容を正しく表しているものにはTを、正しく表していないものにはFを書いてください。

1. The listener reserved Conference Room A for next Friday.　　(　)
2. Conference Room A is the largest meeting facility.　　(　)
3. The caller will cancel next Friday's meeting.　　(　)
4. Room E is available at two o'clock next Friday.　　(　)
5. The caller said that she would call back later.　　(　)

Part 4

TOEIC形式問題に挑戦

最後にもう1度トークを聞いて、1〜3の設問に対する解答として、最も適切なものを (A) 〜 (D) の中から選んでください。

1. Who is the speaker?

    (A) A client
    (B) A convention organizer
    (C) A colleague
    (D) A hotel manager

2. What is suggested about Room E?

    (A) It will be repaired next week.
    (B) It contains all necessary equipment.
    (C) It is being refurnished.
    (D) It is double-booked next Friday.

3. How does the speaker ask to be contacted?

    (A) By fax
    (B) By e-mail
    (C) In person
    (D) By phone

Talk C

正解は解説編 p.118〜119

TOEIC形式問題に挑戦

Unit のまとめとして実践形式の問題に取り組んでください。CD を聞いて、1〜3 の設問に対する解答として、最も適切なものを (A) 〜 (D) の中から選んでください。

1. Where does the speaker most likely work?

    (A) At a hospital
    (B) At a research company
    (C) At a dental office
    (D) At a university

2. When will Dr. Walker return to work?

    (A) This afternoon
    (B) Tomorrow morning
    (C) Tomorrow afternoon
    (D) Early next week

3. What is the listener asked to do?

    (A) Rearrange a visit
    (B) Go to a pharmacy
    (C) Cancel a discussion
    (D) Talk to a doctor

Part 4

Unit 13 Announcements (アナウンス)

Talk A

正解は解説編 p.120〜123

Vocabulary 単語を確認する

1. CD を聞いて、①〜④の（　）に適する語句を下の □ の中から選んで書いてください。
   各語句は必要に応じて適切な形に直して使うこと。（　）には複数の語が入ることもあります。

   ① Visitors can buy (　　　　) at a gift shop.
   ② You need to use the side (　　　　) after 7 P.M.
   ③ Nancy (　　　　) a new car.
   ④ The restaurant (　　　　) open until 10 P.M.

2. CD で (A)〜(I) の語句を聞き、意味も確認してください。

(A) attention	注意	(B) museum	博物館
(C) toward	〜に向かって	(D) exit	出口
(E) purchase	購入する	(F) souvenir	土産物
(G) remain	〜のままである	(H) locate	(店などを) 構える
(I) as usual	通常通り		

Warm Up トークのテーマをつかむ

トークは初めの部分に特に注意して聞くと、たいていの場合はトークの目的や背景をつかむことができます。

1. トークの冒頭の音声が流れます。これを聞いて、トークが行われている場所を (A)〜(C) の中から選んでください。

   (A) At a museum
   (B) At a bookstore
   (C) At a hotel

2. このトークの話題の中心となっているものを (A)〜(C) の中から選んでください。

   (A) A bargain sale
   (B) A schedule change
   (C) A closing time

※ Practice 1～3 と TOEIC形式問題に挑戦 は、トーク全体を聞きます。

Practice 1 概要を聞き取る

CD を聞いて、内容を正しく表す文になるように (A) ～ (C) の中から選んでください。

1. The announcement is for
   (A) visitors.
   (B) workers.
   (C) a director.

2. The museum will
   (A) stay open later than usual.
   (B) be closing shortly.
   (C) be crowded tomorrow.

3. Listeners should
   (A) speak with a manager.
   (B) come back tomorrow.
   (C) move to the exit.

Practice 2 詳細を聞き取る

CD を聞いて、内容に関する次の英文の (　　) をトーク中の語を使って埋めてください。

1. The museum will be closing in (　　　　) minutes.
2. The museum shop closes at (　　　　)-(　　　　) P.M.
3. The museum shop is outside the south (　　　　).

Practice 3 理解を深める

CD を聞いて、トークの内容を正しく表しているものには T を、正しく表していないものには F を書いてください。

1. This announcement is being made at 4:50 P.M.　　　　(　　)
2. The museum and the store will close at the same time.　　　　(　　)
3. Visitors are told to enter the museum immediately.　　　　(　　)
4. The visitors are in the Museum of Modern Art.　　　　(　　)
5. The museum will open at 10:30 A.M. the next day.　　　　(　　)

Part 4

TOEIC形式問題に挑戦

最後にもう1度トークを聞いて、1〜3の設問に対する解答として、最も適切なものを (A) 〜 (D) の中から選んでください。

1. When is this announcement being heard?

    (A) In the morning
    (B) At noon
    (C) In the afternoon
    (D) At night

2. What are listeners asked to do?

    (A) Check a schedule
    (B) Return tomorrow
    (C) Assist staff members
    (D) Exit the museum

3. Where is the museum shop located?

    (A) In the basement
    (B) On the third floor
    (C) Near the south exit
    (D) Near the north exit

Talk B

正解は解説編 p.124〜127

Vocabulary 単語を確認する

1. CDを聞いて、①〜④の（　）に適する語句を下の□の中から選んで書いてください。各語句は必要に応じて適切な形に直して使うこと。（　）には複数の語が入ることもあります。

   ① The new (　　　　) has just started.
   ② Ted is (　　　　) a new employee for the accounting department.
   ③ Mr. Chang is a new (　　　　) to our section.
   ④ I (　　　　) tell you this important news.

2. CDで (A)〜(I) の語句を聞き、意味も確認してください。

(A) addition	新人、追加物	(B) project	プロジェクト
(C) recruit	（人を）採用する	(D) assist	助ける
(E) be pleased to	〜してうれしい	(F) recent	最近の
(G) graduate	卒業生	(H) at the moment	今のところ
(I) well-qualified	資格が十分な		

Warm Up トークのテーマをつかむ

トークは初めの部分に特に注意して聞くと、たいていの場合はトークの目的や背景をつかむことができます。

1. トークの冒頭の音声が流れます。これを聞いて、トークが行われている場所を (A)〜(C) の中から選んでください。

   (A) At a gym
   (B) At a supermarket
   (C) At an office

2. このトークの話題の中心となっているものを (A)〜(C) の中から選んでください。

   (A) A new class
   (B) A new product
   (C) A new team member

Part 4

※ **Practice 1～3** と **TOEIC形式問題に挑戦** は、トーク全体を聞きます。

Practice 1 概要を聞き取る

CD を聞いて、内容を正しく表す文になるように (A) ～ (C) の中から選んでください。

1. The announcement is for
   (A) staff on a project team.
   (B) students at a business school.
   (C) employees in a factory.

2. The speaker is talking about
   (A) a budget for a project.
   (B) a company picnic.
   (C) a new recruit.

3. Theresa May will
   (A) work in a business school.
   (B) retire next week.
   (C) start working soon.

Practice 2 詳細を聞き取る

CD を聞いて、内容に関する次の英文の (　) をトーク中の語を使って埋めてください。

1. Theresa May will join the (　　　　) team to assist other members.
2. Theresa May is a recent (　　　　) of a business school.
3. Theresa May will start work next (　　　　).

Practice 3 理解を深める

CD を聞いて、トークの内容を正しく表しているものには T を、正しく表していないものには F を書いてください。

1. A new member has been found for the project team.　　　　(　)
2. The speaker is giving an additional assignment to the team.　　　　(　)
3. The speaker is reporting on the progress of the project.　　　　(　)
4. Theresa May has just graduated from high school.　　　　(　)
5. Theresa May will become the manager of the team.　　　　(　)

Unit 13

TOEIC形式問題に挑戦

最後にもう1度トークを聞いて、1～3の設問に対する解答として、最も適切なものを (A) ～ (D) の中から選んでください。

1. When is this announcement probably being made?

    (A) At the beginning of a party
    (B) At the end of a conference
    (C) At the beginning of a meeting
    (D) At the end of a presentation

2. Why are the listeners busy?

    (A) They are taking business classes.
    (B) They are working on several projects.
    (C) They have launched a new product.
    (D) They are organizing an event.

3. What does the speaker say about Theresa May?

    (A) She is joining the New York team.
    (B) She graduated from art school.
    (C) She received an award.
    (D) She has good qualifications.

Part 4

Talk C

正解は解説編 p.128〜129

TOEIC形式問題に挑戦

Unit のまとめとして実践形式の問題に取り組んでください。CD を聞いて、1〜3の設問に対する解答として、最も適切なものを (A) 〜 (D) の中から選んでください。

1. Where most likely is the announcement being made?

   (A) On a bus
   (B) At an airport
   (C) On a boat
   (D) At a train station

2. What is the announcement mainly about?

   (A) A group discount
   (B) A delayed train
   (C) Lost luggage
   (D) A new service

3. What change is mentioned?

   (A) The bus will depart early.
   (B) The train will arrive at a different platform.
   (C) The destination will be changed.
   (D) The airplane will arrive late.

Unit 14 Advertisements & Talks (宣伝とトーク)

Talk A

正解は解説編 p.130～133

Vocabulary 単語を確認する

1. CDを聞いて、①～④の（　）に適する語句を下の☐の中から選んで書いてください。
   各語句は必要に応じて適切な形に直して使うこと。（　）には複数の語が入ることもあります。

   ① Between today and Friday, all office supplies are (　　　　).
   ② The store near the station has a good (　　　　) of shoes.
   ③ Professor Nelson is very (　　　　).
   ④ Ben almost (　　　　) the seminar registration deadline.

2. CDで(A)～(J)の語句を聞き、意味も確認してください。

(A) ideal	理想的な	(B) furniture	家具
(C) minimum	最低限	(D) ten percent off	10パーセント割引
(E) original	元の	(F) selection	品揃え
(G) style	スタイル	(H) knowledgeable	知識の豊かな
(I) remember	覚えている	(J) miss	取り逃す

Warm Up トークのテーマをつかむ

トークは初めの部分に特に注意して聞くと、たいていの場合はトークの目的や背景をつかむことができます。

1. トークの冒頭の音声が流れます。これを聞いて、トークの目的を(A)～(C)の中から選んでください。

   (A) To introduce a training course
   (B) To advertise a store
   (C) To promote a new book

2. このトークの話題の中心となっているものを(A)～(C)の中から選んでください。

   (A) Clothes
   (B) Furniture
   (C) Publications

Part 4

※ Practice 1～3 と TOEIC形式問題に挑戦 は、トーク全体を聞きます。

Practice 1 概要を聞き取る

CD を聞いて、内容を正しく表す文になるように (A) ～ (C) の中から選んでください。

1. The speaker is
   (A) explaining a special offer.
   (B) introducing a staff member.
   (C) announcing a change in location.

2. The store sells
   (A) food items.
   (B) kitchenware.
   (C) sofas and beds.

3. The event
   (A) started this week.
   (B) will start tomorrow.
   (C) will start next week.

Practice 2 詳細を聞き取る

CD を聞いて、内容に関する次の英文の (   ) をトーク中の語を使って埋めてください。

1. There is a minimum of (   ) percent (   ) all sofas.
2. Customers can discuss their (   ) with the sales staff.
3. The sale starts next (   ).

Practice 3 理解を深める

CD を聞いて、トークの内容を正しく表しているものには T を、正しく表していないものには F を書いてください。

1. All sofas in the store will be sold at special prices.   (   )
2. The store only carries one style of sofa.   (   )
3. All beds will be over 50 percent off.   (   )
4. Customers can ask the sales staff for help.   (   )
5. The store will be opening next week.   (   )

Unit 14

TOEIC形式問題に挑戦

最後にもう1度トークを聞いて、1〜3の設問に対する解答として、最も適切なものを (A) 〜 (D) の中から選んでください。

1. When will the sale take place?

    (A) In spring
    (B) In summer
    (C) In autumn
    (D) In winter

2. What is indicated in the advertisement?

    (A) A variety of furniture styles are available.
    (B) Some items can be purchased online.
    (C) Free delivery is available.
    (D) All models are 50 percent off.

3. What is mentioned about the store staff?

    (A) They are bilingual.
    (B) They are knowledgeable.
    (C) They are summer staff.
    (D) They are full-time workers.

Part 4

Talk B

正解は解説編 p.134〜137

Vocabulary 単語を確認する

1. CD を聞いて、①〜④の（　）に適する語句を下の □ の中から選んで書いてください。
各語句は必要に応じて適切な形に直して使うこと。（　）には複数の語が入ることもあります。

① After you press the button, your drink comes out (　　　).
② Visitors (　　　) get a pass.
③ The rules (　　　) everyone in the office.
④ (　　　) you miss the train, another one will come in ten minutes.

2. CD で (A) 〜 (J) の語句を聞き、意味も確認してください。

(A) parts	部品	(B) tour	見学
(C) go over	見直す	(D) be required to	〜する必要がある
(E) machinery	機械	(F) automatically	自動的に
(G) even if	たとえ〜でも	(H) operate	作動する
(I) regulation	規則	(J) apply to	〜に適用する

Warm Up トークのテーマをつかむ

トークは初めの部分に特に注意して聞くと、たいていの場合はトークの目的や背景をつかむことができます。

1. トークの冒頭の音声が流れます。これを聞いて、トークの目的を (A) 〜 (C) の中から選んでください。

(A) To greet attendees at a conference
(B) To present an award
(C) To introduce a tour

2. このトークの話題の中心となっているものを (A) 〜 (C) の中から選んでください。

(A) Tour rules
(B) Scientific research
(C) Charity work

※ **Practice 1~3** と **TOEIC形式問題に挑戦** は、トーク全体を聞きます。

Practice 1 概要を聞き取る

CDを聞いて、内容を正しく表す文になるように (A) ～ (C) の中から選んでください。

1. The listeners are
    (A) at a construction site.
    (B) in a factory.
    (C) in an auditorium.

2. The listeners are about to
    (A) begin a tour.
    (B) design a new product.
    (C) hear a speech.

3. The speaker is explaining
    (A) how to stay safe.
    (B) how to use machinery.
    (C) how to design a car.

Practice 2 詳細を聞き取る

CDを聞いて、内容に関する次の英文の (　) をトーク中の語を使って埋めてください。

1. People are required to wear (　　　) (　　　) inside the (　　　).
2. The company regulations (　　　) to everyone.
3. People should follow the important (　　　) rules.

Practice 3 理解を深める

CDを聞いて、トークの内容を正しく表しているものにはTを、正しく表していないものにはFを書いてください。

1. The speaker is introducing visitors to the staff. (　)
2. Visitors have to wear eye glasses during the event. (　)
3. The factory manufactures car parts. (　)
4. Visitors should ask before touching the machines. (　)
5. The factory rules are being explained to visitors. (　)

Part 4

TOEIC形式問題に挑戦

最後にもう1度トークを聞いて、1〜3の設問に対する解答として、最も適切なものを (A) 〜 (D) の中から選んでください。

1. What is the purpose of the talk?

    (A) To demonstrate a new machine
    (B) To announce a change in company policy
    (C) To introduce a factory employee
    (D) To explain guidelines to a group of visitors

2. What must the listeners wear during the tour?

    (A) Rubber boots
    (B) A protective helmet
    (C) A visitor's pass
    (D) A safety jacket

3. What does the speaker say about the machines?

    (A) They are the latest model.
    (B) They are quite hot.
    (C) They may begin moving suddenly.
    (D) They are out of order.

Talk C

TOEIC形式問題に挑戦

Unit のまとめとして実践形式の問題に取り組んでください。CD を聞いて、1～3 の設問に対する解答として、最も適切なものを (A) ～ (D) の中から選んでください。

1. Who most likely is the speaker?

    (A) A researcher
    (B) A film director
    (C) A charity worker
    (D) An architect

2. According to the speaker, what does the program offer?

    (A) Training for teachers
    (B) Prizes for children
    (C) Support to other organizations
    (D) Housing in the countryside

3. What does the program plan to do next year?

    (A) Build homes for children
    (B) Start providing food
    (C) Expand into a new area
    (D) Carry out surveys

Part 4

Challenge 4

Part 4のまとめとして、TOEIC®テストと同様にさまざまなテーマからなる問題演習を行います。以下の順で学習してください。

●学習の進め方

1. まず演習を始める前に、次にあるテスト本番のDirections「指示」を読み、その意味を把握する。(青枠内の訳も参照)
2. Directions「指示」の音声 (CD 3-Track 34) を聞き、本番の形式を理解する。
3. 問題に解答する。(42問[*])   [*]テスト本番ではPart 4の説明文問題は30問。

PART 4

Directions: You will hear some talks given by a single speaker. You will be asked to answer three questions about what the speaker says in each talk. Select the best response to each question and mark the letter (A), (B), (C), or (D) on your answer sheet. The talks will not be printed in your test book and will be spoken only one time.

訳

パート4

指示：1人の話し手によるトークが放送されます。各トークの内容に関する3つの問題に解答してください。それぞれの問題について最も適切な選択肢を選び、解答用紙に (A)、(B)、(C)、(D) のいずれかをマークしてください。トークは問題用紙には印刷されておらず、放送されるのは1度だけです。

※テストでは解答はすべて解答用紙にマークしますが、本書には解答用紙は付属していません。

PART 4

Directions: You will hear some talks given by a single speaker. You will be asked to answer three questions about what the speaker says in each talk. Select the best response to each question and mark the letter (A), (B), (C), or (D) on your answer sheet. The talks will not be printed in your test book and will be spoken only one time.

1. Where does the speaker most likely work?

    (A) At a research laboratory
    (B) At a pharmacy
    (C) At a doctor's office
    (D) At an insurance company

2. When is the appointment?

    (A) At 8:00 A.M.
    (B) At 9:00 A.M.
    (C) At 10:00 A.M.
    (D) At 11:00 A.M.

3. What does the speaker ask Brad Olson to do?

    (A) Telephone the office
    (B) Pick up some medication
    (C) Check a lab report
    (D) Bring insurance information

4. What type of event are the listeners attending?

    (A) A museum opening
    (B) An outdoor festival
    (C) An awards ceremony
    (D) A club meeting

5. Who is Charlotte Blake?

    (A) An actor
    (B) A writer
    (C) A film director
    (D) An event organizer

6. What are listeners invited to do?

    (A) Renew their memberships
    (B) Write a review
    (C) Join a discussion
    (D) View an exhibit

Part 4

7. What will employees receive next week?

   (A) Computer software
   (B) New work assignments
   (C) Safety manuals
   (D) Identification badges

8. What are employees asked to do?

   (A) Have their photographs taken
   (B) Change their passwords
   (C) Review some procedures
   (D) Stay at work late

9. What will the speaker do after the meeting?

   (A) Answer his e-mail
   (B) Send out a schedule
   (C) Distribute safety gear
   (D) Provide directions to an office

10. What type of business is being advertised?

    (A) A real estate agency
    (B) A cleaning service
    (C) A home improvement store
    (D) A car rental agency

11. What are listeners invited to do?

    (A) Meet with a staff member
    (B) Visit a trade show
    (C) Tour a building
    (D) Pick up a brochure

12. What are listeners offered?

    (A) A meal
    (B) A hotel stay
    (C) A gift card
    (D) A free rental

GO ON TO THE NEXT PAGE

Challenge 4

13. What problem does the speaker mention?

    (A) Some customers do not have electric power.
    (B) A road has been flooded.
    (C) Some workers have been delayed.
    (D) A traffic signal does not work.

14. When does the speaker expect the problem to be resolved?

    (A) This morning
    (B) This afternoon
    (C) Tonight
    (D) Tomorrow morning

15. According to the speaker, how can listeners reach a customer service representative?

    (A) By leaving a message
    (B) By waiting on the phone
    (C) By dialing an extension
    (D) By calling at a different time

16. Where is the announcement most likely made?

    (A) At a staff meeting
    (B) At a sales presentation
    (C) At a volunteer orientation
    (D) At a job fair

17. Who is Cristina Gonzales?

    (A) A customer
    (B) A supplier
    (C) A new employee
    (D) A department manager

18. What will Bill Parker do on Monday?

    (A) Speak at a conference
    (B) Replace some computers
    (C) Review a document
    (D) Train a colleague

Part 4

19. Why is the speaker calling?

    (A) To introduce a colleague
    (B) To discuss a mistake
    (C) To ask for directions
    (D) To request a report

20. What do the coworkers have in common?

    (A) They work in the same building.
    (B) They live in the same neighborhood.
    (C) They have the same last name.
    (D) They ordered the same product.

21. What does the speaker say he will do?

    (A) Set up a meeting
    (B) Deliver a package
    (C) Contact the post office
    (D) Print an invoice

22. What will happen on Saturday?

    (A) A sporting event
    (B) A bank opening
    (C) A school concert
    (D) A local parade

23. What is the weather forecast for Saturday?

    (A) Heavy rain
    (B) Unusually warm temperatures
    (C) A light snowfall
    (D) Cloudy skies in the morning

24. What does the speaker recommend?

    (A) Wearing warm clothes
    (B) Bringing an umbrella
    (C) Arriving early
    (D) Checking for cancellations

GO ON TO THE NEXT PAGE

25. Who is the announcement intended for?

    (A) News reporters
    (B) Store customers
    (C) Factory employees
    (D) Computer repair technicians

26. What does the speaker say has happened?

    (A) A price has been reduced.
    (B) A shipment has just arrived.
    (C) A product has sold out.
    (D) A computer model has been discontinued.

27. What are listeners encouraged to do?

    (A) Place an order
    (B) Check a Web site
    (C) Listen for further instructions
    (D) Contact a manufacturer

28. What did Judy do last week?

    (A) She took a vacation.
    (B) She opened a bank account.
    (C) She bought office supplies.
    (D) She went on a business trip.

29. What is the problem?

    (A) Seats are not available on a flight.
    (B) A form has not been received.
    (C) Some receipts are missing.
    (D) The wrong price was provided.

30. What does the speaker ask Judy to do?

    (A) Send in a payment
    (B) Change a reservation
    (C) Return a telephone call
    (D) Submit a document

Part 4

31. According to the speaker, what will happen soon?

    (A) A train will reach its last stop.
    (B) A train will depart from a station.
    (C) A conductor will collect tickets.
    (D) Passengers will board a train.

32. What is mentioned about the Line 5 train?

    (A) It departs every hour.
    (B) It has been delayed.
    (C) It operates only on weekdays.
    (D) Its timetable has changed.

33. How can passengers get to Central Hampshire?

    (A) By taxi
    (B) By train
    (C) By bus
    (D) By foot

34. What are the visitors touring?

    (A) An art museum
    (B) A garden
    (C) A city hall
    (D) A historic residence

35. Where does the tour end?

    (A) At the center courtyard
    (B) At the sculpture display
    (C) At the lake
    (D) At the main entrance

36. What is mentioned about the special exhibit?

    (A) It is at the beginning of the tour.
    (B) It is currently closed.
    (C) It requires an additional ticket.
    (D) It is on loan from Japan.

GO ON TO THE NEXT PAGE

37. What is the problem?

   (A) An event is ending later than expected.
   (B) A presentation has been canceled.
   (C) A sound system is not working.
   (D) A conference room is too small.

38. What has been changed?

   (A) The location of a speech
   (B) The starting time of a meal
   (C) The topic of a presentation
   (D) The length of a session

39. What are listeners asked to do?

   (A) Wait in the lobby
   (B) Check their e-mail
   (C) Register for a session
   (D) Obtain a map

40. What building project is the speaker describing?

   (A) A shopping center
   (B) An office building
   (C) An apartment complex
   (D) A fitness facility

41. Who most likely is Mr. Hong?

   (A) A banker
   (B) A landscaper
   (C) An electrician
   (D) An architect

42. What is Mr. Hong's company known for?

   (A) Keeping construction costs low
   (B) Using energy-efficient materials
   (C) Funding new projects
   (D) Having a wide variety of clients

This is the end of the book.
There are no further questions.

TOEIC®テスト 公式プラクティス リスニング編（音声CD 3枚付）

2011年2月10日　第1版第1刷発行
2012年4月15日　第1版第4刷発行

著者　　　　Educational Testing Service
発行元　　　一般財団法人 国際ビジネスコミュニケーション協会
　　　　　　　〒100-0014
　　　　　　　東京都千代田区永田町2-14-2
　　　　　　　山王グランドビル
　　　　　　　電話 (03) 5521-5935
　　　　　　　FAX (03) 5521-5879
印刷・製本　大日本印刷株式会社

乱丁本・落丁本・不良本はお取替えします。許可なしに転載、複製することを禁じます。

Copyright © 2012 by Educational Testing Service. All rights reserved. ETS and TOEIC are registered trademarks of Educational Testing Service (ETS) in the United States and other countries.
Printed in Japan
ISBN 978-4-906033-42-3

TOEIC® テスト 公式プラクティス

リスニング編

―解説編―

一般財団法人 国際ビジネスコミュニケーション協会

Copyright © 2012 by Educational Testing Service. All rights reserved. ETS and TOEIC are registered trademarks of Educational Testing Service (ETS) in the United States and other countries.

No part of this work may be reproduced, transcribed, or used in any form or by any means—graphic, electronic, or mechanical, including photocopying, recording, taping, Web distribution, or information storage and retrieval systems—without the prior written permission of the publisher.

目次

解説編

■ **CDトラック一覧表**..4

■ **Part 1**　写真描写問題
　Unit 1　人物の描写 6
　Unit 2　物の描写 9
　Unit 3　人物の動作と状況の描写 13
　Challenge 1 17

■ **Part 2**　応答問題
　Unit 4　Part 2における質問の種類 ....本誌
　Unit 5　WH疑問文 24
　Unit 6　Yes/No疑問文、選択疑問文 31
　Unit 7　依頼・許可・提案・勧誘の文 40
　Unit 8　付加疑問文と否定疑問文、肯定文と否定文 47
　Challenge 2 56

■ **Part 3**　会話問題
　Unit 9　Society & Life（社会と生活）.................... 66
　Unit 10　Workplace & Business（職場とビジネス）.... 76
　Unit 11　Personnel & Training（人事と研修）......... 86
　Challenge 3 96

■ **Part 4**　説明文問題
　Unit 12　Telephone Messages（電話メッセージ）.....110
　Unit 13　Announcements（アナウンス）................ 120
　Unit 14　Advertisements & Talks（宣伝とトーク）.... 130
　Challenge 4 140

■ **ボキャブラリーリスト** 154

CD トラック一覧表

Track	CD 1		
1		Warm Up	Example 1-4
2		Practice 1	1-4
3	Unit 1	Practice 2	1-4
4			5-8
5		TOEIC 形式問題に挑戦	1-3
6			4-6
7		A. Warm Up	1-4
8		Practice 1	A-H
9		Practice 2	1-5
10	Unit 2	B. Warm Up	Example 1-3
11			1-2
12		Practice 1	1-3
13		Practice 2	1-4
14		TOEIC 形式問題に挑戦	1-3
15			4-6
16		A. Warm Up	1-3
17		Practice 1	1-4
18		Practice 2	1-3
19		B. Warm Up	Example 1-2
20	Unit 3		1-2
21		Practice 1	1-3
22		Practice 2	1-3
23		TOEIC 形式問題に挑戦	1-3
24			4-6
25		Part 1 Directions	
26			1-3
27			4-6
28			7-9
29	Challenge 1		10-12
30			13-15
31			16-18
32			19-20
33		Warm Up 1 / Warm Up 1 の復習	1-5
34	Unit 4		6-10
35		Warm Up 2 / Warm Up 2 の復習	1-5
36			6-10
37		Warm Up	1-5
38			6-10
39		Practice 1 の復習	1-5
40			6-10
41	Unit 5	Practice 2	1-4
42		TOEIC 形式問題に挑戦	1-4
43			5-8
44			9-12
45			13-16
46			17-20

Track	CD 1		
47		A. Warm Up	1-5
48			6-10
49		Practice 1 の復習	1-5
50			6-10
51		Practice 2	1-5
52	Unit 6	B. Warm Up	1-4
53		Practice 1 の復習	1-4
54		Practice 2	1-4
55		TOEIC 形式問題に挑戦	1-4
56			5-8
57			9-12
58			13-16
59			17-20
60		Warm Up	1-5
61			6-10
62		Practice 1 の復習	1-3
63			4-6
64	Unit 7		7-10
65		Practice 2	1-4
66		TOEIC 形式問題に挑戦	1-4
67			5-8
68			9-12
69			13-16
70			17-20

Track	CD 2		
1		A. 表	Example 1-3
2		Warm Up	1-5
3		Practice 1 の復習	1-5
4		Practice 2	1-4
5		B. Warm Up	1-5
6		Practice 1	1
7			2
8	Unit 8		3
9			4
10			5
11		Practice 2	1-3
12		TOEIC 形式問題に挑戦	1-4
13			5-8
14			9-12
15			13-16
16			17-20
17		Part 2 Directions	
18			1-4
19			5-8
20			9-12
21	Challenge 2		13-16
22			17-20
23			21-24
24			25-28
25			29-32
26			33-36
27			37-40

CD 2 の続き

Track	CD 2	
28	Unit 9	A. Vocabulary 1 (Examples)
29		Vocabulary 2
30		Warm Up (スクリプト下線部のみ)
31		Conversation
32		TOEIC 形式問題に挑戦の設問
33		B. Vocabulary 1 (Examples)
34		Vocabulary 2
35		Warm Up (スクリプト下線部のみ)
36		Conversation
37		TOEIC 形式問題に挑戦の設問
38		C. TOEIC 形式問題に挑戦
39	Unit 10	A. Vocabulary 1 (Examples)
40		Vocabulary 2
41		Warm Up (スクリプト下線部のみ)
42		Conversation
43		TOEIC 形式問題に挑戦の設問
44		B. Vocabulary 1 (Examples)
45		Vocabulary 2
46		Warm Up (スクリプト下線部のみ)
47		Conversation
48		TOEIC 形式問題に挑戦の設問
49		C. TOEIC 形式問題に挑戦
50	Unit 11	A. Vocabulary 1 (Examples)
51		Vocabulary 2
52		Warm Up (スクリプト下線部のみ)
53		Conversation
54		TOEIC 形式問題に挑戦の設問
55		B. Vocabulary 1 (Examples)
56		Vocabulary 2
57		Warm Up (スクリプト下線部のみ)
58		Conversation
59		TOEIC 形式問題に挑戦の設問
60		C. TOEIC 形式問題に挑戦
61	Challenge 3	**Part 3 Directions**
62		1-3
63		4-6
64		7-9
65		10-12
66		13-15
67		16-18
68		19-21
69		22-24
70		25-27
71		28-30
72		31-33
73		34-36
74		37-39
75		40-42

Track	CD 3	
1	Unit 12	A. Vocabulary 1 (Examples)
2		Vocabulary 2
3		Warm Up (スクリプト下線部のみ)
4		Talk
5		TOEIC 形式問題に挑戦の設問
6		B. Vocabulary 1 (Examples)
7		Vocabulary 2
8		Warm Up (スクリプト下線部のみ)
9		Talk
10		TOEIC 形式問題に挑戦の設問
11		C. TOEIC 形式問題に挑戦
12	Unit 13	A. Vocabulary 1 (Examples)
13		Vocabulary 2
14		Warm Up (スクリプト下線部のみ)
15		Talk
16		TOEIC 形式問題に挑戦の設問
17		B. Vocabulary 1 (Examples)
18		Vocabulary 2
19		Warm Up (スクリプト下線部のみ)
20		Talk
21		TOEIC 形式問題に挑戦の設問
22		C. TOEIC 形式問題に挑戦
23	Unit 14	A. Vocabulary 1 (Examples)
24		Vocabulary 2
25		Warm Up (スクリプト下線部のみ)
26		Talk
27		TOEIC 形式問題に挑戦の設問
28		B. Vocabulary 1 (Examples)
29		Vocabulary 2
30		Warm Up (スクリプト下線部のみ)
31		Talk
32		TOEIC 形式問題に挑戦の設問
33		C. TOEIC 形式問題に挑戦
34	Challenge 4	**Part 4 Directions**
35		1-3
36		4-6
37		7-9
38		10-12
39		13-15
40		16-18
41		19-21
42		22-24
43		25-27
44		28-30
45		31-33
46		34-36
47		37-39
48		40-42

解説ページにあるスクリプトの前のアルファベットは以下の省略記号です。

(M-Au) Man, Australian = 男性 オーストラリアの発音　　(M-Cn) Man, Canadian = 男性 カナダの発音
(W-Am) Woman, American = 女性 米国の発音　　(W-Br) Woman, British = 女性 英国の発音

※本書のナレーターは実際の TOEIC テストと同じとは限りません。
※実際の TOEIC テストにおいては、ナレーターの国籍は公表されず、その割合は常に一定であるわけではありません。

Part 1

Unit 1 人物の描写

Warm Up (p.12)

(W-Am) ① 正解 The man is (sitting).
　　　　訳　男性は座っている。
　　② 正解 The man is (wearing) a tie.
　　　　訳　男性はネクタイを身に付けている。
　　③ 正解 The man is (holding) a pen.
　　　　訳　男性はペンを持っている。
　　④ 正解 The man is (reading) a document.
　　　　訳　男性は書類を読んでいる。

Practice 1 (p.13)

(M-Cn) 1. 正解 The man is (talking) on the (telephone).
　　　　訳　男性は電話で話している。
　　2. 正解 A woman is (pushing) a (cart).
　　　　訳　女性はカートを押している。
　　3. 正解 The woman is (reviewing) a (document).
　　　　訳　女性は書類を確認している。
　　4. 正解 They are (moving) a (table).
　　　　訳　彼らはテーブルを移動させている。

Practice 2 (p.14)

(M-Au) 1. 正解 B They're preparing some food.
　　　　訳　　彼らは食事の準備をしている。
　　2. 正解 A They're having some food.
　　　　訳　　彼女たちは食事をしている。
　　3. 正解 A They're dining at a cafeteria.
　　　　訳　　彼女たちはカフェテリアで食事をしている。
　　4. 正解 B They're working in the kitchen.
　　　　訳　　彼らは台所で作業をしている。

(W-Br) 5. 正解 D A person is riding a bicycle.
　　　　訳　　人が自転車に乗っている。
　　6. 正解 C Some people are crossing the street.
　　　　訳　　人々が通りを横切っている。
　　7. 正解 C A car is stopped at the crossing.
　　　　訳　　車が横断歩道で止まっている。
　　8. 正解 D Some cars are moving along the road.
　　　　訳　　車が何台か道路に沿って走っている。

Part 1

TOEIC形式問題に挑戦 (p.15〜16)

1. (M-Cn)
(A) The woman is reading a book.
(B) The woman is ordering some food.
(C) The woman is taking off her glasses.
(D) The woman is walking around the table.

(A) 女性は本を読んでいる。
(B) 女性は食べ物を注文している。
(C) 女性はめがねをはずそうとしている。
(D) 女性はテーブルの周りを歩いている。

正解 (A)
解説 女性が本を読んでいるという動作を正しく描写している(A)が正解。
(B) order「〜を注文する」。注文している様子ではない。
(C) take off 〜「〜をはずす」、glasses「めがね」。女性はめがねをかけているが、それだけで判断せず、動詞も正確に聞き取ること。
(D) walk around 〜「〜の周りを歩く」。テーブルの横に座っており、歩いてはいない。

2. (W-Am)
(A) A woman is parking a vehicle.
(B) A woman is standing by the house.
(C) A woman is getting into the car.
(D) A woman is walking a dog.

(A) 女性は車両を停めている。
(B) 女性は家のそばに立っている。
(C) 女性は車に乗ろうとしている。
(D) 女性は犬を散歩させている。

正解 (D)
解説 walkは自動詞の「歩く」のほか、目的語を伴い他動詞として「〜を散歩させる」という意味も表す。
(A) park「(動詞で)〜を駐車する」。vehicleは乗り物全般を表し、ここでは車と考えられるが、女性は駐車しているところではない。
(B) stand by 〜「〜のそばに立つ」。
(C) get into 〜「〜に乗りこむ」。車は見えるが女性の動作は車とは関係ない。

3. (W-Br)
(A) The people are waiting for a train.
(B) The people are buying tickets.
(C) The people are entering a store.
(D) The people are boarding a bus.

(A) 人々は電車を待っている。
(B) 人々は切符を買っている。
(C) 人々は店に入っていくところである。
(D) 人々はバスに乗るところである。

正解 (A)
解説 wait for 〜「〜を待つ」。人々がプラットホームで電車を待っている様子を描写している(A)が正解。
(B)・(D) buying tickets、boarding a busなど、駅や乗り物と関連のある語句が使われているが、いずれも動詞が人々の行っている動作と合わない。board「〜に乗車する」。
(C) enter「〜に入る」。

4. (M-Au)
(A) The woman is examining documents.
(B) The woman is sending a letter.
(C) The woman is setting the table.
(D) The woman is packing dishes.

(A) 女性は書類を調べている。
(B) 女性は手紙を送っている。
(C) 女性は食卓の準備をしている。
(D) 女性はお皿を梱包している。

正解 (D)
解説 pack「～を梱包する」、dish「大皿」。
(A) examine「～を調べる、吟味する」、document「書類、文書」。
(C) set a table は「テーブルの上に食器などを並べて食卓の準備をする」という意味だが、女性は食卓の準備はしていない。

---

5. (W-Am)
(A) The man is talking to a shop clerk.
(B) The man is standing in a food store.
(C) The man is arranging some items.
(D) The man is opening a shopping bag.

(A) 男性は店員に話しかけている。
(B) 男性は食料品店で立っている。
(C) 男性は商品を並べている。
(D) 男性は買い物袋を開けている。

正解 (B)
解説 food store「食料品店」。男性の様子と合う描写は(B)。
(A) shop clerk「店員」。talk to ～「～に話しかける」を聞き逃さないこと。写真に写っているのは男性1人で、話している相手はいない。
(C) arrange「～を並べる」、item「商品」。商品が並んでいるが、男性が今並べているわけではない。
(D) 店と関係のある shopping という語が使われているが、それだけで判断しないこと。

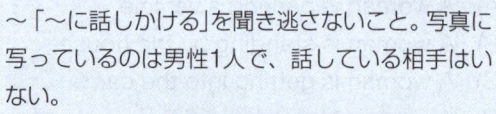

---

6. (M-Cn)
(A) The woman is eating a snack.
(B) The woman is throwing away some garbage.
(C) The woman is holding a large bag.
(D) The woman is drinking coffee.

(A) 女性はおやつを食べている。
(B) 女性はごみを捨てている。
(C) 女性は大きなかばんを抱えている。
(D) 女性はコーヒーを飲んでいる。

正解 (B)
解説 throw away ～「～を捨てる」、garbage「ごみ」。女性はごみ箱に何かを捨てているので(B)が正解。
(A) snack「軽食、おやつ」。
(C) hold「～を手に持つ」。女性は手に物を持っているが、かばんではない。
(D) 飲み物の容器のようなものを捨てており、飲んでいるところではない。

Part 1

Unit 2 物の描写

A 物の場所や位置

Warm Up (p.17)

(W-Am) 1. 正解 There are (glasses) in the cupboard.
   訳 食器棚にコップがある。
2. 正解 Some (dishes) are on the top shelf.
   訳 何枚かの皿が一番上の棚にある。
3. 正解 A pitcher is on the (tray).
   訳 水差しがトレーの上にある。
4. 正解 There is (water) in the pitcher.
   訳 水差しに水が入っている。

Practice 1 (p.18)

(M-Au) (A) 正解 There is a window blind (behind) the table.
   訳 テーブルの後ろに窓用のブラインドがある。
(B) 正解 There is a computer (on) the table.
   訳 テーブルの上にコンピュータがある。
(C) 正解 The mouse is (next to) the computer.
   訳 マウスがコンピュータの隣にある。
(D) 正解 The bulletin board is (above) the bookcase.
   訳 掲示板が本箱の上方にある。
(E) 正解 The plant is (below) the bulletin board.
   訳 植物が掲示板の下方にある。
(F) 正解 The bookcase is (against) the wall.
   訳 本箱が壁を背にしてある。
(G) 正解 Some books are (in) the bookcase.
   訳 本が何冊か本箱にある。
(H) 正解 Some files are (between) the table and the bookcase.
   訳 ファイルがいくつかテーブルと本箱の間にある。

Practice 2 (p.19)

(W-Br) 1. 正解 T There is a telephone on the table.
   訳 テーブルの上に電話がある。
2. 正解 T The blind is in front of the window.
   訳 ブラインドが窓の前にある。
3. 正解 F There is a television next to the air conditioner.
   訳 エアコンの隣にテレビがある。
4. 正解 T There are buildings outside the window.
   訳 窓の外に建物がある。
5. 正解 F There is a lamp above the table.
   訳 テーブルの上方に照明器具がある。

Unit 2

B 物の状態

Warm Up (p.20)

(M-Cn) 1. 正解 The windows are (open).
　　　　訳　窓が開いている。

　　　2. 正解 The plants have been (placed) on the chairs.
　　　　訳　植物がいすの上に置かれてある。

Practice 1 (p.21)

(W-Br) 1. 正解 (B)
(A) The umbrellas are open. 訳 傘が開いている。
(B) There are umbrellas in the stand. 訳 傘立てに傘がある。

(M-Au) 2. 正解 (A)
(A) The cupboard is empty. 訳 食器棚は空(から)である。
(B) The oven has been left open. 訳 オーブンが開いたままである。

(W-Am) 3. 正解 (A)
(A) Cups have been placed on the table. 訳 カップがテーブルの上に置かれてある。
(B) Brochures have been left on the sofa. 訳 パンフレットがソファの上に置いたままである。

Practice 2 (p.22〜23)

(W-Am) 1. 正解 (B)
(A) There is no space to park a car. 訳 車を停める場所がない。
(B) Some cars are parked in the parking lot. 訳 車が数台、駐車場に停められてある。
(C) A car door has been left open. 訳 車のドアが開いたままである。

(M-Cn) 2. 正解 (A)
(A) The books have been put in the box. 訳 本が箱の中に入れてある。
(B) The box has been sealed. 訳 箱に封がしてある。
(C) The box is completely empty. 訳 箱は完全に空(から)である。

(W-Br) 3. 正解 (C)
(A) The ladder is in the hallway. 訳 はしごは廊下にある。
(B) The ladder has been put away. 訳 はしごはしまわれてある。
(C) The ladder is leaning against the wall. 訳 はしごは壁に立てかけられている。

(M-Au) 4. 正解 (A)
(A) The plates have been arranged on the table. 訳 皿がテーブルの上に並べられてある。
(B) There is a cloth on the table. 訳 テーブルの上に布がある。
(C) The food has been served. 訳 食べ物が出されてある。

Part 1

TOEIC形式問題に挑戦 (p.24〜26)

1. (W-Am)
   (A) There is a plant on the table.
   (B) A window is above the sofa.
   (C) A table is in front of the whiteboard.
   (D) The trash cans are under the desk.

   (A) テーブルの上に植物がある。
   (B) 窓はソファの上方にある。
   (C) テーブルはホワイトボードの前にある。
   (D) ごみ箱は机の下にある。

   正解 (C)
   解説 in front of 〜「〜の前に」。位置関係を表す表現を正しく聞き取ることが重要。
   (A) plant「植物」はあるが、テーブルの上ではない。
   (B) above「〜の上方に」。ソファはあるが、窓はない。
   (D) trash can「ごみ箱」、under「〜の下に」。ごみ箱はあるが、机の下ではない。

2. (M-Cn)
   (A) There are flowers on the bench.
   (B) The bushes have no leaves.
   (C) The flower pots are empty.
   (D) A tree is surrounded by flowers.

   (A) ベンチの上に花がある。
   (B) 低木には葉がついていない。
   (C) 植木鉢は空っぽである。
   (D) 1本の木が花に囲まれている。

   正解 (D)
   解説 be surrounded by 〜「〜に囲まれている」。中央の木は花に囲まれている。
   (A) 花は写っているが、ベンチの上にあるのではない。
   (B) bush「低木、かん木」。花やベンチの後ろにある木々がこれにあたるが、葉はついている。leavesはleaf「葉」の複数形。
   (C) empty「空の」。flower pot「植木鉢」には花が植えてある。

3. (W-Br)
   (A) The curtains in the room are open.
   (B) The coats have been hung in a closet.
   (C) Some coats have been left on a coat rack.
   (D) The clothes are hanging outside.

   (A) 部屋のカーテンは開いている。
   (B) コートはクローゼットの中に掛けられてある。
   (C) コートは洋服掛けに掛けてある。
   (D) 服は屋外に掛かっている。

   正解 (C)
   解説 coat rack「洋服掛け」。coat「コート」のある場所を正しく描写している(C)が正解。leftはleave「〜にしておく」の過去分詞。
   (A) 場所は部屋のようだが、curtain「カーテン」はない。
   (B) closet「クローゼット、納戸」。hungはhang「〜を掛ける」の過去分詞。
   (D) clothes「服」は掛かっているが屋外ではない。

Unit 2

4. (M-Au)
 (A) The cart has nothing in it.
 (B) Some bars are lying on the floor.
 (C) A ladder is leaning against the wall.
 (D) A box has been placed on the ladder.

 (A) カートの中には何も入っていない。
 (B) 棒が床に置いてある。
 (C) はしごは壁に立てかけられている。
 (D) 箱ははしごの上に置かれてある。

正解 (B)
解説 bar「棒」。選択肢の中で描写されているものはいずれも写真に写っているので、それぞれの物の状態を正しく聞き取ること。lyingはlie「置かれている」のing形。
(A) cart「カート、手押し車」は物でいっぱいである。
(C) lean against ～「～にもたれる」。奥にladder「はしご」はあるが、壁に立てかけられてはいない。
(D) place「～を置く」。

---

5. (W-Am)
 (A) There is a statue behind the tree.
 (B) A tree has fallen on the ground.
 (C) The bench seat is covered with snow.
 (D) Snow shovels are in front of the bench.

 (A) 木の後ろに像がある。
 (B) 1本の木が地面に倒れている。
 (C) ベンチの座面は雪で覆われている。
 (D) 雪かきがベンチの前にある。

正解 (C)
解説 be covered with ～「～で覆われている」。ベンチの座面に雪がある。
(A) statue「像」、behind「～の後ろに」。木の後ろに像はない。
(B) fallenはfall「倒れる」の過去分詞。複数の木があるが、地面に倒れている木はない。
(D) snow shovel「雪かき用ショベル」。ベンチの前には何もない。

---

6. (M-Cn)
 (A) Some boxes are stacked on the table.
 (B) The chairs are pushed against the wall.
 (C) The blinds have been closed.
 (D) There is a poster on the wall.

 (A) 箱がテーブルの上に積まれている。
 (B) いすが壁にくっつけられている。
 (C) ブラインドが閉じられてある。
 (D) 壁にはポスターがある。

正解 (A)
解説 stack「積み重ねる」。テーブルの上には箱が積まれているので(A)が正解。
(B) push ～ against ...「…に対して～を押し付ける」。いすと壁は接していない。
(C) 窓の外は見えており、blind「ブラインド、日よけ」はない。
(D) 壁には何も貼られていない。

Part 1

Unit 3 人物の動作と状況の描写

A 動作と状況の描写

Warm Up (p.27)

(W-Am) 1. 正解 He is (connecting) headphones to a computer.
   訳 彼は、ヘッドホンをコンピュータに接続している。
2. 正解 The headphones are (being) (attached) to the computer.
   訳 ヘッドホンがコンピュータに取り付けられているところである。
3. 正解 (There) (are) headphones on the desk.
   訳 机の上にヘッドホンがある。

Practice 1 (p.28)

(M-Cn) 1. 正解 She is (putting) the books (in) the box.
   訳 彼女は箱に本を入れている。
2. 正解 The books are being (put) (into) the box.
   訳 本は箱に入れられているところである。
3. 正解 The box is being (filled) (with) books.
   訳 箱は本でいっぱいになっているところである。
4. 正解 (There) (are) a lot of books in the box.
   訳 箱の中にたくさんの本がある。

Practice 2 (p.29)

(W-Br) 1. 正解 (A), (C)
   (A) A picture is being hung on the wall.　訳 絵が壁に掛けられているところである。
   (B) A picture is hanging next to the door.　訳 絵がドアの隣に掛かっている。
   (C) The man is hanging a picture on the wall.　訳 男性が壁に絵を掛けている。

(M-Au) 2. 正解 (A), (C)
   (A) A meal is being prepared in the kitchen.　訳 食事が台所で準備されているところである。
   (B) The woman is cleaning in the kitchen.　訳 女性が台所で掃除をしている。
   (C) The woman is cooking at the stove.　訳 女性がコンロで料理をしている。

(W-Am) 3. 正解 (A), (B)
   (A) People are ice-skating at the rink.　訳 人々はリンクでアイススケートをしている。
   (B) A building is located beside the rink.　訳 建物はリンクのそばに位置している。
   (C) People are skiing together outside.　訳 人々は屋外で一緒にスキーをしている。

B 詳細な描写

Warm Up (p.30)

(M-Au) 1. 正解 The woman is showing a document (to) (the) (man).
訳 女性は男性に文書を見せている。

2. 正解 The woman is holding up a (piece) (of) (paper).
訳 女性は1枚の紙を持ち上げている。

Practice 1 (p.31)

(W-Am) 1. 正解 (B)
(A) They're wearing numbers on their backs. 訳 彼らは背中に番号をつけている。
(B) They're carrying bags on their backs. 訳 彼らは背中にバッグを背負っている。

(M-Cn) 2. 正解 (A)
(A) She's inserting a card into the cash machine. 訳 彼女はカードを現金預払機に挿入している。
(B) She's writing a card near the cash machine. 訳 彼女は現金預払機の近くでカードを書いている。

(W-Br) 3. 正解 (B)
(A) He's printing out a document by the filing cabinet. 訳 彼は保管キャビネットのそばで文書を印刷している。
(B) He's taking out documents from a filing cabinet. 訳 彼は保管キャビネットから文書を取り出している。

Practice 2 (p.32)

(M-Cn) 1. 正解 (B)
(A) Both of the women are wearing glasses. 訳 女性は2人ともめがねをかけている。
(B) One of the women is pointing at the computer screen. 訳 女性のうちの1人がコンピュータの画面を指している。
(C) Both of the women are standing by the desk. 訳 女性は2人とも机のそばに立っている。

(W-Am) 2. 正解 (C)
(A) The bricks are being loaded into a van. 訳 れんがはバンに積まれているところである。
(B) A man is sitting near a brick wall. 訳 男性はれんが塀の近くに座っている。
(C) A man is working with piles of bricks. 訳 男性は積み上げられたれんがの作業をしている。

(M-Au) 3. 正解 (A)
(A) Some people are standing at the edge of the water. 訳 何人かの人々が水辺に立っている。
(B) A group of people are on a boat. 訳 人の一団が小舟に乗っている。
(C) People are lying on the beach. 訳 人々が浜辺で寝そべっている。

Part 1

TOEIC形式問題に挑戦 (p.33～35)

1. (W-Br)
   (A) The man is putting on his glasses.
   (B) The man is drinking some water from a bottle.
   (C) The man is taking a glass from the cupboard.
   (D) The man is wiping the inside of the cupboard.

   (A) 男性はめがねをかけようとしている。
   (B) 男性はボトルの水を飲んでいる。
   (C) 男性は食器棚からコップを取っている。
   (D) 男性は食器棚の内側を拭いている。

   正解 (C) 
   解説 glass「コップ」、cupboard「食器棚」。男性が食器棚のコップを手にしていることを描写している(C)が正解。cupboardは [kʌ́bərd] のようにpを発音しない。
   (A) glassesは複数のコップのほか、「めがね」という意味も表すので意味の違いに注意。put on ～は「～を身に付ける」という動作を表す表現なので不適切。
   (D) wipe「～を拭く」。食器棚は写っているが、拭いてはいない。

2. (M-Cn)
   (A) They're unloading boxes from the truck.
   (B) They're getting into a taxi.
   (C) They're walking down the street side by side.
   (D) They're shaking hands.

   (A) 彼らは箱をトラックから降ろしている。
   (B) 彼らはタクシーに乗り込んでいる。
   (C) 彼らは並んで通りを歩いている。
   (D) 彼らは握手をしている。

   正解 (A) 
   解説 unload ～ from ...「～(積荷など)を…から降ろす」、truck「トラック」。男性たちが荷物を降ろす作業を適切に描写している(A)が正解。
   (B) get into ～「～に乗り込む」。
   (C) side by side「並んで」。walkingをworkingと聞き違えないこと。
   (D) shake hands「握手をする」。男性がもう1人の男性に箱を渡しており、握手はしていない。

3. (M-Au)
   (A) She's putting a file in the bookcase.
   (B) She's carrying the telephones into a room.
   (C) She's resting on a chair at her desk.
   (D) She's setting up a computer on the desk.

   (A) 彼女は本箱にファイルを入れている。
   (B) 彼女は電話を部屋へ運んでいる。
   (C) 彼女は自席でいすに座って休んでいる。
   (D) 彼女は机の上にコンピュータを設置している。

   正解 (D) 
   解説 set up ～「～を設置する」。すべての選択肢に写真に写っているものが含まれているので、女性の動作や場所に注意を払って聞き取ることがポイント。
   (A) file「ファイル」、bookcase「本箱、書棚」。女性の後ろの本棚にファイルはあるようだが、入れているところではない。
   (B) 電話は部屋に置かれているが、女性が運んでいるのではない。
   (C) rest「休む」。いすや机は写っているが、女性はいすに座っているところではない。

Unit 3

4. (W-Am)
(A) A man is getting out of a car.
(B) The traffic is busy on the street.
(C) The streetcar has been blocked by a vehicle.
(D) The doors of the streetcar are open.

(A) 男性は車から降りようとしている。
(B) 通りの往来は激しい。
(C) 路面電車が車両にふさがれている。
(D) 路面電車のドアは開いている。

正解 (D) 
解説 streetcar「路面電車」のドアが開いている様子を適切に描写している(D)が正解。
(A) get out of ～「～から出る」。車から降りようとしている人の姿は見えない。
(B) traffic「往来、交通」、busy「交通量の多い」。
(C) block「～を妨げる」。路面電車の前に車両はない。

5. (W-Br)
(A) The man is trimming the trees.
(B) Some food is being cooked outdoors.
(C) The man is washing some dishes.
(D) A meal is being served to the guests.

(A) 男性は木を切って整えている。
(B) 食べ物が屋外で調理されているところである。
(C) 男性は食器を洗っている。
(D) 食事が客に給仕されているところである。

正解 (B) 
解説 outdoors「屋外で、野外で」。食べ物が屋外で調理されている様子を描写している(B)が正解。
(A) trim「～を刈り込む、～をきれいに整える」。男性と木は写っているが、男性は木を刈っていない。
(C) dish「皿、食器類」。
(D) meal「食事」、serve「(飲食物を)出す」と料理に関係のある語があるが、guest「客」は写っていない。

6. (M-Cn)
(A) A woman is carrying a tray to the table.
(B) A sign is hanging above the glass case.
(C) A woman is paying for purchases in a café.
(D) The glass case on the counter is empty.

(A) 女性はトレーをテーブルへ運んでいる。
(B) 看板はガラスケースの上方に掛かっている。
(C) 女性はカフェで購入品の支払いをしている。
(D) カウンターの上のガラスケースは空である。

正解 (C) 
解説 pay for ～「～の代金を支払う」、purchase「購入品」。女性がレジで支払いをしている様子を描写している(C)が正解。
(A) トレーをテーブルに運んでいる女性はいない。
(B) hang「掛かる」。sign「看板」はあるが、ガラスケースの上方ではない。
(D) ガラスケースの中には物が入っており、空ではない。

Part 1

Challenge 1　（問題編 p.38〜47）

1. (W-Br)
(A) A man is looking out of the window.
(B) A man is using a computer.
(C) A man is wearing a tie.
(D) A man is writing in a notebook.

(A) 男性は窓から外を見ている。
(B) 男性はコンピュータを使っている。
(C) 男性はネクタイを身につけている。
(D) 男性はノートに書いている。

正解 (C)
解説 wear「〜を身につけている」、tie「ネクタイ」。
(A) look out of 〜「〜から外を見る」。部屋に窓はあるが、男性は窓の外を見ていない。
(B) 男性はコンピュータを使っているところではない。
(D) 男性の手元にノートが見えるが、書いているところではない。

2. (M-Cn)
(A) He's cleaning an oven.
(B) He's washing his shirt.
(C) He's picking up some dishes.
(D) He's preparing some food.

(A) 彼はオーブンを掃除している。
(B) 彼は自分のシャツを洗っている。
(C) 彼は皿を何枚か取り上げている。
(D) 彼は食べ物を用意している。

正解 (D)
解説 prepare「〜を準備する」。
(A) oven「オーブン」。
(B) 男性はシャツを着用しているが、洗っているのではない。
(C) pick up 〜「〜を取り上げる」、dish「皿」。男性が手に取っているのは食材であって、皿ではない。

3. (M-Au)
(A) The women are walking into an office.
(B) The women are passing out binders.
(C) The women are eating together.
(D) The women are facing each other.

(A) 女性たちはオフィスの中へと歩いている。
(B) 女性たちはバインダーを配っている。
(C) 女性たちは一緒に食事をとっている。
(D) 女性たちはお互いに向き合っている。

正解 (D)
解説 face「〜に向く」、each other「お互い(に)」。
(A) オフィスの場面からworkを連想して、working [wə́ːkiŋ] と似た音のwalking [wɔ́ːkiŋ] から選ばないこと。
(B) pass out「〜を配る」、binder「バインダー」。右の女性は左の女性に何かを渡しているが、2人がバインダーを配っているとは言えない。
(C) 2人は一緒にいるが、食事をしているところではない。

4. (W-Am)
(A) They're sitting on the floor.
(B) They're arranging the chairs.
(C) They're putting papers on a chair.
(D) They're holding up a poster.

(A) 彼女たちは床の上に座っている。
(B) 彼女たちはいすを並べている。
(C) 彼女たちはいすの上に書類を置いている。
(D) 彼女たちはポスターを掲げている。

正解 (A)
解説 sit on ～「～の上に座る」、floor「床」。
(B) arrange「～を並べる」。いすは後方にあるが、彼女たちは並べているところではない。
(C) paper「紙」は不可算名詞で、papersとすると「書類」という意味になる。
(D) hold up ～「～を掲げる、～を持ち上げる」、poster「ポスター」。

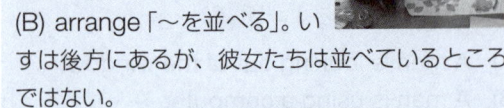

---

5. (M-Au)
(A) Several boats are in the water.
(B) Some sailors are getting off a ship.
(C) Birds are flying overhead.
(D) People are fishing on a dock.

(A) 数隻の船が水に浮かんでいる。
(B) 何人かの船員が船を降りている。
(C) 鳥が空中を飛んでいる。
(D) 人々が桟橋で釣りをしている。

正解 (A)
解説 boatは小型の船やボートを表す。in the waterは「水中に」のほか、何かが水につかっている状態も表す。
(B)～(D) 写真と関係のありそうな単語だけで判断しないこと。(B) sailor「船員」、get off ～「～を降りる」。(C) overhead「空中に、頭上に」。(D) fish「(動詞で)釣りをする」、dock「桟橋」。

---

6. (W-Br)
(A) He's closing a gate in the yard.
(B) He's holding a hammer in his hand.
(C) He's fixing the roof of the house.
(D) He's carrying a ladder through a doorway.

(A) 彼は庭の門を閉めている。
(B) 彼は手にハンマーを持っている。
(C) 彼は家の屋根を修理している。
(D) 彼は出入口を通ってはしごを運んでいる。

正解 (B)
解説 hammer「ハンマー」の発音 [hǽmər] に注意。
(A) gate「門」、yard「庭」。
(C) fix「～を修理する」、roof「屋根」。作業をしているが、屋根を修理しているとは言えない。
(D) ladder「はしご」、doorway「出入口」。はしごに上って作業をしており、はしごを運んでいるのではない。

Part 1

7. (M-Cn)
(A) She's leading a discussion.
(B) She's examining a book.
(C) She's placing products on a shelf.
(D) She's purchasing a handbag.

(A) 彼女は話し合いを主導している。
(B) 彼女は本を調べている。
(C) 彼女は棚に製品を置いている。
(D) 彼女はハンドバッグを購入している。

正解 (B) 
解説 examine「~を調べる、~を検討する」。
(A) lead「~を主導する」、discussion「議論、話し合い」。readingと似た音のleadingから選ばないこと。
(C) shelf「棚」は写っているが、棚に製品を置いているところではない。
(D) purchase「~を購入する」。女性はバッグを持っているように見えるが、それを購入しているところではない。

8. (W-Am)
(A) There are lines painted on the roadway.
(B) A woman is stepping out of a car.
(C) Flags are hanging from some poles.
(D) There's a bridge over a highway.

(A) 車道に描かれた線がある。
(B) 女性が車から外に出ている。
(C) 旗が何本かのポールにつるされている。
(D) 幹線道路の上に橋がかかっている。

正解 (A) 
解説 line「線」、roadway「車道」。車道には横断歩道の白線が引かれてある。
(B) step out of ~「~から外へ出る」。外に女性がいるが、車から出ようとしている場面ではない。
(C) hang from ~「~からつり下がる」、pole「柱、ポール」。何本か柱が写っているが、旗はつり下がっていない。
(D) highway「幹線道路」。写真に橋は写っていない。

9. (M-Cn)
(A) A woman is folding some paper.
(B) A man is making copies.
(C) A man is drinking a beverage.
(D) A woman is holding a cup.

(A) 女性は紙を折っている。
(B) 男性はコピーをとっている。
(C) 男性は飲み物を飲んでいる。
(D) 女性はカップを持っている。

正解 (D) 
解説 hold「(手に)~を持つ」。
(A) fold「~を折る」。hold [hóuld] と似た音のfold [fóuld] から選ばないこと。女性は紙を手にしていない。
(B) copy「(名詞で)コピー、複写」。写真の様子から連想されるcoffeeと似た音のcopiesに注意。
(C) beverage「飲み物」。男性は飲み物を注いでいるのであって、飲んではいない。

Challenge 1

10. (M-Au)
(A) People are shopping indoors.
(B) Boots are lined up on the ground.
(C) Shoes are arranged in a glass case.
(D) Merchandise is being unpacked.

(A) 人々が屋内で買い物をしている。
(B) ブーツが地面に並べられている。
(C) 靴がガラスケースの中に並べられている。
(D) 商品の梱包が解かれているところである。

正解 (B)
解説 line up「〜を(列に)並べる」、ground「地面」。
(A) indoors「屋内で」。写真は屋外の様子が写されている。
(C) arrange「〜を並べる」、glass「ガラスの」。shoes、arrangedなどから選ばないこと。
(D) merchandise「商品」、unpack「〜の包みを解く」。

---

11. (M-Cn)
(A) A man is working on a truck.
(B) A man is driving into a garage.
(C) A man is changing a tire.
(D) A man is operating a machine.

(A) 男性はトラックの作業をしている。
(B) 男性は車を車庫に入れている。
(C) 男性はタイヤを交換している。
(D) 男性は機械を操作している。

正解 (A)
解説 work on 〜「(物)の作業をする」、truck「トラック」。
(B) garage「車庫、ガレージ」。男性は車庫のような場所で作業をしているが、車の運転はしていない。
(C) tire「タイヤ」。
(D) operate「〜を操作する」、machine「機械」。

---

12. (W-Am)
(A) Some people are hiking up a hill.
(B) There are trees in front of some buildings.
(C) There are benches along the path.
(D) Some flowers are being planted in a park.

(A) 何人かの人々が丘を歩いて上っている。
(B) いくつかの建物の前に木々がある。
(C) 小道に沿ってベンチがある。
(D) いくつかの花が公園に植えられているところである。

正解 (B)
解説 in front of 〜「〜の前に」。
(A) hike「ハイキングをする、歩いて行く」。歩いている人々は写っているが、丘を歩いて上っているとは言えない。
(C) along 〜「〜に沿って」、path「小道、遊歩道」。小道は見えるが、ベンチはない。
(D) plant「(動詞で)〜を植える」。花が植えられているところではない。

Part 1

13. (M-Au)
(A) The men are standing on a platform.
(B) The men are painting a wall.
(C) The men are carrying pipes up the stairs.
(D) The men are lifting materials onto a roof.

(A) 男性たちは作業台の上に立っている。
(B) 男性たちは壁にペンキを塗っている。
(C) 男性たちはパイプを階段の上に運んでいる。
(D) 男性たちは屋根の上に資材を持ち上げている。

正解 (A)
解説 platform「作業台」。platformは駅のプラットホームだけでなく、演説台や教壇など人が乗る台も表す。
(B) 壁のほうを向いている男性たちもいるが、ペンキを塗ってはいない。
(C) pipe「パイプ、管」、stairs「階段」。パイプが何本も写っているが、男性たちはそれらを運んではいない。
(D) lift ～ onto ...「～を…の上に持ち上げる」、material「資材」、roof「屋根」。

14. (W-Br)
(A) A bicycle has been parked by a doorway.
(B) A woman is walking away from the building.
(C) Some people are sweeping the pavement.
(D) A man is locking the door of an office.

(A) 自転車が出入口のそばに停めてある。
(B) 女性は建物から歩いて離れていくところである。
(C) 何人かの人々が舗道を掃いている。
(D) 男性は職場のドアに鍵をかけている。

正解 (B)
解説 away from ～「～から離れて」。女性は建物に背を向けて歩いているところである。
(A) park「（動詞で）～を停める」、doorway「出入口、戸口」。出入口のそばに自転車が写っているが、男性が乗っているので不適切。
(C) sweep「～を掃く」、pavement「舗装道路」。
(D) lock「～の鍵をかける」。

15. (W-Am)
(A) They're sharing a meal at a café.
(B) They're setting a table in a restaurant.
(C) A game is being played by some boys.
(D) Glasses are being filled by a waiter.

(A) 彼らはカフェで食べ物を分け合っている。
(B) 彼らはレストランでテーブルの準備をしている。
(C) ゲームが少年たちによって行われているところである。
(D) コップがウェイターによって満たされているところである。

正解 (C)
解説 play a gameで「ゲームをする」。a gameを主語とした現在進行形の受動態の文。
(A) share「～を分け合う」、meal「食事、1食分の食べ物」。
(B) set a table「テーブルの準備をする」。
(D) fill「～を満たす」。コップは置かれているが、それに中身を注いでいる人はいない。

Challenge 1

16. (M-Au)
(A) Motorcyclists are stopped at a light.
(B) Pedestrians are crossing at an intersection.
(C) Windows overlook the street.
(D) Passengers are waiting to board a bus.

(A) オートバイに乗った人々が信号で止まっている。
(B) 歩行者が交差点を渡っている。
(C) 窓は通りを見下ろす場所にある。
(D) 乗客はバスに乗るために待っている。

正解 (C)
解説 overlook「(場所などが)～を見渡せる(ところにある)」。
(A) motorcyclist「オートバイに乗っている人」、light「信号」。オートバイに乗っている人々は見えるが、信号で止まっているとは言えない。
(B) pedestrian「歩行者」、cross at ～「～を渡る」、intersection「交差点」。写真には歩行者の姿はない。
(D) passenger「乗客」、board「～に乗る」。

---

17. (W-Br)
(A) They're putting on jackets.
(B) They're surrounded by a fence.
(C) They're loading bricks onto a vehicle.
(D) They're pushing a wheelbarrow.

(A) 彼らはジャケットを着ようとしている。
(B) 彼らはフェンスに囲まれている。
(C) 彼らは乗り物にれんがを積んでいる。
(D) 彼らは手押し車を押している。

正解 (B)
解説 be surrounded by ～「～に囲まれている」、fence「フェンス」。
(A) put on ～は「～を着る」という「動作」を表す表現。ジャケットを今着ようとしているわけではないので不適切。
(C) load ～ onto ...「…に～を積む」、brick「れんが」。vehicle「乗り物」は自動車や列車など乗り物全般を表す。彼らはれんがで作業をしているが、乗り物に積んでいるわけではない。
(D) wheelbarrow「手押し車」は写っているが、彼らはそれを押してはいない。

---

18. (W-Am)
(A) People are chopping some vegetables.
(B) Merchants are taking down a tent.
(C) A vendor is selling food in a market.
(D) A shopper is putting items into a basket.

(A) 人々が野菜を刻んでいる。
(B) 店主がテントをたたんでいる。
(C) 物売りが市場で食べ物を売っている。
(D) 買い物客が品物をかごに入れている。

正解 (C)
解説 vendor「(市場、街頭などの)物売り、露店商人」。
(A) shop「買い物をする」と似た音のchop「～を刻む」に注意。
(B) merchant「商人、商店主」、take down ～「～を下ろす」、tent「テント」。
(D) shopper「買い物客」、item「商品」、basket「かご」。かごに入った野菜が置かれてはいるが、客がかごに入れているのではない。

Part 1

19. (W-Br)
(A) A table has been pushed against a wall.
(B) Bottles have been placed in a carton.
(C) A map is spread out on a table.
(D) Vending machines are located in the corner.

(A) テーブルが壁に押し付けられてある。
(B) びんがボール箱の中に置かれてある。
(C) 地図がテーブルの上に広げられている。
(D) 自動販売機が隅に置かれている。

正解 (D)
解説 vending machine「自動販売機」、be located「(場所に)ある、位置する」、in the corner「隅に」。
(A) push against ～「～に押し付ける」。テーブルは壁から離れた場所に置かれてある。
(B) bottle「びん」、carton「(厚紙などでできた)箱、ボール箱」。
(C) spread out「～を広げる」。ここではspreadが過去分詞として使われ、受動態の文になっている。地図は壁に貼られており、テーブルの上には何もない。

20. (M-Cn)
(A) Workers are trimming some branches.
(B) A man is filling a bucket with water.
(C) Some men are watching a show.
(D) A man is holding a hose in his hands.

(A) 作業員たちが枝を切って整えている。
(B) 男性はバケツを水で満たしている。
(C) 何人かの男性たちがショーを見ている。
(D) 男性は手にホースを持っている。

正解 (D)
解説 hose「ホース」の発音 [hóuz] に注意。
(A) trim「～を(切り取って)整える」、branch「枝」。写真には枝を伸ばした木々が写っているが、その枝を切っているわけではない。
(B) fill ～ with ...「～を…で満たす」。男性は水を出しているが、bucket「バケツ」に入れているのではない。
(C) show「ショー」。

Part 2

Unit 5　WH 疑問文

Warm Up (p.57)

CD1 37
CD1 38

正解　1. When　2. How, much　3. How　4. What　5. Who
　　　6. Where　7. Why　8. How, often　9. What, size　10. Which

Practice 1 (p.58～59)

正解　1. (B)　2. (A)　3. (E)　4. (D)　5. (C)
　　　6. (J)　7. (G)　8. (H)　9. (F)　10. (I)

Practice 1 の復習 (p.60)

CD1 39

1. 訳　今度いつ私たちのところに来ますか。
　　(B) 今から 2 か月後です。
2. 訳　あそこのコートはいくらですか。
　　(A) 300 ドルです。
3. 訳　卵はどのようにいたしましょうか。
　　(E) スクランブルエッグをお願いします。
4. 訳　Chan さんのスピーチをどう思いましたか。
　　(D) 素晴らしかったです。
5. 訳　だれが Nakata さんを空港で出迎える予定ですか。
　　(C) Mike がそこに行きます。

CD1 40

6. 訳　今夜、夕食をどこで食べるつもりですか。
　　(J) あのイタリアンレストランで。
7. 訳　営業部は今日、なぜこんなに静かなのですか。
　　(G) 何人か休暇中です。
8. 訳　彼はどのくらいの頻度で本社に行きますか。
　　(H) 普段は月に 1、2 回です。
9. 訳　何サイズの服を着ますか。
　　(F) 特大です。
10. 訳　どの包みを送る必要がありますか。
　　(I) カウンターにあるものです。

Part 2

Practice 2 (p.61)

CD1-41

1. (W-Am) Who's going to meet Ms. Nakata at the airport?
   (M-Cn) (A) It's a good idea.
   (B) I don't mind going.
   (C) After the meeting.

   だれが Nakata さんを空港で出迎える予定ですか。
   (A) それはいい考えです。
   (B) 私が行っても構いません。
   (C) 会議の後です。

   正解 (B)
   解説 Who ～? で出迎えに行く「人物」をたずねているので、自分が行くことを申し出ている (B) が応答として適切。I don't mind ～ing「私は～しても構わない」。
   (A)「意見」を求められているのではない。
   (C) 出迎えに行く「時」がたずねられているのではない。

2. (M-Au) When are you visiting us next?
   (W-Am) (A) Because it's a long way to travel.
   (B) That would be great.
   (C) Not until July.

   今度いつ私たちのところに来ますか。
   (A) 旅行するには遠いところだからです。
   (B) そうだといいですね。
   (C) 7月まではないです。

   正解 (C)
   解説 When ～? なので「時」を答えている (C) が正解。not until ～「～まではない」。
   (A) Because ～「なぜなら～」は、Why ～?「なぜ～」に対して「理由」を述べるときに使う。
   (B) 時をたずねる質問の応答になっていない。

3. (M-Cn) How often does he go to the head office?
   (W-Br) (A) One more day would be helpful.
   (B) Ms. Brown usually does.
   (C) Several times a year.

   彼はどのくらいの頻度で本社に行きますか。
   (A) あと1日あれば助かります。
   (B) 普段は Brown さんがします。
   (C) 年に数回です。

   正解 (C)
   解説 How often ～? は「どのくらい～、何度くらい～」と「頻度」をたずねる表現。several times を使って「数回」と答えている (C) が正解。head office「本社」。
   (A) one more day「あと1日」と「時」を表す語句が含まれているが、質問とは合わない応答。helpful「助けになる、役立つ」。
   (B)「人物」がたずねられているわけではないので不適切。

4. (W-Br) Which packages need to be sent?
   (M-Au) (A) All of them.
   (B) Yes, especially the packages.
   (C) Express delivery, please.

   どの包みを送る必要がありますか。
   (A) それらすべてです。
   (B) はい、特に包みです。
   (C) 速達でお願いします。

   正解 (A)
   解説 Which ～? に対し、「それらすべて」と答えている (A) が正解。them は packages を指している。package「荷物」、need to ～「～する必要がある」。
   (B) Which ～? には Yes、No では答えない。質問と同じ packages が使われている点だけから判断しないこと。especially「特に」。
   (C) 質問は「どの包みか」であり、「どのように送るか」ではない。express delivery「速達」。

Unit 5

TOEIC形式問題に挑戦 (p.61)

1. (M-Cn) When is the next bus scheduled to arrive?
 (W-Am) (A) It stops by the hotel.
 (B) In about twenty minutes.
 (C) Yes, I have it in my diary.

次のバスはいつ着くことになっていますか。
 (A) ホテルのそばに止まります。
 (B) 約20分後です。
 (C) はい、私はそれを手帳にはさんでいます。

正解 (B)
解説 When ～? でたずねているので、「時」を答えている(B)が正解。in ～は「～後に」という意味を表す。be scheduled to ～「～する予定になっている」。
(A)「場所」はたずねられていない。
(C) When ～? にはYes, Noでは答えない。diary「手帳、スケジュール帳」。

---

2. (W-Am) What does a round-trip ticket to Milan cost?
 (W-Br) (A) To see a designer's show.
 (B) It's imported from Italy.
 (C) It depends on your departure date.

ミラノまでの往復切符はいくらかかりますか。
 (A) ファッションショーを見るために。
 (B) イタリアから輸入されています。
 (C) 出発日によります。

正解 (C)
解説 What does ～ cost? は「～はいくらかかりますか」と「費用」をたずねる表現。金額を答えている選択肢はないが、日によって異なると述べている(C)が応答として適切。round-trip「往復の」、depend on ～「～によって決まる、～次第である」、departure date「出発日」。
(A) <To＋動詞の原形>は「～するために」と「目的」を述べる表現なので、質問の内容と関係ない答え。
(B) Milan「ミラノ」はイタリアの都市。import「輸入する」。

---

3. (W-Am) Who's responsible for the holiday party?
 (M-Au) (A) I heard Stacy is.
 (B) John's not able to come.
 (C) The party is on Friday.

休日のパーティーの責任者はだれですか。
 (A) Stacyだそうです。
 (B) Johnは来ることができません。
 (C) パーティーは金曜日です。

正解 (A)
解説 Who ～? でたずねているので「人物」を答えているものが正解となる。I heard ～は「～だそうだ、～だと聞いた」という意味。(A)のisの後にはresponsible for the holiday partyが省略されている。be responsible for ～「～に責任がある」。
(B) Johnと人物の名前を述べているが、Johnが来れるかどうかは聞かれていない。John's = John isを短縮した形。be able to～「～できる」。
(C)「時」はたずねられていない。

---

4. (M-Cn) Where should I place these documents?
 (W-Br) (A) By Tuesday.
 (B) On my desk.
 (C) At noon.

この書類はどこに置きましょうか。
 (A) 火曜日までに。
 (B) 私の机の上に。
 (C) 正午に。

正解 (B)
解説 Where ～? で、書類を置く場所をたずねているので、(B)が正解となる。place「置く」、document「書類」。
(A)「締め切り」はたずねられていない。by「～までに」。
(C)「時」はたずねられていない。

Part 2

5. (W-Br) How long will your presentation take?
   (W-Am) (A) I didn't take it.
   (B) This is a present for you.
   (C) About thirty minutes.

   あなたの発表はどのくらいの時間がかかりますか。
   (A) 私はそれを取りませんでした。
   (B) これはあなたへのプレゼントです。
   (C) 30 分ほどです。

   正解 (C)
   解説 How long ～?「どのくらい～」は時間などの長さについてたずねる表現なので、「時間の長さ」を答えている(C)が正解。presentation「発表、プレゼンテーション」、take「(時間が)かかる」。
   (A) 質問中と同じtakeが含まれているが、質問への応答になっていない。
   (B) 人にプレゼントを渡すときに使う表現。質問中のpresentationと音が似ているpresent「プレゼント」から選ばないこと。

6. (W-Br) Who won first prize in the contest?
   (M-Cn) (A) I was second in line.
   (B) Yes, there's one in the closet.
   (C) I think Richard did.

   コンテストで優勝したのはだれですか。
   (A) 私は列の 2 番目でした。
   (B) はい、クローゼットに 1 つあります。
   (C) Richard がしたと思います。

   正解 (C)
   解説 Who ～? でたずねているので「人物」を答えている(C)が正解。wonはwin「勝つ」の過去形。didは質問中のwon first prize in the contestを表す。
   (A) 質問中のfirstと関連のあるsecond「2番目の」が含まれているが、質問の内容とは合っていない。in line「列をなして」。
   (B) Who ～?にはYes、Noでは答えない。oneは質問中のwonと同じ発音なので注意。

7. (M-Au) When is the seminar going to be held?
   (W-Br) (A) Fifty people attended the seminar.
   (B) It's on Thursday afternoon.
   (C) It's about marketing strategies.

   セミナーはいつ行われますか。
   (A) 50 人がセミナーに出席しました。
   (B) 木曜日の午後です。
   (C) 販売戦略についてです。

   正解 (B)
   解説 When ～? でたずねているので「時」を答えている(B)が正解。heldはhold「(会などを)開く」の過去分詞。
   (A)・(C) 参加人数やセミナーの内容はたずねられていない。(A) attend「出席する、参加する」。(C) strategy「戦略」。

8. (W-Am) Where's the nearest train station?
   (M-Au) (A) Only a couple of minutes ago.
   (B) At the end of the block.
   (C) Yes, they sell stationery.

   一番近くの電車の駅はどこですか。
   (A) たった数分前です。
   (B) この区画の端にあります。
   (C) はい、文房具を売っています。

   正解 (B)
   解説 Where ～? なので、「場所」を答えている(B)が正解。at the end of ～「～の端に、～の終わりに」。blockは四方を道路に囲まれた「1区画」を指す。
   (A)「時」はたずねられていない。a couple of ～「2, 3の～」。
   (C) Where ～? にはYes、Noでは答えない。station「駅」と似た音のstationery「文房具」から判断しないこと。theyは「店」という意味で使われている。

Unit 5

9. (W-Br) Why did Ms. Johnson call you at lunchtime?
   (W-Am) (A) She has a new proposal.
           (B) Rachel took me out to lunch.
           (C) Please call me back.

   Johnsonさんはなぜ昼食時間にあなたに電話をしてきたのですか。
   (A) 新しい提案があるからです。
   (B) Rachelは私にお昼をごちそうしてくれました。
   (C) 私に折り返し電話してください。

   正解 (A)
   解説 Why ～? に対し、電話をしてきた「理由」を適切に述べている(A)が正解。proposal「提案」。
   (B) 質問中のlunchtime「昼食時間」と関連のあるlunchだけを聞き取って判断しないこと。take ～ out to lunch「～にお昼をごちそうする」。
   (C) 質問中と同じcallが使われているという理由だけで選ばないこと。call ～ back「～に折り返し電話をする」。

10. (M-Au) How far is it to the park?
    (W-Br) (A) By taking this train.
            (B) It's a ten-minute walk.
            (C) It's far too difficult.

    公園までどのくらいの距離ですか。
    (A) この電車に乗ることによって。
    (B) 徒歩10分です。
    (C) あまりに難しすぎます。

    正解 (B)
    解説 How far ～? は「(距離が)どのくらい遠く～」とたずねる表現。答えるときは具体的に距離を述べたり、(B)のようにそこに行くのにかかる所要時間などを答えたりする。
    (A) by ～ingは「～することによって」という意味。電車に乗るという指示だけでは距離を判断できないので不適切。
    (C) このfarは「はるかに、ずっと」という意味。質問の内容とは関係ない応答。

11. (W-Am) How many customers do you have now?
    (M-Cn) (A) About a hundred.
            (B) It's duty-free.
            (C) More than ten kilometers.

    現在、何名の顧客がいますか。
    (A) 約100名です。
    (B) 免税です。
    (C) 10キロメートル以上です。

    正解 (A)
    解説 How many ～? は数をたずねる表現。具体的な人数を答えている(A)が正解。customer「顧客」。
    (B) duty-free「免税の」。
    (C) 数を表すtenが出てくるが、距離は質問とは関係ない。more than ～「～より多くの」。

12. (M-Cn) What did you do when you were in Australia?
    (M-Au) (A) Yes, the beaches are beautiful.
            (B) No, it's really hot there.
            (C) I went surfing.

    オーストラリアにいたとき何をしましたか。
    (A) はい、ビーチはきれいです。
    (B) いいえ、そこは本当に暑いです。
    (C) サーフィンに行きました。

    正解 (C)
    解説 What did you do?「何をしましたか」とたずねているので、行動内容を具体的に答えている(C)が正解。go surfing「サーフィンに行く」。
    (A)・(B) What ～?にはYes、Noでは答えない。また、ビーチの様子や気候はたずねられていない。

Part 2

13. (M-Cn) When did you run into Mr. Dawson?
(W-Br) (A) Yes, jogging keeps you healthy.
(B) It was a good day.
(C) While I was shopping.

Dawsonさんと偶然出会ったのはいつですか。
(A) はい、ジョギングをすると健康でいられます。
(B) いい1日でした。
(C) 買い物をしていたときです。

正解 (C)
解説 When ～? に対し、while ～「～している間に」を使って出会った「時」を答えている(C)が正解。run into ～「偶然～に出会う」。
(A) When ～?にはYes、Noでは答えない。質問中のrunが持つ「走る」と似た意味のjoggingを含んでいるという理由で判断しないこと。＜keep＋人＋形容詞＞「(人)を～(の状態)にしておく」。
(B) 「時」と関連のあるday「日」があるが、質問の答えにはなっていない。

---

14. (M-Au) When's the system engineer arriving at our factory?
(W-Am) (A) At one of our dealers.
(B) Tomorrow morning.
(C) Our new products.

システムエンジニアはいつ私たちの工場に着きますか。
(A) 販売会社の1社です。
(B) 明日の朝です。
(C) われわれの新製品です。

正解 (B)
解説 When'sはWhen isの短縮形。「時」を具体的に答えている(B)が正解。＜be動詞＋動詞のing形＞は、進行中の動作だけでなく、すでに決まっている予定を表すときにも使われる。
(A) dealer「販売会社、ディーラー」。
(C) product「製品」。

---

15. (W-Br) What's one of the requirements for the position?
(M-Au) (A) It's for the new computer.
(B) English communication skills.
(C) My manager did.

その職の採用条件の1つは何ですか。
(A) 新しいコンピュータのためです。
(B) 英語のコミュニケーション能力です。
(C) 部長がしました。

正解 (B)
解説 What ～? に対し採用条件を具体的に答えている(B)が正解。requirement「必要条件」、position「職」。
(A) 採用条件と関係がありそうなcomputerという語は出てくるが、具体的な条件や能力を答えていないので不適切。
(C) 質問と関係のありそうなmanager「マネージャー、部長」という語があるからといって選ばないこと。

---

16. (M-Au) Where's the restroom on this floor?
(M-Cn) (A) Yes, there's room for five.
(B) Here are some towels.
(C) Next to the elevator.

この階のお手洗いはどこにありますか。
(A) はい、5人分の場所があります。
(B) タオルをどうぞ。
(C) エレベーターの隣です。

正解 (C)
解説 Where ～? に対し「場所」を具体的に答えている(C)が正解。restroom「お手洗い」、floor「(建物の)階」、next to ～「～の隣に」。
(A) Where ～? にはYes、Noでは答えない。restroomと同じ音を含むroom「空間、場所」があるという理由で選ばないこと。
(B) Here are ～.は「はい～です、ここに～があります」と言うときの表現。

Unit 5

17. (M-Au) Why isn't Amy at work today?
    (W-Br) (A) She has a doctor's appointment.
    (B) I'm busy in the morning.
    (C) No, she's not coming.

    Amy はなぜ今日仕事に来ていないのですか。
    (A) 病院の予約があるからです。
    (B) 私は午前中忙しいです。
    (C) いいえ、彼女は来ません。

    正解 (A)
    解説 Why ～? に対し、出社していない「理由」を適切に述べている(A)が正解。at work「出勤して、仕事をして」、appointment「予約、約束」。
    (B) Amy についての質問であって「私」は関係ない。
    (C) Why ～? には Yes、No では答えない。

18. (M-Cn) When are you going to get a new car?
    (M-Au) (A) I don't need one yet.
    (B) Yes, I bought a sports car.
    (C) It starts at five.

    新しい車をいつ買うつもりですか。
    (A) まだ必要ありません。
    (B) はい、スポーツカーを買いました。
    (C) それは5時に始まります。

    正解 (A)
    解説「いつ買うか」に対し「まだ必要ない」と答えている(A)が対話の流れとして自然。one は a new car を指している。not ～ yet「まだ～ない」。
    (B) When ～? には Yes、No では答えない。
    (C) at five「5時に」と「時」を答えているが、開始時刻がたずねられているわけではないので、質問の内容と合わない。

19. (W-Am) Who's that man over there talking with Greg?
    (M-Cn) (A) I've never seen him before.
    (B) It's right over there.
    (C) Yes, he'll be there.

    あそこで Greg と話している男性はだれですか。
    (A) 私はこれまで彼に会ったことがありません。
    (B) すぐそこです。
    (C) はい、彼はそこに行きます。

    正解 (A)
    解説 Who ～? で「だれ」かをたずね、その人物には会ったことがないと答えている(A)が対話の流れとして自然。＜I've never＋過去分詞＞は「私は今までに～したことがない」という意味を表す。
    (B) 質問中と同じ over there「あそこに」が使われているという理由だけで判断しないこと。「場所」がたずねられているのではない。
    (C) Who ～? には Yes、No では答えない。＜主語＋will be there＞は「～はそこに行きます」という意味を表す。

20. (M-Au) When are you going to visit our Singapore branch?
    (W-Am) (A) No, I'll pay it tomorrow.
    (B) On my way to Penang.
    (C) To meet with the branch manager.

    当社のシンガポール支社をいつ訪問する予定ですか。
    (A) いいえ、私は明日それを支払います。
    (B) ペナンに行く途中です。
    (C) 支社長と会うためです。

    正解 (B)
    解説 When ～? に対し、on one's way to ～「～へ行く途中で」を使って、訪問するタイミングを答えている(B)が正解。branch「支社」。
    (A) When ～? には Yes、No では答えない。また、「時」を表す tomorrow「明日」が使われているが、支払いは質問とは関係のない話題。
    (C) ＜To＋動詞の原形＞は「～するために」と「目的」を述べる表現。支社訪問の理由がたずねられているのではない。branch manager「支社長」。

Part 2

Unit 6 Yes/No 疑問文、選択疑問文

A Yes/No疑問文

Warm Up (p.63)

CD1-47
CD1-48

正解 1. Do, sell 2. Should, wear 3. Did, attend 4. Do, know 5. Did, have
6. Has, arrived 7. Were, working 8. Did, go 9. Do, bring 10. Are, coming

Practice 1 (p.64〜65)

正解 1. (B) 2. (A) 3. (D) 4. (C) 5. (E)
6. (J) 7. (I) 8. (G) 9. (H) 10. (F)

Practice 1の復習 (p.66)

CD1-49

1. 訳 こちらの店ではマフラーを売っていますか。
   (B) 売っていませんが、Middleton 店では売っています。
2. 訳 今夜はネクタイをしたほうがいいですか。
   (A) あなたにお任せします。
3. 訳 Gary は今朝、会議に出席しましたか。
   (D) いいえ、彼はほかに約束がありました。
4. 訳 新しいマーケティング部長の名前を知っていますか。
   (C) はい、Ito さんです。
5. 訳 今日、新聞を読む機会はありましたか。
   (E) まだ時間が取れていません。

CD1-50

6. 訳 新しいコピー機は届きましたか。
   (J) 今日の午後、届きます。
7. 訳 昨夜は遅くまで働いていたのですか。
   (I) はい、報告書を終わらせなければなりませんでした。
8. 訳 Karen は先週の日曜日にパーティに行きましたか。
   (G) いいえ、彼女は行くことができませんでした。
9. 訳 出張にノートパソコンを持っていく必要がありますか。
   (H) いいえ、必要ありません。
10. 訳 支店長は全員、歓迎会に来る予定ですか。
    (F) 2 人だけです。

Practice 2 (p.67)

1. (M-Au) Should I wear a tie tonight?
   (M-Cn) (A) No, it's not a formal event.
         (B) Excuse me, do you have the time?
         (C) I'll be at the hotel.

今夜はネクタイをしたほうがいいですか。
(A) いいえ、フォーマルな催しではありません。
(B) すみません、今何時ですか。
(C) 私はホテルにいるでしょう。

正解 (A)
解説 Should I ~?「私は~したほうがいいですか」に対し、No で答え、後に続く文でネクタイをしなくてよい理由を伝えている (A) が正解。formal「フォーマルな、正式な」。
(B) 質問中の tie「ネクタイ」と似た音の time があるという理由で選ばないこと。
(C)「場所」がたずねられているのではない。

2. (M-Cn) Do you sell scarves in this store?
   (M-Au) (A) Yes, I wore one all winter.
         (B) There are some over here.
         (C) No, it hasn't been sold.

こちらの店ではマフラーを売っていますか。
(A) はい、冬中ずっとそれを身に着けていました。
(B) こちらにいくつかあります。
(C) いいえ、それは売れていません。

正解 (B)
解説 Do you sell ~?「~を売っていますか」に対し、その商品があることを伝えている (B) が正解。some は some scarves「いくつかのマフラー」のこと。
(A) one はマフラーを指していると考えられるが、質問に適切に応答していない。
(C) No の後に続く文が質問と合わない。質問中の scarves は複数形なので、代名詞で受けるとしたら they が使われる。

3. (W-Br) Do you know the name of the new marketing director?
   (M-Cn) (A) Nice to meet you.
         (B) Sorry, I don't remember.
         (C) Straight down the street.

新しいマーケティング部長の名前を知っていますか。
(A) 初めまして。
(B) すみません、思い出せません。
(C) この通りをまっすぐです。

正解 (B)
解説 Do you know ~? でたずねているので、Yes/No で答えられそうだが、質問の意図は部長の名前を聞くこと。「思い出せない」と答えている (B) が応答として適切。
(C) 道順を教えるときの表現。straight「まっすぐに」。

4. (M-Au) Are all branch managers coming to the reception?
   (W-Am) (A) Our company does.
         (B) Most of them are.
         (C) Human resources.

支店長は全員、歓迎会に来る予定ですか。
(A) 私たちの会社がします。
(B) 大部分の人は来ます。
(C) 人事部です。

正解 (B)
解説 most of ~ で「大部分の~」を表す。them は branch managers「支店長」を指し、are の後には coming to the reception「歓迎会に来る予定である」が省略されているので、質問と合う応答である。reception「歓迎会」。
(A)「支店長」という「人物」が話題とされており、会社は関係ない。また does が何を表しているかが不明である。
(C) human resources「人事 (部)」。

Part 2

5. (M-Cn) Did you have a chance to read the newspaper today?　　今日、新聞を読む機会はありましたか。
   (W-Br) (A) I like the color red.　　(A) 私は赤色が好きです。
   　　　　(B) No, it was by chance.　　(B) いいえ、それは偶然でした。
   　　　　(C) Not yet, I was busy all morning.　　(C) まだです。午前中ずっと忙しかったのです。

正解 (C)
解説 Did you ~?「~しましたか」に対し、Not yet「まだ(読んで)ない」と答え、理由を述べている(C)が正解。
(A) 質問中のreadの過去形read [rɛd] と同じ音のred [rɛd] が含まれているという理由で選ばないこと。
(B) Noの後に続く内容が質問と合わない。質問中と同じchanceが使われているという理由で選ばないこと。by chance「偶然に、たまたま」。

B　選択疑問文

Warm Up (p.68)

正解 1. Does, Spanish, Italian　　2. Can, later, wait　　3. Should, meet
　　　4. Can, finish, will, need

Practice 1 (p.69)

正解 1. (C)　2. (B)　3. (A)　4. (D)

Practice 1の復習 (p.70)

1. 訳　Henryはスペイン語を話しますか、それともイタリア語を話しますか。
   (C) 彼はイタリア語を話すと思います。
2. 訳　後で戻れますか、それともお待ちになるほうがいいですか。
   (B) 昼食後に戻ります。
3. 訳　ホテルでお会いしましょうか、それともコンファレンスセンターにしましょうか。
   (A) コンファレンスセンターでお会いしましょう。
4. 訳　その報告書を今日仕上げられますか、それとももっと時間が必要ですか。
   (D) 午後5時までに終わらせるつもりです。

Unit 6

Practice 2 (p.70)

1. **(M-Au)** Can you finish that report today, or will you need more time?
   (W-Am) (A) We had a good time.
   (B) I've almost finished.
   (C) Did you see today's weather report?

   その報告書を今日仕上げられますか、それとももっと時間が必要ですか。
   (A) 私たちは楽しい時間を過ごしました。
   (B) ほぼ仕上がっています。
   (C) 今日の天気予報を見ましたか。

   正解 (B)
   解説「今日仕上げられる」か、「もっと時間が必要」かという選択疑問文に対し、「ほぼ仕上がっている」、つまり前者にあたる内容を答えている(B)が正解。
   (A) 質問中と同じtimeがあるだけで選ばないこと。have a good time「楽しい時間を過ごす」。
   (C) 質問中のreportを含むweather report「天気予報」から選ばないこと。

2. **(M-Cn)** Can you come back later, or would you prefer to wait?
   (W-Br) (A) I can stay a little longer.
   (B) That's my preference.
   (C) No, it's not too late.

   後で戻れますか、それともお待ちになるほうがいいですか。
   (A) もう少しいられます。
   (B) それが私の希望です。
   (C) いいえ、遅すぎません。

   正解 (A)
   解説「後で戻る」か、「そのまま待つ」かという選択疑問文に対し、stay「とどまる」を使って後者にあたる内容を答えている(A)が正解。
   (B) 質問中のpreferと似た音のpreference「好み」があるという理由で選ばないこと。
   (C) 選択疑問文にはYes、Noでは答えない。質問中のlaterと似た語のlate「遅い」が含まれているという理由で選ばないこと。

3. **(W-Am)** Should I meet you at your hotel or at the conference center?
   (M-Cn) (A) I had a conference yesterday.
   (B) Either is fine.
   (C) I'll take the call in my room.

   ホテルでお会いしましょうか、それともコンファレンスセンターにしましょうか。
   (A) 昨日、学会がありました。
   (B) どちらでも結構です。
   (C) 自分の部屋でその電話を取ります。

   正解 (B)
   解説 A or B? の質問に対し、AかBのどちらでもよいと答えている(B)が正解。conference「会議、学会」、either「どちらでも」。
   (A) 質問中と同じconferenceを含むという理由で選ばないこと。
   (C) 質問中のhotelと関係のありそうなcall「電話」、room「部屋」があるだけで選ばないこと。

4. **(W-Br)** Does Henry speak Spanish or Italian?
   (W-Am) (A) They are European.
   (B) He speaks both.
   (C) It was a long speech.

   Henryはスペイン語を話しますか、それともイタリア語を話しますか。
   (A) 彼らはヨーロッパの人です。
   (B) 彼は両方話します。
   (C) それは長いスピーチでした。

   正解 (B)
   解説 A or B? で話す言語をたずねている文。both「両方」はSpanish「スペイン語」とItalian「イタリア語」の両方を指しているので、(B)が正解となる。
   (A) Theyがだれを指しているかが不明である。European「ヨーロッパ(人)の」。
   (C) 質問中のspeakと似た音のspeechが含まれているからといって選ばないこと。

Part 2

TOEIC形式問題に挑戦 (p.71)

1. (W-Am) Are these instructions clear?
   (W-Br) (A) No, could you repeat them?
   (B) It's already clean.
   (C) He's a good teacher.

   この説明でわかりますか。
   (A) いいえ、繰り返していただけますか。
   (B) それはすでに清潔です。
   (C) 彼はよい先生です。

   正解 (A)
   解説 説明がわかるかどうかという質問に対してNoで答え、繰り返してほしいと依頼している(A)が応答として適切。themはthese instructionsを指している。instructions「説明」、clear「明確な」、repeat「繰り返す」。
   (B) 質問中のclearと似た音のclean「清潔な」から判断しないこと。
   (C) 質問中のinstructionsからteacher「先生」を連想しないこと。

2. (M-Cn) Is the president coming to the factory next week?
   (W-Am) (A) It's inside the office.
   (B) I'm not sure.
   (C) Yes, I presented it.

   社長は来週、工場に来ますか。
   (A) それはオフィスの中にあります。
   (B) わかりません。
   (C) はい、私はそれを提出しました。

   正解 (B)
   解説 Is ～? に対し、Yes/Noのどちらでもなく、I'm not sure.「わからない」と答えている(B)が正解。president「社長」。
   (A) 「場所」がたずねられているのではない。
   (C) Is ～? に対しYesで答えているが、itが何を指しているかが不明で質問の内容と合わない。質問中のpresidentと似た音のpresent「(動詞で)提出する」があるという理由で選ばないこと。

3. (W-Br) Did anybody see Ms. Jones today?
   (M-Au) (A) No, it's been canceled.
   (B) She was here earlier.
   (C) Let's watch it together.

   今日だれかJonesさんを見かけましたか。
   (A) いいえ、それは中止になりました。
   (B) 彼女は先ほどここにいました。
   (C) 一緒にそれを見ましょう。

   正解 (B)
   解説 Jonesさんを見かけたかどうかという質問に対し、彼女がいた場所を答えている(B)が対話の流れとして自然。earlierはearlyの比較級で「(今よりも)前に」という意味。
   (A) Did ～? に対しNoで答えているが、itが何を指しているかが不明で質問と合わない。it's = it hasの短縮形。cancel「中止する」。
   (C) itが何を指しているかが不明である。また、seeと似た意味を持つwatchが使われているだけで、質問と関連のある文だと誤って判断しないこと。

4. (M-Cn) Can I pick up the ticket at the window?
   (W-Br) (A) No, you should take a taxi.
   (B) Yes, until half an hour before the show.
   (C) I'd like a window seat, please.

   窓口でチケットを受け取れますか。
   (A) いいえ、タクシーに乗ったほうがいいです。
   (B) はい、ショーの30分前まで。
   (C) 窓側の席をお願いします。

   正解 (B)
   解説 Can I ～? に対しYesで答え、受け取れる時間を補足情報として伝えている(B)が正解。pick up ～「～を受け取る」、window「窓口」、half an hour「30分」。
   (A) Can I ～?に対しNoで答えているが、後に続く内容が質問と合わない。take a taxi「タクシーに乗る」。
   (C) window seatは乗り物の「窓側の座席」を指す。質問中と同じwindowという語が出てくるが、適切な応答になっていない。

Unit 6

5. (W-Am) Will you be staying overnight, or are you leaving this evening?
   (M-Cn) (A) I'll be here until tomorrow.
   (B) Please leave it with me.
   (C) No, it's not overdue.

   1泊しますか、それとも今夜発ちますか。
   (A) 明日までここにいます。
   (B) それは私に任せてください。
   (C) いいえ、期限は過ぎていません。

   正解 (A)
   解説 A or B? で「泊まる」か「出発する」かをたずねている質問に対し、「明日までここにいる」と泊まる意思を伝えている(A)が正解となる。overnight「(副詞で)一晩」。
   (B) itの指す内容が不明。質問中と同じleaveという語があるが、ここでは「任せる、ゆだねる」という意味。
   (C) 質問中のovernightと同じ音を含むoverdue「期限を過ぎた」という語があるという理由で選ばないこと。

6. (M-Cn) Is this the copy machine I'm replacing?
   (M-Au) (A) Thank you very much.
   (B) That's a very good location.
   (C) It's the one over there.

   こちらが交換するコピー機ですか。
   (A) どうもありがとう。
   (B) それはとてもよい場所です。
   (C) 向こうにあるものです。

   正解 (C)
   解説 Is this ～?「これが～ですか」に対し、交換の対象となるのは向こうにある別のコピー機であることを伝えている(C)が正解。the oneは質問中のthe copy machineを指している。oneは代名詞で、前出の名詞句の代わりとなる。replace「～を交換する」。
   (A) お礼を述べる場面ではない。
   (B) 質問中のreplaceと似た音のplace「場所」からlocation「場所、位置」を連想して選ばないこと。

7. (W-Br) Did they accept our latest plan?
   (M-Cn) (A) Yes, they're pleased with it.
   (B) It's too late.
   (C) I have no plans for the weekend.

   彼らは私たちの最新の計画案を受け入れましたか。
   (A) はい、それに満足しています。
   (B) 遅過ぎます。
   (C) 私は週末の予定がありません。

   正解 (A)
   解説 Did ～? に対しYesで答え、後に続く文が質問の内容と合う(A)が正解。itはour latest plan「私たちの最新の計画案」を指している。accept「受け入れる」、latest「最新の」、be pleased with ～「～に満足している」。
   (B) 質問のlatestと似た音のlateが含まれるが、質問とは関係のない応答。
   (C) I have (no) plans for ～は「～の予定がある(ない)」という意味を表す。

8. (M-Au) Will we need to make changes to the budget?
   (W-Am) (A) Here's your change.
   (B) I couldn't make it yesterday.
   (C) I think this is fine.

   予算案を変更する必要がありそうですか。
   (A) はい、あなたのおつりです。
   (B) 昨日は行けませんでした。
   (C) これでよいと思います。

   正解 (C)
   解説 変更の必要があるかどうかという質問に対し、「これでよい(＝変更の必要はない)」と答えている(C)が正解。need to ～「～する必要がある」、budget「予算、予算案」。
   (A) Here's your ～は物を手渡しながら「はい、あなたの～です」と言うときの表現。質問中のchangesは「変更」だが、(A)のchangeは「おつり」という意味で使われている。
   (B) 質問中と同じmakeが含まれているが、未来のことを聞かれているのに対して過去のことを答えているので不適切。make it「出席する、都合がつく」。

Part 2

9. (W-Am) Are you ready to order, or do you need more time?
(W-Br) (A) It's nearly four o'clock.
(B) I'm two years older.
(C) Just a few more minutes, please.

ご注文の準備はよろしいですか、それとももう少しお時間が必要ですか。
(A) もうすぐ 4 時です。
(B) 私は 2 歳年上です。
(C) あと数分待ってください。

正解 (C)
解説 質問はレストランなどで店員が客に注文を取るときによく使う表現。A or B? の質問に対し、B (=もう少し時間が必要) という内容を伝えている (C) が正解。order「注文する」。
(A) 質問中の time から連想して選ばないこと。nearly「～に近く、ほとんど」。
(B) older は old の比較級。質問中の order と似た音の older という語から判断しないこと。

10. (M-Au) Am I standing in your way?
(W-Am) (A) No, not at all.
(B) Turn left at the traffic light.
(C) Yes, she's far away.

あなたのお邪魔になっていますか。
(A) いいえ、ちっとも。
(B) 信号を左に曲がりなさい。
(C) はい、彼女は遠くにいます。

正解 (A)
解説 in one's way「～の邪魔になって」。Not at all. は「全然 (そんなことはない)」という意味の受け答え。
(B) way「道」と関係のありそうな道案内の文という理由で選ばないこと。traffic light「信号機」。
(C) she がだれを指しているかが不明である。また、way と音が似ている away「離れて」が使われているが、質問とは関係ない。

11. (W-Br) Is there a post office near here?
(M-Cn) (A) Express mail, please.
(B) It's just around the corner.
(C) Yes, my office is right here.

この近くに郵便局はありますか。
(A) 速達便でお願いします。
(B) すぐそこです。
(C) はい、私のオフィスはちょうどここです。

正解 (B)
解説 just around the corner「すぐそこに、角を曲がったところに」を使って郵便局の場所を教えている (B) が正解。
(A) 郵便局と関係がある express mail「速達便」という語があるが、質問に応答していないので不適切。
(C) オフィスの場所はたずねられていない。

12. (M-Au) Are you planning to visit our headquarters next week?
(W-Br) (A) No, I was busy last week.
(B) He's head of the company.
(C) I will if I have time.

来週本社を訪ねる予定ですか。
(A) いいえ、私は先週忙しかったです。
(B) 彼はその会社の社長です。
(C) 時間があればそうするつもりです。

正解 (C)
解説 Are you planning to ～?「～する予定ですか、～するつもりですか」を使って来週の予定をたずねている。will を使い、訪問の意思を伝えている (C) が正解。I will の後には visit our headquarters が省略されている。headquarters「本社」。
(A) 先週のことは話題になっていない。
(B) 質問中の headquarters と似た音の head「(部などの) 長」という語があるが、質問の内容と合わない。

Unit 6

13. (W-Br) Should I head the committee or leave it to you?
    (W-Am) (A) You can handle it.
    (B) Yes, she'll arrive tomorrow.
    (C) The manager is in a meeting.

    私がその委員会を取りまとめたほうがいいですか、それともあなたにお任せしたほうがいいですか。
    (A) あなたができると思います。
    (B) はい、彼女は明日着きます。
    (C) 部長は会議中です。

    正解 (A)
    解説 A or B? で自分か相手のどちらが委員会をまとめるべきかをたずねる質問に対し、相手にやるように言っている (A) が正解。質問中の it は the committee「委員会」を指す。head「～を率いる」、leave ～ to you「～をあなたに任せる」、handle「～に対処する」。
    (B) 質問中の leave「任せる」を「出発する」の意味にとり、その反意語である arrive「到着する」から、質問に関連した答えだと判断しないこと。
    (C) in a meeting「会議中で」。

14. (M-Cn) Do you know Sharon's work e-mail address?
    (W-Br) (A) She will address the matter tomorrow.
    (B) You can pay by mail.
    (C) You should ask Tom.

    Sharon の仕事の E メールアドレスを知っていますか。
    (A) 彼女は明日、その件に対応します。
    (B) 郵便で支払いができます。
    (C) Tom に聞くといいでしょう。

    正解 (C)
    解説 Sharon の仕事の E メールアドレスを知っている人の名前を教えている (C) が、応答として適切。
    (A) 質問中の address は名詞の「アドレス」、(A) の address は「（問題などに）取り組む、検討する」という動詞として使われている。matter「問題」。
    (B) 質問中の e-mail「E メール」と mail「郵便」を混同しないこと。

15. (W-Am) Is there a manual for the new projector?
    (M-Au) (A) If he's leading the project.
    (B) Sure, it's in my briefcase.
    (C) She has the latest machine.

    新しいプロジェクターの説明書はありますか。
    (A) もし彼がそのプロジェクトの指揮をとっているなら。
    (B) もちろん、私の書類かばんの中にあります。
    (C) 彼女は最新の機械を持っています。

    正解 (B)
    解説 it は manual「説明書」を指している。説明書のある場所を具体的に伝えている (B) が質問に合う答え。briefcase「ブリーフケース、書類かばん」。
    (A) he がだれを指すかが不明である。質問中の projector「プロジェクター」と似た音の project「プロジェクト」という語から判断しないこと。lead「指揮をとる」。
    (C) She がだれを指すかが不明である。latest「最新の」。

16. (M-Cn) Does this sofa match the living room chairs?
    (M-Au) (A) I think it's perfect.
    (B) At a furniture store.
    (C) She's doing well, so far.

    このソファは居間のいすに合いますか。
    (A) ぴったりだと思います。
    (B) 家具店で。
    (C) 彼女はこれまでよくやっています。

    正解 (A)
    解説 ソファが居間のいすに合うことを it's perfect「完璧である」という表現を使って答えている (A) が正解。match「～と調和する」。
    (B) 質問中に sofa、chairs といった家具を表す語があるという理由で選ばないこと。furniture「家具」。
    (C) She がだれを指しているかが不明である。so far「これまで」。

Part 2

17. (M-Cn) Have you read the new report about the fishing industry?
(W-Am) (A) I'm reading it now.
(B) The factory is closed.
(C) Yes, I went to the aquarium.

水産業に関する新しい報告書を読みましたか。
(A) 今読んでいるところです。
(B) その工場は閉鎖しています。
(C) はい、私は水族館に行きました。

正解 (A)
解説「報告書を読んだか」という質問なので、(A) が応答として適切。fishing industry「水産業、漁業」。
(B) 質問中の industry「産業」と関連のありそうな factory「工場」という語が含まれるということから選ばないこと。
(C) 質問中の fishing と関連のありそうな aquarium「水族館」という語が含まれるという理由から判断しないこと。

18. (M-Au) Would you like to discuss our strategy now or later?
(M-Cn) (A) No, she was late.
(B) Yes, he received a letter.
(C) I'll be free tomorrow morning.

われわれの戦略について話し合うのは今がいいですか、それとも後がいいですか。
(A) いいえ、彼女は遅れました。
(B) はい、彼は手紙を受け取りました。
(C) 私は明日の午前中空いています。

正解 (C)
解説 A or B? の質問に対し、都合のよいときを伝えることで後者（＝後で話し合うこと）を選択している (C) が質問に合う答え。discuss「〜について話し合う」、strategy「戦略」。
(A)・(B) A or B? の質問には、Yes、No を使って答えない。また、she や he がだれを指しているかも不明である。

19. (W-Br) Did you lock the door when you left the house?
(M-Au) (A) I don't remember.
(B) Yes, it's on the right.
(C) I put it in my drawer.

家を出たときドアに鍵をかけましたか。
(A) 覚えていません。
(B) はい、それは右にあります。
(C) 私はそれを引き出しに入れました。

正解 (A)
解説 鍵をかけたかどうかという質問に対し、覚えていないと答えている (A) が正解。lock「〜に鍵をかける」。
(B) 質問中の left は leave「出発する」の過去形。これを「左」を表す left と勘違いし、「左右」と関連づけてしまわないこと。on the right「右に」。
(C) 質問の door と似た音の drawer「引き出し」があるという理由で選ばないこと。

20. (W-Br) Do I have to put the data together by tomorrow?
(M-Cn) (A) It's thirty dollars altogether.
(B) Yes, if possible.
(C) Sorry, it's out of order.

明日までにデータをまとめなければなりませんか。
(A) 全部で 30 ドルです。
(B) はい、できればそうしてください。
(C) すみませんが、それは故障中です。

正解 (B)
解説 Do I have to 〜?「私は〜しなければなりませんか」という質問に Yes で答え、if possible「可能ならば」とつけ加えている (B) が正解。put 〜 together「〜をまとめる」、data「データ」。
(A) 値段は質問とは関係ない。altogether「全部で、合計して」。
(C) この質問に対し、Sorry と答えるのは不適切。out of order「故障して」。

Unit 6

39

Unit 7　依頼・許可・提案・勧誘の文

Warm Up (p.73)

正解　1. Let's, talk　2. Would, like　3. Can, clean　4. May, leave　5. How, about
　　　6. Can, carry　7. Why, don't　8. Shall, help　9. Do, mind　10. Why, have

Practice 1 (p.74〜75)

正解　1. (C)　2. (B)　3. (A)　4. (F)　5. (E)
　　　6. (D)　7. (H)　8. (I)　9. (J)　10. (G)

Practice 1の復習 (p.76)

1. 訳　新製品について話しましょう。
   (C) 最新の報告書をお見せします。
2. 訳　明日、映画を見ませんか。
   (B) 何を見たいですか。
3. 訳　あのテーブルを片付けてもらえますか。
   (A) かしこまりました、皿を片付けます。

4. 訳　会議を早めに退出してもよいですか。
   (F) 何時に退出したいのですか。
5. 訳　来週の日曜日に、博物館に行くのはどうですか。
   (E) すみませんが、その日は忙しいです。
6. 訳　その箱を代わりに運びましょうか。
   (D) どうもありがとうございます。

7. 訳　Maryにあなたの電話番号を教えてはどうですか。
   (H) はい、そうします。
8. 訳　配布資料を準備するお手伝いをしましょうか。
   (I) ありがとう、でも自分でできます。
9. 訳　会議に参加しても構わないでしょうか。
   (J) 構いません、一緒に来てください。
10. 訳　夕食にピザを食べませんか。
    (G) 実は、すでに食事をしました。

Part 2

Practice 2 (p.77) [CD1 65]

1. (M-Cn) Why don't you give Mary your phone number?
   (W-Br)
   (A) Because she does.
   (B) She has a phone.
   (C) She already has it.

   Maryにあなたの電話番号を教えてはどうですか。
   (A) 彼女がするからです。
   (B) 彼女は電話を持っています。
   (C) 彼女はすでにそれを知っています。

   正解 (C)
   解説 Why don't you ~? は「~してはどうですか」という提案の表現。「Maryに電話番号を教えてはどうか」という提案に対し、「彼女はすでにそれを持っている (＝番号を知っている)」と言っている(C)が正解。it は phone number を指している。
   (A) 質問中の Why は「理由」をたずねているわけではないので、Because を使って答えるのは不適切。また、she does が何を表しているのか不明。
   (B) phone という質問中に含まれている単語があるが、質問とは関係のない応答。

2. (W-Am) Shall I help you prepare the handouts?
   (M-Au)
   (A) Yes, I handed them out.
   (B) In the organization.
   (C) That'd be great.

   配布資料を準備するお手伝いをしましょうか。
   (A) はい、私はそれらを配りました。
   (B) その組織の中で。
   (C) それは助かります。

   正解 (C)
   解説 Shall I ~? を使った申し出に対し、That'd be great.「それは助かります」と応じている(C)が正解。＜help＋人＋動詞の原形＞「(人)が~するのを手伝う」、prepare「準備する」、handout「(配布する)資料」。That'd ＝ That would の短縮形。
   (A) hand ~ out「~を配る」。質問中の handouts (名詞) と混同しないこと。
   (B) organization「組織、団体」。

3. (M-Cn) May I leave the meeting early?
   (W-Am)
   (A) That's fine.
   (B) I'm meeting him next Tuesday.
   (C) In the lunch room.

   会議を早めに退出してもよいですか。
   (A) 構いません。
   (B) 私は来週の火曜日に彼に会います。
   (C) ランチルームで。

   正解 (A)
   解説 May I ~?「~してもよいですか」を使った許可を求める質問に対し、了承している(A)が正解。
   (B) meeting は meet「会う」の ing 形。質問中の meeting は「会議」という名詞である。来週彼に会う予定という返答は、質問に適切に応答していない。
   (C) 質問中の meeting から場所を連想して選ばないこと。

4. (W-Am) Why don't we have pizza for dinner?
   (W-Br)
   (A) Yes, it's peaceful tonight.
   (B) OK, that sounds good.
   (C) She's in the kitchen.

   夕食にピザを食べませんか。
   (A) はい、今夜は穏やかです。
   (B) ええ、それはいいですね。
   (C) 彼女は台所にいます。

   正解 (B)
   解説 Why don't we ~?「~しませんか」という提案に対し、OKで応じている(B)が正解。That sounds good. は「それはいいですね」という意味で、提案に応じるときによく使われる表現。
   (A) dinner から連想される tonight「今夜」から誤って判断しないこと。peaceful「穏やかな、平和な」。
   (C) She がだれを指しているかが不明。人物のいる「場所」はたずねられていない。

Unit 7

TOEIC形式問題に挑戦 (p.77)

1. (M-Au) Could you print out the report?
   (M-Cn) (A) Thanks, I already reported it.
   (B) The printer isn't working now.
   (C) Sure, I'll repeat what I said.

   報告書を印刷していただけますか。
   (A) ありがとう、すでにそれを報告しました。
   (B) プリンターは今作動していません。
   (C) もちろん、私が言ったことを繰り返します。

   正解 (B)
   解説 Could you ～?「～していただけますか」という依頼に対し、「プリンターが作動しない（＝印刷できない）」と述べている(B)が質問に合う応答。print out「～を印刷する」、work「作動する」。
   (A) 依頼をされた側がThanksと謝意を述べるのは不適切。質問中のreport「(名詞で)報告書」と同じ語であるreport「(動詞で)報告する」があるという理由で選ばないこと。
   (C) 質問中のreportと似た音のrepeat「繰り返す」があるという理由で選ばないこと。

2. (M-Au) Let's try the café near the park.
   (W-Am) (A) It might be a little too far.
   (B) Sorry, I can't help you.
   (C) It's parked on the other side.

   公園の近くのカフェに行ってみましょう。
   (A) ちょっと遠すぎるかもしれません。
   (B) ごめんなさい、あなたを手伝えません。
   (C) 反対側に駐車しています。

   正解 (A)
   解説 try the café「カフェを試す」は「カフェに行ってみる」という意味を表す。誘いに対し、その場所が遠すぎると言っている(A)が対話の流れとして自然。
   (B) Sorryを使って誘いを断っている点は問題ないが、その後に続く文の内容が合わない。
   (C) parkは動詞で「～を駐車させる」という意味。提案中のpark「公園」とは異なる意味で使われている。

3. (W-Br) Would you mind holding my bag?
   (M-Au) (A) Over there by the station.
   (B) Sure, no problem.
   (C) I'll call you back soon.

   私のかばんを持っていていただけますか。
   (A) 駅のそばのあそこです。
   (B) もちろん、いいですよ。
   (C) すぐに折り返し電話します。

   正解 (B)
   解説 Would you mind ～ing? は「～していただけますか」という丁寧な依頼の文。Sure.「いいですよ」、No problem.「問題ありません」はいずれも依頼に応じるときに使われる表現。
   (A) 「場所」はたずねられていない。
   (C) 質問中にあるbagと似た音のbackがあるという理由で選ばないこと。call ～ back「～に折り返し電話する」。

4. (M-Cn) Can I get you anything to drink?
   (W-Br) (A) That's OK, I'm not thirsty.
   (B) For about thirty minutes.
   (C) I think he's a waiter.

   何か飲み物を取ってきましょうか。
   (A) 大丈夫です、のどはかわいていませんので。
   (B) 約30分間です。
   (C) 彼はウェイターだと思います。

   正解 (A)
   解説 Can I ～?を使って「～しましょうか」と申し出ている文に対しThat's OK「大丈夫です」と申し出を柔らかく断り、その理由を続けている(A)が正解。＜get＋人＋物＞は「(人)に～を入手してあげる」という意味。thirsty「のどのかわいた」。
   (B) 「所要時間」は質問とは関係ない答え。
   (C) heがだれを指しているかが不明である。飲食と関係のありそうな話題という点からwaiter「ウェイター」と結びつけて判断しないこと。

Part 2

Unit 7

5. (W-Br) How about walking to the station?
   (W-Am) (A) That's a good idea.
   　　　　(B) During my work hours.
   　　　　(C) Because it's summer.

駅まで歩いてはどうですか。
(A) それはいい考えですね。
(B) 私の勤務時間内に。
(C) 夏ですから。

正解 (A)
解説 How about ~ing? は「~してはどうですか」という提案の表現。That's a good idea. は提案に応じるときに使われる表現。
(B) 質問中のwalk [wɔ́:k]「歩く」と似た音のwork [wə́:k]「仕事」を含むが、そこから判断しないこと。work hours「勤務時間」。
(C) 季節は質問とは関係ない。Because ~ は、主にWhy ~? に対する応答で使われる。

---

6. (W-Br) Could you fax this order form for me?
   (M-Cn) (A) She's my former advisor.
   　　　　(B) Certainly, I'll take care of it.
   　　　　(C) No, thank you.

私の代わりにこの注文用紙をファックスしていただけますか。
(A) 彼女は私の前のアドバイザーです。
(B) もちろん、お引き受けします。
(C) いいえ、結構です。

正解 (B)
解説 Could you ~?「~していただけますか」という依頼に応じている(B)が正解。I'll take care of it. は「私がそれをやります、引き受けます」という表現。order form「注文用紙」。
(A) Sheがだれを指しているかが不明である。質問中のformと似た音のformer「前の」を含むが質問とは関係ない。advisor「アドバイザー」。
(C) 何かを勧められて断るときの表現なのでここでは不適切。

---

7. (M-Au) Why don't you check this client's account?
   (M-Br) (A) Sure, I'll do it now.
   　　　　(B) No, I'll pay in cash.
   　　　　(C) This is not a claim.

この顧客の口座を調べてはどうですか。
(A) はい、今やります。
(B) いいえ、私は現金で払います。
(C) これは支払い請求ではありません。

正解 (A)
解説 Why don't you ~? は「~してはどうですか」と相手に勧めるときの表現。Sureで勧めに応じ、後に続く文の内容も質問と合う(A)が正解。do itは質問中のcheck this client's accountを指す。account「口座」。
(B) pay in cash「現金で支払う」。支払い方法は話題になっていない。
(C) 質問中のclientと似た音のclaim「(保険、補償などの)支払い請求、賠償要求」から誤って判断しないこと。

---

8. (W-Br) How about flying to Paris?
   (W-Am) (A) The train is cheaper.
   　　　　(B) Yes, it was exciting.
   　　　　(C) At the airport.

パリに飛行機で行くのはどうですか。
(A) 電車のほうが安いです。
(B) はい、楽しかったです。
(C) 空港で。

正解 (A)
解説 How about ~ing? は「~してはどうですか」という提案の表現。飛行機に対し電車というほかの選択肢を挙げ、その理由も述べている(A)が正解。
(B) 飛行機で行くのはどうかという提案に対し、wasと過去形を使って応答しているので不適切。
(C) fly「飛行機で飛ぶ」に関連するairport「空港」から判断しないこと。

9. (M-Cn) May I try on this tie?
   (W-Br) (A) He tried three times.
   　　　　(B) He was tied up with work.
   　　　　(C) Of course, go ahead.

   このネクタイを着けてみてもいいですか。
   (A) 彼は3回挑戦しました。
   (B) 彼は仕事で手が離せませんでした。
   (C) もちろん、どうぞ。

   正解 (C)
   解説 May I try on ～? は「～を試着してもいいですか」と試着の許可を求める表現。Go ahead. は「どうぞ」という意味で、相手に動作を促すときに使う表現。
   (A) 質問中にあるtryの過去形triedが含まれるという理由で選ばないこと。このtriedは「挑戦した」という意味。
   (B) be tied up with ～「～で忙しい、手が離せない」。

10. (W-Am) Will you give me a hand with these documents?
    (M-Au) (A) Yes, it's a documentary.
    　　　　(B) Sure, in a minute.
    　　　　(C) I handed in my paper yesterday.

    この書類の手伝いをしてもらえますか。
    (A) はい、それはドキュメンタリーです。
    (B) もちろん、すぐに。
    (C) 私は昨日、論文を提出しました。

    正解 (B)
    解説 Will you give me a hand? は「手を貸してもらえますか」という意味の依頼表現。Sureでその依頼に応じている(B)が正解。document「書類」、in a minute「すぐに」。
    (A) Yesと応答できる質問だが、後に続く文の内容が質問とは関係ない。質問中のdocumentと似た音のdocumentary「ドキュメンタリー」から誤って判断しないこと。
    (C) 質問中のhandは名詞で「手助け」、(C)のhandは動詞であり、hand inで「～を提出する」という意味を表す。paper「論文」。

11. (W-Br) Shall we look for a gift for Valerie?
    (M-Cn) (A) No, I couldn't find it.
    　　　　(B) Yes, let's go shopping this afternoon.
    　　　　(C) All members were present.

    Valerieへのプレゼントを探しませんか。
    (A) いいえ、私はそれを見つけることができませんでした。
    (B) はい、今日の午後買い物に行きましょう。
    (C) メンバーは全員出席しました。

    正解 (B)
    解説 Shall we ～?「～しませんか」という勧誘の表現をYesで受け、午後買い物に行こうと応じている(B)が対話の流れとして自然。
    (A) プレゼントをこれから探そうという勧誘に対し、過去形couldn'tを使って「できなかった」と言っているのは、応答として不適切。
    (C) このpresentは形容詞で「出席して」という意味。質問中のgiftと同じ意味を表す「プレゼント」ではない。

12. (M-Au) Do you mind if I use your phone?
    (M-Cn) (A) Not at all.
    　　　　(B) Yes, the meeting was called off.
    　　　　(C) I'll keep that in mind.

    あなたの電話を使っても構わないですか。
    (A) 構いませんよ。
    (B) はい、打ち合わせは中止になりました。
    (C) そのことを覚えておくつもりです。

    正解 (A)
    解説 Do you mind if ～? は「～してもいいですか」という許可を求める表現。許可を与えるときには(A) Not at all.「構いません」やNo problem.「問題ありません」などを使って答える。
    (B) 質問中のphoneから連想し、calledを「電話した」という意味でとらえないこと。call off「中止する」。
    (C) 質問中と同じmindが使われているという理由から選ばないこと。keep ～ in mind「～を覚えておく、心に留めておく」。

Part 2

13. (M-Au) Would you like me to pick you up after work?
(W-Am) (A) It's too heavy.
(B) You can pick whatever you like.
(C) No, I'll be working late tonight.

仕事の後、迎えに来てほしいですか。
(A) それは重すぎます。
(B) 好きなものを何でも選んでいいです。
(C) いいえ、今夜は遅くまで仕事をしますので。

正解 (C)
解説 Would you like me to ～? は「(私に)～してほしいですか」と申し出るときの表現。相手の申し出をNoで断り、その後で説明している理由が質問と合う(C)が正解。＜pick＋人＋up＞「(人)を車で迎えにいく」。
(A) Itが何を指すかが不明。質問のpick ～ upを「～を持ち上げる」という意味にとらえて選ばないこと。heavy「重い」。
(B) このpickは「～を選ぶ」という意味で、質問中のpickとは異なる意味で使われている。whatever「～は何でも」。

14. (W-Br) Could you assist me on this assignment?
(M-Au) (A) Yes, he's the assistant manager.
(B) Let me finish this e-mail first.
(C) Sorry, I couldn't see the sign.

この仕事の手伝いをしてもらえますか。
(A) はい、彼は係長です。
(B) このEメールを先に仕上げさせてください。
(C) すみません、掲示が見えませんでした。

正解 (B)
解説 手助けを求める依頼に対し、その前にEメールを仕上げたいと伝えている(B)が対話の流れとして自然。＜Let me＋動詞＞は「私に～させてください」という意味。assist「手伝う」、assignment「(割り当てられた)仕事」。
(A) 質問中のassistに似た音のassistantに注意。assistant manager「係長」。
(C) 質問中のassignmentと似た音のsign「掲示」があるという理由から選ばないこと。

15. (W-Am) Should we consult our lawyer on this matter?
(W-Br) (A) It's difficult to master.
(B) No, it hit a record low.
(C) Yes, we should.

この件で弁護士に相談したほうがいいですか。
(A) それは習得することが難しいです。
(B) いいえ、それは最低値を記録しました。
(C) はい、そうすべきでしょう。

正解 (C)
解説 Should ～?「～したほうがいいか」に定型文 (Yes/No＋主語＋助動詞) で応答している (C) が正解。consult「相談する」、lawyer「弁護士」、matter「問題」。
(A) 質問中のmatterと似た音のmaster「(動詞で)習得する」があるという理由で選ばないこと。
(B) lawyerに関連するlaw [lɔ́ː]「法律」と似た音のlow [lóu]「低い」から判断して選ばないこと。hit a record low「最低を記録する」。

16. (W-Am) Could I have a copy of last year's sales figures?
(M-Cn) (A) Angela has all the data.
(B) Sorry, we don't sell photocopiers.
(C) Sure, here's your coffee.

昨年の売上高のコピーをいただけますか。
(A) Angelaがすべてのデータを持っています。
(B) すみませんが、当店ではコピー機を販売していません。
(C) もちろん、コーヒーをどうぞ。

正解 (A)
解説 Could I have ～? は「～をいただけますか」という依頼の表現。コピーをもらいたいという依頼に対し、それを持っている人の名前を伝えている(A)が応答として適切。figure「数字」。
(B) 質問中のsalesと似た音のsellから誤って判断しないこと。photocopier「コピー機」。
(C) copyと似た音のcoffeeに注意。Sure, here's ～「いいですよ、こちらが～です」という表現は質問への応答として適切だが、コーヒーは質問とは関係ないので誤りとなる。

17. (M-Au) Let's try a different approach in our next sales campaign.
    (W-Am) (A) They're having a sale.
    (B) What do you suggest?
    (C) It's different from what I expected.

    次の販売キャンペーンでは、違った手法を試してみましょう。
    (A) 彼らはセールを行っています。
    (B) どんな提案がありますか。
    (C) それは私が期待していたものとは異なります。

    正解 (B)
    解説 Let's ～を使って提案している文に対し、具体的な案を問う(B)が適切な応答。approach「手法、取り組み方」、suggest「提案する」。
    (A) 提案中のsalesは「販売」の意味だが、(A)のsaleは「割引販売」の意味。
    (C) Itが何を指すのか不明で、提案に対して不適切な応答。提案にあるdifferentが使われているという理由で判断しないこと。expect「期待する」。

18. (M-Cn) What about exporting our products to Europe?
    (M-Au) (A) It's not very portable.
    (B) They're imported goods.
    (C) That's an option.

    当社の製品をヨーロッパに輸出してはどうですか。
    (A) それはあまり携帯に便利ではありません。
    (B) それらは輸入品です。
    (C) それも選択肢の１つです。

    正解 (C)
    解説 What about ～ing? は「～してはどうですか」という提案を表す表現。相手の提案を選択肢の１つととらえている(C)が正解。export「輸出する」、product「製品」、option「選択、選択肢」。
    (A) 質問中のexportと同じ音を含むportable「持ち運びができる」があるという理由だけで判断しないこと。
    (B) import「輸入する」は質問中のexportと反対の意味を表す。

19. (M-Cn) Can you call a taxi for me?
    (W-Br) (A) The telephone rang a while ago.
    (B) No, the bus just left.
    (C) When do you want to be picked up?

    私にタクシーを呼んでもらえますか。
    (A) 少し前に電話が鳴りました。
    (B) いいえ、バスはたった今出発しました。
    (C) いつ迎えに来てもらいたいですか。

    正解 (C)
    解説「タクシーを呼んでほしい」という依頼に対し、迎えの「時間」をたずねている(C)が対話の流れとして自然。
    (A) 質問中のcallから電話に関する話と連想して選ばないこと。rangはring「鳴る」の過去形。a while ago「少し前に」。
    (B) taxiから「乗り物」という連想でbusと関連づけないこと。話題になっているのはタクシーで、バスは関係ない。

20. (W-Am) Why don't we see a movie tonight?
    (M-Cn) (A) He's moving to London.
    (B) Sorry, but I have other plans.
    (C) Because I stayed for two nights.

    今夜映画を見ませんか。
    (A) 彼はロンドンに引っ越します。
    (B) ごめんなさい、ほかの予定があります。
    (C) 私は２晩泊まったからです。

    正解 (B)
    解説 Why don't we ～?「(一緒に)～しませんか」という提案に対し、Sorryで誘いを断り、その理由を述べている(B)が正解。
    (A) Heがだれを指すかが不明である。movieと似た音のmovingに注意。move「引っ越す」。
    (C) Whyだけから理由をたずねている質問だと判断して、Becauseで始まる(C)を選ばないこと。tonightとtwo nightsの発音の違いに注意。

Part 2

Unit 8 付加疑問文と否定疑問文、肯定文と否定文

A 付加疑問文と否定疑問文

Warm Up (p.80)

正解 1. isn't, it 2. Hasn't, finished 3. Don't, leave 4. haven't, have, you
5. Isn't, this

Practice 1 (p.81)

正解 1. (D) 2. (E) 3. (C) 4. (B) 5. (A)

Practice 1の復習 (p.82)

1. 訳 そのホテルは空港に近いですよね。
   (D) 車で約15分です。
2. 訳 Kateは販売促進計画を仕上げたのではないのですか。
   (E) 彼女はすでにそれを提出しました。
3. 訳 すぐに出かけなくてよいのですか。
   (C) はい、急いでいます。
4. 訳 Clarkさんに会ったことはありませんよね。
   (B) はい、会ったことがあります。
5. 訳 これは素敵なドレスではないですか。
   (A) はい、でも私には大きすぎます。

Practice 2 (p.82)

1. (W-Am) The hotel is close to the airport, isn't it?　　そのホテルは空港に近いですよね。
(M-Au) (A) It's only a five-minute walk.　　(A) 歩いてたったの5分です。
(B) I enjoyed the flight.　　(B) 私はフライトを楽しみました。
(C) It should be open soon.　　(C) まもなく開くはずです。

正解 (A)
解説 ホテルと空港が近いことを確認している発言に対し、「歩いてたったの5分」という情報を述べている (A) が対話の流れとして自然。close「近い」。
(B) 質問中の airport「空港」からフライトに関係がある話題だと判断して選ばないこと。
(C) 質問中の close は形容詞で「近い」という意味だが、動詞の「閉まる」ととらえて関連する open を含む (C) を選ばないこと。should「〜のはずだ」。

2. (M-Au) Hasn't Kate finished the promotion plan?　　Kate は販売促進計画を仕上げたのではないのですか。
(M-Cn) (A) Yes, she was promoted.　　(A) はい、彼女は昇進しました。
(B) No, but she'll hand it in tomorrow.　　(B) いいえ、でも彼女は明日それを提出します。
(C) They're planning to go.　　(C) 彼らは行く予定でいます。

正解 (B)
解説 Hasn't 〜?「仕上げていないのか」に対し、この場合 Yes で答えると「仕上げた」、No で答えると「仕上げていない」という意味を表す。No で答え、その後で質問と合った補足情報を伝えている (B) が正解。it は the promotion plan「販売促進計画」を指す。hand 〜 in「〜を提出する」。
(A) 質問中の promotion と似た音の promote「昇進させる」から選ばないこと。
(C) plan to 〜「〜するつもりだ」。質問中の plan は「計画」という名詞として使われている。

3. (W-Br) You haven't met Mr. Clark, have you?　　Clark さんに会ったことはありませんよね。
(M-Au) (A) I don't think I have.　　(A) ないと思います。
(B) You should ask him in advance.　　(B) 前もって彼にたずねたほうがいいです。
(C) Yes, he has.　　(C) はい、彼はそうです。

正解 (A)
解説 〜, have you? は「〜したことがありませんよね」という付加疑問を使った念押し表現。それに対して、「会ったことがないと思う」と伝えている (A) が正解。
(B) him は Mr. Clark を指すと考えられるが、「彼にたずねる」という部分が質問と合わない。in advance「前もって」。
(C) この質問に対し Yes で答えると「会ったことがある」という意味を表すが、自分が聞かれているのに対し、主語を he で答えている点が不適切。

4. (M-Cn) Don't you have to leave soon?　　すぐに出かけなくてよいのですか。
(W-Am) (A) Yes, I have a son.　　(A) はい、息子が1人います。
(B) The leaves have already fallen.　　(B) 葉はすでに落ちてしまいました。
(C) I still have some time left.　　(C) まだ少し時間があります。

正解 (C)
解説 Don't you have to 〜? は「〜しなくてよいのか」という否定疑問文。「出かけなくてよいのか」→「まだ少し時間がある」が対話の流れとして自然なので (C) が正解。応答の冒頭には No が省略されている。
(A) 質問中の soon と似た音の son「息子」から判断しないこと。
(B) leaves は leaf「葉」の複数形。質問中の leave は「出発する」という動詞。音が似ている単語があるという理由で選ばないこと。fallen は動詞 fall「落ちる」の過去分詞。

Part 2

B 肯定文と否定文（感想・意見・事実など）

Warm Up (p.83)

正解 1. office, busy 2. enjoyed 3. branch, opening 4. never, been 5. hope, accepted

Practice 1 (p.84)

訳

1. (M-Cn)
   Your office is very busy today.　　　　　　　　　　あなたの事務所は、今日とても忙しいですね。
   正解 (W-Br)
   Answer 1: (Actually), it's always (like) this.　　実際、いつもこのような感じです。
   Answer 2: We (have) a lot of (work) now.　　　今は仕事が多くあります。
   Answer 3: Yes, it's (difficult) to concentrate.　　はい、集中するのが大変です。

2. (W-Am)
   I enjoyed the company picnic.　　　　　　　　　　私は会社の親睦会を楽しみました。
   正解 (M-Cn)
   Answer 1: (Where) was it (held)?　　　　　　　　どこで行われましたか。
   Answer 2: Me too, there were some fun (activities).　私もです。楽しい催しがありました。
   Answer 3: I (wish) I could have (gone).　　　　　私も行きたかったです。

3. (M-Au)
   The Berlin branch is opening in May.　　　　　　ベルリン支社は5月に開業します。
   正解 (W-Am)
   Answer 1: I (thought) it was (going) to be sooner.　もっと早くだと思っていました。
   Answer 2: That'll be (good) for business.　　　　　それは、ビジネスに有益でしょう。
   Answer 3: We should (visit) it in the summer.　　私たちは、夏にそこを訪れるべきです。

4. (W-Br)
   I've never been to the opera house.　　　　　　　私はオペラ劇場に行ったことがありません。
   正解 (M-Cn)
   Answer 1: I'm (sure) you would (enjoy) it.　　　きっと楽しめると思いますよ。
   Answer 2: Me (neither).　　　　　　　　　　　　私もないです。
   Answer 3: (Where) is it?　　　　　　　　　　　　どこにあるのですか。

5. (M-Cn)
   I hope my proposal is accepted.　　　　　　　　　私の提案が受け入れられるといいのですが。
   正解 (M-Au)
   Answer 1: I (hope) so, (too).　　　　　　　　　　私もそう望みます。
   Answer 2: (When) will you find (out) the result?　いつ結果がわかるのですか。
   Answer 3: (What) is it about?　　　　　　　　　　それは何についてですか。

Unit 8

Practice 2 (p.85)

1. (W-Br) I've never been to the opera house. 私はオペラ劇場に行ったことがありません。
 (M-Cn) (A) It's a good place to visit. (A) そこは訪れるのにいい場所です。
 　　　 (B) I can't operate it. (B) 私は操作できません。
 　　　 (C) We should schedule a house tour. (C) 家の内見の日時を設定しましょう。

正解 (A)
解説 I've never been to ～は「～に行ったことがない」という表現。「行ったことがない」という発言に対し、訪れるべきよい場所だと意見を述べている(A)が正解。
(B) 質問中のoperaと似た音のoperate「操作する」があるからといって選ばないこと。
(C) 質問中と同じhouseが使われているが、発言の内容と合っていない。house tourは家の中を見て回ること。

2. (W-Am) I enjoyed the company picnic. 私は会社の親睦会を楽しみました。
 (M-Cn) (A) Please take my picture. (A) 私の写真を撮ってください。
 　　　 (B) It's a challenging mission. (B) やりがいのある任務です。
 　　　 (C) What did you do? (C) 何をしましたか。

正解 (C)
解説 会社の親睦会に行った相手に対し、何をしたかをたずねている(C)が対話の流れとして自然。company picnicは親睦を目的に行う会社の野外パーティー。
(A) 質問中のpicnicと似た音のpicture「写真」を含むからといって選ばないこと。
(B) challenging「やりがいのある」、mission「使命、任務」。

3. (M-Au) The Berlin branch is opening in May. ベルリン支社は5月に開業します。
 (W-Am) (A) I didn't know that. (A) それは知りませんでした。
 　　　 (B) I prefer Japanese food. (B) 私は日本食のほうが好きです。
 　　　 (C) It closed at 5 P.M. yesterday. (C) 昨日、午後5時に閉まりました。

正解 (A)
解説 支社開業という情報を聞き、「知らなかった」と述べている(A)が正解。Berlin「ベルリン」、branch「支社、支店」。
(B) branchはlunchと音が似ているが、会話は食べ物についてではない。prefer「～を好む」。
(C) open「開く」の反意語close「閉まる」が使われている理由から、関係のある話題だと判断しないこと。時刻は質問とは関係のない話題。

Part 2

TOEIC形式問題に挑戦 (p.85)

1. (M-Cn) You've been to Kyoto, haven't you?
   (M-Au) (A) No, it was yesterday.
   (B) Yes, in February.
   (C) I have one already.

   京都に行ったことがありますよね。
   (A) いいえ、それは昨日でした。
   (B) はい、2月に。
   (C) 私はすでに1つ持っています。

   正解 (B)
   解説 ～, haven't you? と付加疑問を使った念押しの表現に対し、Yesで答え、行った「時」を補足している(B)が対話の流れとして自然。
   (A) この質問にNoで答えると「行ったことがない」という意味になる。Noの後に続く内容と質問が矛盾するので不適切。
   (C) このhaveは「持っている」という動詞。目的語のoneが何を指しているのか不明。

2. (W-Am) You're meeting Monica tomorrow, aren't you?
   (M-Cn) (A) She hasn't confirmed it yet.
   (B) No, we didn't.
   (C) Yes, it's more reliable.

   明日Monicaに会いますよね。
   (A) 彼女はまだはっきりそう言っていません。
   (B) いいえ、しませんでした。
   (C) はい、それのほうが信頼できます。

   正解 (A)
   解説 Monicaに会う予定であることを念押ししている質問に対し、会うかどうかがはっきりしていないことを伝えている(A)が正解。SheはMonica、itは「明日会うこと」を指している。confirm「確証する、はっきり言う」。
   (B) 質問は明日のことをたずねているのに、過去のことを答えており不適切。
   (C) この質問にYesで答えると、「Monicaと会う予定だ」という意味を表すが、その後の内容が質問と合わない。reliable「信頼できる」。

3. (M-Cn) Didn't you see Tony Flynn's presentation?
   (M-Au) (A) It was a lovely gift.
   (B) Unfortunately, I arrived too late.
   (C) Try sitting somewhere else.

   Tony Flynnのプレゼンテーションを見なかったのですか。
   (A) それは素敵な贈り物でした。
   (B) 残念ながら到着が遅すぎました。
   (C) どこかほかに座ってみてください。

   正解 (B)
   解説 Didn't you see ～?「見なかったのか」に対し、到着が遅すぎた(=見られなかった)ことを伝えている(B)が対話の流れとして自然。presentation「プレゼンテーション」、unfortunately「残念ながら」。
   (A) presentationと同じ音を含むpresent「プレゼント」と似た意味のgift「贈り物」があるという理由で選ばないこと。
   (C) try ～ing「試しに～してみる」、somewhere else「どこかほかに」。

4. (M-Cn) This hotel's rooms are rather small.
   (W-Br) (A) I'd prefer a bigger meal.
   (B) It's opposite the shopping center.
   (C) But they're clean and cheap.

   このホテルの部屋はかなり小さいです。
   (A) 私はもっと量が多い食事がいいのですが。
   (B) ショッピングセンターの向かいです。
   (C) でもそこは清潔で安いです。

   正解 (C)
   解説 theyはThis hotel's roomsを指している。「部屋が小さい」という発言に対し、逆接を表すButを使って部屋の利点を述べている(C)が応答として適切。rather「かなり」。
   (A) 食事は発言とは関係のない話題。I'dはI wouldの短縮形。
   (B) 場所が話題にされているのではない。opposite「向かい側の」。

Unit 8

5. (W-Am) We can't use this room, can we?
   (M-Cn) (A) She's in the living room.
   (B) I'm afraid it's already reserved.
   (C) No, it's sold out.

   この部屋は使えませんよね。
   (A) 彼女は居間にいます。
   (B) あいにくすでに予約が入っています。
   (C) いいえ、それは売り切れました。

   正解 (B)
   解説 it は this room を指している。「部屋を使えない」点を念押ししている質問に対し、「予約が入っている」という補足の情報を述べている(B)が対話の流れとして自然。I'm afraid ～「あいにく～」、reserve「予約する」。
   (A) 質問中と同じ room があるだけで選ばないこと。
   (C) it は this room を指すと考えられるが、部屋が使えるかどうかの応答になっていない。

6. (M-Au) The training session starts at 2 P.M.
   (W-Am) (A) Let's get off at the next station.
   (B) Oh, I thought it was 1:30.
   (C) The food was very good.

   研修会は午後2時に始まります。
   (A) 次の駅で降りましょう。
   (B) そうですか、1時30分かと思っていました。
   (C) 食べ物はとてもおいしかったです。

   正解 (B)
   解説 研修会の開始時刻が話題となっている。応答でもその「時刻」を話題としている(B)が正解。it は講習会の開始時刻を指している。
   (A) 発言中の training と train「電車」の発音の違いに注意。乗り物に関して話しているわけではない。get off「下車する」。
   (C) 食べ物の話題ではない。

7. (W-Am) You should come to the conference in Chicago.
   (W-Br) (A) Haven't you visited Chicago?
   (B) When is it?
   (C) There's a conference at ten.

   シカゴでの会議に来たほうがいいですよ。
   (A) シカゴを訪れたことはないのですか。
   (B) それはいつですか。
   (C) 10時に会議があります。

   正解 (B)
   解説 You should ～「するとよい」という助言に対し、会議が行われる「時」をたずねている(B)が対話の流れとして自然。it は the conference「会議」を指している。
   (A) 話題の中心はシカゴでの会議への出席であって、シカゴに行ったことがあるかどうかは関係ない。
   (C) 会議に行くように勧めている相手に対し、会議のある時刻を伝えているのは対話の流れとして不自然。

8. (W-Am) Haven't you already been to that exhibition?
   (M-Au) (A) I didn't see everything last time.
   (B) No, I put it in the bin.
   (C) I'd like to visit Egypt.

   あの展覧会にもう行ったのでないのですか。
   (A) 前回、全部は見ていません。
   (B) いいえ、私はそれをごみ箱に入れました。
   (C) エジプトを訪れたいです。

   正解 (A)
   解説 Haven't you already been to ～?は「～にもう行ったのでないのか」という質問。「全部は見ていない」と言っている(A)が対話の流れとして自然。exhibition「展覧会」。
   (B) Haven't ～?に対しこの場合 No で答えると「行っていない」という意味を表すが、後に続く文の内容が質問と合わない。質問中の been に似た音の bin は「ごみ箱」という意味。
   (C) 話題になっているのは「展覧会」であり、訪れたい国は関係がない。

Part 2

9. (M-Cn) That department store usually closes at 8 P.M., doesn't it?
(W-Am) (A) Only on weekdays.
(B) It's on the second floor.
(C) I like their clothes.

あのデパートは普段午後 8 時に閉まりますよね。
(A) 平日だけです。
(B) 2 階にあります。
(C) 私はそこの服が好きです。

正解 (A)
解説 デパートの閉店時刻について確認する質問に対し、曜日についての補足情報を述べている(A)が応答として適切。weekday「平日」。
(B)「場所」は話題にされていない。
(C) 質問中のclosesと似た音のclothes「服」が使われているが、質問の内容に応答していない。

10. (W-Am) I can't remember my reference number.
(W-Br) (A) We can look it up for you.
(B) There's a phone call for you.
(C) You should become a member.

自分の照会番号を思い出せません。
(A) お調べできますよ。
(B) あなたにお電話です。
(C) メンバーになるべきです。

正解 (A)
解説「思い出せない」という発言に対し、「調べられる」という応答が対話の流れとして自然なので(A)が正解。itはreference number「照会番号」を指す。look ~ up「~を調べる」。
(B) 発言中のnumberから電話番号を連想して選ばないこと。
(C) 発言中のrememberと同じ音を含むmemberから誤って判断しないこと。

11. (M-Au) Aren't your colleagues going to join us for lunch?
(W-Am) (A) They enjoyed the trip.
(B) You're very welcome.
(C) Yes, they're looking forward to it.

あなたの同僚の方々は私たちと一緒にお昼を食べないのですか。
(A) 彼らは旅行を楽しみました。
(B) どういたしまして。
(C) 食べます。彼らは楽しみにしています。

正解 (C)
解説 Aren't ~?「~ではありませんか」という否定疑問文に対し、Yesで答えると、一緒に昼食を「食べる」、Noは「食べない」という意味になる。Yesで答え、後に続く内容も質問と合う(C)が正解。colleague「同僚」、look forward to ~「~を楽しみにする」。
(A) be going toを使って予定をたずねている質問に対し、enjoyedと過去形で答えているので不適切。
(B) お礼に対する返答なので、質問の応答になっていない。

12. (W-Br) Weren't you at the meeting this morning?
(M-Cn) (A) No, I was with a client.
(B) I didn't meet him.
(C) Room 5-0-1.

今朝、会議にいなかったのですか。
(A) いませんでした、顧客と一緒でした。
(B) 私は彼に会いませんでした。
(C) 501 号室です。

正解 (A)
解説 Weren't ~? に対し、この場合Yesで答えると会議に「いた」、Noで答えると「いなかった」という意味になる。Noでいなかったことを伝え、その理由を述べている(A)が対話の流れに合う。
(B) himがだれを指しているかが不明である。
(C) 部屋番号は話題とは関係ない。

Unit 8

53

13. (M-Cn) Isn't the new designer starting work today?
(M-Au) (A) I should finish the design today.
(B) Yes, she'll come in at twelve.
(C) There are no job openings.

新しいデザイナーは今日から仕事を始めるのではありませんか。
(A) 私は今日デザインを仕上げなければなりません。
(B) はい、彼女は12時に来ます。
(C) 求人はありません。

正解 (B)
解説 Isn't ～? に対し、この場合Yesで答えると今日から仕事を「始める」、Noで答えると「始めない」という意味を表す。Yesで答え、今日来る時間を伝えている(B)が応答として適切。sheはthe new designer「新しいデザイナー」を指している。
(A)「私」の今日の予定はたずねられていない。質問中のdesigner「デザイナー」と似たdesign「デザイン」があるという理由で選ばないこと。
(C) job opening「求人」。質問中のworkに関連した語句が出てくるという理由だけで選ばないこと。

14. (M-Cn) You drive to work every day, don't you?
(W-Br) (A) Yes, I take the bus.
(B) I'm a research worker.
(C) Only occasionally.

あなたは毎日車で職場に行くのですよね。
(A) はい、私はバスに乗ります。
(B) 私は研究者です。
(C) ごくたまにです。

正解 (C)
解説 車での通勤について確認する質問に対し、その頻度を述べている(C)が応答として適切。occasionally「ときどき」。
(A) ～, don't you? と確認する表現に、Yesで答えると「車で行く」という内容を表すので、後に続く文の内容が質問と合わない。
(B) 質問中のworkと似たworkerがあるという理由で選ばないこと。research worker「研究者」。

15. (W-Br) Can't we travel first-class anymore?
(W-Am) (A) There were budget cuts.
(B) No, there are no lessons today.
(C) My class starts at 3 P.M.

もうファーストクラスで旅行することはできないのですか。
(A) 予算の削減がありました。
(B) いいえ、今日は授業がありません。
(C) 私の授業は午後3時に開始します。

正解 (A)
解説 Can't ～? 「～できないのか」という質問に対し、ファーストクラスで出張できない理由を述べている(A)が正解。budget「予算」、cut「削減」。
(B) Can't ～? にNoで答えると、この場合「旅行できない」という意味になるが、後に続く文が質問と合わない。質問中のclassからlesson「授業」を連想して選ばないこと。
(C) 質問中と同じclassを含むという理由で選ばないこと。

16. (M-Au) Ms. Kan is a very competent secretary, isn't she?
(W-Am) (A) The competition was a success.
(B) No, I don't have a secretary.
(C) Yes, and she's quite friendly.

Kanさんはとても有能な秘書ですよね。
(A) コンペは成功でした。
(B) いいえ、私には秘書がいません。
(C) はい、それに彼女はとても親しみやすいです。

正解 (C)
解説 有能な秘書であるという点に同意を求めている質問に対し、Yesで同意を示し、自分の意見を補足的に述べている(C)が正解。competent「有能な」、quite「かなり」、friendly「親しみやすい」。
(A) competentと似た音のcompetition「コンペ、試合」から誤って判断しないこと。
(B) 秘書がいるかどうかはたずねられていない。

Part 2

17. (W-Br) Isn't the project running on schedule?
(M-Au) (A) No, we need to catch up.
(B) The projector isn't working.
(C) Yes, he's training hard.

プロジェクトはスケジュール通りに進んでいるのではないのですか。
(A) いいえ、遅れを取り戻さなければなりません。
(B) プロジェクターは作動していません。
(C) はい、彼は熱心に訓練をしています。

正解 (A)
解説 Isn't ～? に対しNoで答えると、「スケジュール通りに進んでいない」という意味になる。後に続く文の内容も質問と合う(A)が正解。run「進行する」、on schedule「スケジュール通りに」、catch up「遅れを取り戻す」。
(B) 質問中のprojectと音が似ているprojector「プロジェクター」があるという理由だけで選ばないこと。
(C) train「(動詞で)訓練する」。

18. (W-Am) You have experience working for a legal firm, don't you?
(W-Br) (A) Yes, she's an expert.
(B) I'll walk to the office.
(C) That was many years ago.

あなたは法律事務所で働いた経験がありますよね。
(A) はい、彼女は専門家です。
(B) 私は職場へ歩いて行くつもりです。
(C) それは何年も前のことです。

正解 (C)
解説 職歴についての念押しの質問に対して、その仕事をしていた時期を述べている(C)が、対話の流れに合う。legal firm「法律事務所」。
(A) sheがだれを指しているかが不明である。expert「専門家」。
(B) 質問中のworkと似た音のwalkがあるという理由だけで選ばないこと。

19. (M-Au) Ms. Kline was a business partner of yours, wasn't she?
(W-Am) (A) Yes, it's an organization.
(B) We used to work together.
(C) Sales are increasing.

Klineさんはあなたのビジネスパートナーでしたよね。
(A) はい、それはある団体です。
(B) 私たちは以前一緒に働いていました。
(C) 売り上げが伸びています。

正解 (B)
解説 「ビジネスパートナーでしたよね」という念押しの表現に対し、別の表現で言い換えている(B)が正解。used to ～「以前は～していた」。
(A) itが何を指しているかが不明。organization「団体、組織」。
(C) ビジネスに関連のある文だが、質問の内容とは関係ない応答。increase「増える」。

20. (W-Br) We need a bigger hall for the banquet.
(M-Cn) (A) There's a big hole in the ground.
(B) No, we have to import more.
(C) Mike's looking into it.

その宴会にはもっと大きなホールが必要です。
(A) 地面に大きな穴があいています。
(B) いいえ、私たちはもっと輸入しなければなりません。
(C) その件についてはMikeが調べているところです。

正解 (C)
解説 問題点の指摘に対し、Mikeが対応中であることを述べている(C)が対話の流れとして自然。Mike'sはMike isの短縮形。banquet「宴会」、look into ～「(問題など)を調べる」。
(A) hall [hɔ́ːl] と似た音のhole [hóul]「穴」から誤って判断しないこと。
(B) 発言とは関係のない答え。import「輸入する」。

Unit 8

Challenge 2 (問題編 p.88〜89)

1. (M-Au) Who's in charge of payroll?
   (M-Cn) (A) It's a payment.
   (B) My manager, Mr. Dean.
   (C) I can buy more for you.

   給料の支払いはだれが管理していますか。
   (A) それは支払い金です。
   (B) 私の上司の Dean さんです。
   (C) あなたにもっと買ってあげられます。

   正解 (B)
   解説 Who 〜?に対し、人物を具体的に答えている(B)が正解。in charge of 〜「〜を管理して、担当して」、payroll「給料の支払い」。
   (A) payrollと似た音を持つpayment「支払い金」から選ばないこと。
   (C) buy more「もっと買う」が何を意味しているかが不明である。

2. (W-Am) What was Roger doing at the library?
   (M-Au) (A) Returning some books.
   (B) There's one nearby.
   (C) I read that, too.

   Roger は図書館で何をしていましたか。
   (A) 本を数冊返却していました。
   (B) 近くに1つあります。
   (C) 私もそれを読みました。

   正解 (A)
   解説 What 〜?に対し、Rogerの行っていた動作を説明している(A)が正解。Returningの前にはHe wasが省略されている。
   (B) 場所がたずねられているのではない。nearby「近くに」。
   (C) 図書館と関連のあるreadが含まれているが、「私」のことはたずねられていない。

3. (M-Cn) When is Mr. Smith leaving for Berlin?
   (W-Br) (A) A conference.
   (B) By plane.
   (C) Next Tuesday.

   Smith さんはいつベルリンに出発しますか。
   (A) 会議です。
   (B) 飛行機でです。
   (C) 来週の火曜日です。

   正解 (C)
   解説 When 〜?に対し「時」を具体的に答えている(C)が正解。Berlin「ベルリン」の発音に注意。
   (A)・(B) ベルリンに行く目的や交通手段がたずねられているのではない。

4. (W-Am) Don't you have a meeting with the sales manager today?
   (W-Br) (A) Yes, it's for sale.
   (B) Yes, in the afternoon.
   (C) OK, I won't.

   今日、営業部長との打ち合わせがあるのではないのですか。
   (A) はい、それは売り物です。
   (B) はい、午後にあります。
   (C) いいですよ、私はそうしません。

   正解 (B)
   解説 Don't you 〜?という否定疑問文に対してYesで答えると、この場合I have a meeting「打ち合わせがある」という意味になる。さらに打ち合わせを行う「時」を付け加えている(B)が応答として適切。
   (A) Yesの後に続く文が質問と合わない。for sale「売り物の」。
   (C) 「打ち合わせがないのか」という質問にOKで答えるのは不適切。

Part 2

5. (M-Cn) Should we take the train or bus?
   (W-Am) (A) Let's take the bus.
   　　　　(B) I'll have another one.
   　　　　(C) I went yesterday.

   電車に乗ったほうがいいですか、それともバスのほうがいいですか。
   (A) バスに乗りましょう。
   (B) 私はもう1ついただきます。
   (C) 私は昨日行きました。

   正解 (A)
   解説 A or B? の二者択一の質問に対し、Bにあたる「バス」を提案している選択肢(A)が適切な答え。
   (B) one が何を指しているかが不明である。
   (C) 「時」はたずねられていない。

6. (W-Br) That's the new director, isn't it?
   (M-Au) (A) Yes, I think it is.
   　　　　(B) It's a direct route.
   　　　　(C) I bought it last year.

   あちらが新しい部長ですよね。
   (A) はい、そうだと思います。
   (B) それは直行のルートです。
   (C) 私はそれを昨年買いました。

   正解 (A)
   解説 ~, isn't it?「~ですよね」という付加疑問文の念押し表現にYesで答え、後の内容も質問と合っている(A)が正解。it is の後には the new director が省略されている。director「部長、重役」。
   (B) 質問中の director と発音が似た direct「直接の」から誤って判断しないこと。route「ルート」。

7. (M-Cn) Should I staple these forms or not?
   (W-Am) (A) In the filing cabinet.
   　　　　(B) Please staple them.
   　　　　(C) An informal discussion.

   これらの用紙をホチキスで留めたほうがいいですか、それとも留めないほうがいいですか。
   (A) 書類整理棚の中です。
   (B) ホチキスで留めてください。
   (C) 非公式な話し合いです。

   正解 (B)
   解説 A or B? でホチキスで「留める」べきか「留めない」べきかをたずねている。「留める」よう指示している(B)が正解。staple「~をホチキスで留める」。them は these forms「これらの用紙」を指している。
   (A) filing cabinet「書類整理用の棚、引き出し」。
   (C) informal「非公式の」、discussion「話し合い」。

8. (M-Au) Who should I give this application to?
   (M-Cn) (A) Yes, please.
   　　　　(B) I'll take it.
   　　　　(C) Kimiko did.

   この申込書はだれに渡したらよいですか。
   (A) はい、お願いします。
   (B) 私が受け取ります。
   (C) Kimiko がしました。

   正解 (B)
   解説 Who ~ to? で「だれに」と申込書を渡すべき人物をたずねている。「私がそれを受け取る」と答えている(B)が正解。it は this application を指す。application「申込書」。
   (A) Who ~? には Yes, No では答えない。
   (C) Kimiko と人物を答えているが、過去形の did で答えるのは、応答として不適切。

Challenge 2

9. (W-Am) How many guests will be checking into the hotel today?
   (W-Br) (A) About a hundred.
          (B) We don't accept checks.
          (C) I have six bags.

   今日は何名のお客様がホテルにチェックインする予定ですか。
   (A) 約100名です。
   (B) 小切手はお取り扱いしておりません。
   (C) 私はかばんを6つ持っています。

   正解 (A)
   解説 How many guests 〜？に対して、客の「数」を答えている(A)が正解。guest「(ホテルやレストランの)客」、check into 〜「〜にチェックインする」。
   (B) 質問中のcheckingは動詞checkのing形、(B)のcheckは名詞で「小切手」を表す。accept「(支払いに小切手やカードなど)を受け取る」。
   (C) 数を答えているが、かばんの数はたずねられていない。

10. (W-Am) Is it still raining outside?
    (M-Cn) (A) No, it stopped a while ago.
           (B) Yes, I put it in the window.
           (C) I fixed my umbrella.

    外はまだ雨が降っていますか。
    (A) いいえ、しばらく前にやみました。
    (B) はい、私はそれをショーウィンドウに置きました。
    (C) 私はかさを修理しました。

    正解 (A)
    解説 Is it 〜？に対してNoで答え、後に続く内容が質問と合っている(A)が正解。a while ago「しばらく前に、少し前に」。
    (B) Yesの後に続く文が質問と合っていない。itが何を指しているかも不明である。
    (C) rainingと関連のあるumbrella「かさ」から選ばないこと。fix「修理する」。

11. (W-Br) Where's the nearest post office?
    (W-Am) (A) Use a bigger envelope.
           (B) There's one near the pharmacy.
           (C) It's a large shipment.

    一番近い郵便局はどこですか。
    (A) もっと大きな封筒を使いなさい。
    (B) 薬局の近くにあります。
    (C) 大きな荷物です。

    正解 (B)
    解説 Where 〜？に対し、near the pharmacyと場所を示している(B)が正解。oneはpost office「郵便局」を指している。pharmacy「薬局」。
    (A) 郵便局と関係のあるenvelope「封筒」が含まれているが、封筒についての話はしていない。
    (C) shipment「積み荷、発送品」。

12. (W-Br) Did you change your reservation?
    (M-Au) (A) It hasn't arrived yet.
           (B) No, not too far from here.
           (C) Yes, I changed it to Monday.

    予約を変更しましたか。
    (A) それはまだ着いていません。
    (B) いいえ、ここからそれほど遠くありません。
    (C) はい、月曜日に変更しました。

    正解 (C)
    解説 Did 〜？に対してYesで答え、いつに変更したのかを付け加えている(C)が応答として適切。itはreservation「予約」を指している。
    (A) Itが何を指しているかが不明である。
    (B) Noの後に続く内容が質問と合わない。距離は話題にされていない。far from 〜「〜から遠い」。

Part 2

13. (W-Am) Why don't we share a taxi?
(W-Br) (A) It's on the stairs.
(B) Ten minutes away.
(C) Let's walk instead.

一緒にタクシーに乗りませんか。
(A) それは階段にあります。
(B) 10分離れたところに。
(C) そうでなく歩きましょう。

正解 (C)
解説 タクシーに乗ろうという提案に対し、代替案を提示している(C)が対話の流れとして自然。share a taxi「一緒にタクシーに乗る」、instead「そうではなくて」。
(A) 質問中のshareと似た音のstairs「階段」から判断しないこと。
(B) 質問中のtaxiから、所要時間や距離と関連づけて選ばないこと。

14. (M-Cn) How long has Joe worked at this office?
(W-Br) (A) Not at the Tokyo branch.
(B) It's about fifteen meters.
(C) For a few years now.

Joeはこの職場でどのくらいの期間働いていますか。
(A) 東京支店ではありません。
(B) 約15メートルです。
(C) もう数年になります。

正解 (C)
解説 How long ～?で「期間」をたずねている。for ～「～の間」を使って答えている(C)が正解。a few ～「数～、2,3の～」。
(A) 仕事と関係のありそうなbranch「支店」が含まれているが、職場の場所は話題にされていない。
(B) 物の「長さ」や「距離」がたずねられているのではない。

15. (W-Br) Would you like to join me for lunch?
(W-Am) (A) Yes, I enjoyed it.
(B) Thanks, but I've already eaten.
(C) A new product launch.

昼食を一緒にどうですか。
(A) はい、私はそれを楽しみました。
(B) ありがとう、でももう食べてしまいました。
(C) 新製品の発売です。

正解 (B)
解説 Would you like to ～?を使った勧誘に対し、お礼を述べた後に誘いを断る理由を述べている(B)が正解。
(A) Yesは誘いに応じる応答として問題ないが、後に続く文が質問と合わない。
(C) 質問中のlunch [lʌ́ntʃ] と似た音の launch [lɔ́ːntʃ]「新発売」から誤って判断しないこと。

16. (M-Au) I didn't know this machine could print in color.
(W-Br) (A) Yes, it's brand new.
(B) I'll phone a mechanic.
(C) Only one copy, please.

この機械がカラーで印刷できるとは知りませんでした。
(A) はい、それは新品なのです。
(B) 修理工に電話します。
(C) 1部だけお願いします。

正解 (A)
解説 機械に関する発言に対して、それが新品であるという追加情報を述べている(A)が対話の流れとして自然。brand new「真新しい」。
(B) 発言中のmachine「機械」と関連したmechanic「修理工、機械工」という語から選ばないこと。phone「(動詞で)～に電話をかける」。
(C) printと関係のありそうなcopy「部、冊」という語から誤って判断しないこと。

Challenge 2

17. (W-Br) Mike's from Canada, isn't he?
(M-Cn) (A) By train, I think.
(B) No, he's from England.
(C) I haven't seen him today.

Mike はカナダの出身ですよね。
(A) 電車でだと思います。
(B) いいえ、彼はイングランドの出身です。
(C) 今日は彼に会っていません。

正解 (B)
解説 Mike's は Mike is の短縮形。No で否定し、正しい出身地を述べている (B) が正解。
(A) 交通手段は話題にされていない。
(C) him が Mike を指しているとすると対話が成立しない。

18. (M-Au) Can you take my place at the press conference?
(M-Cn) (A) Yes, I can.
(B) In tomorrow's newspaper.
(C) I'll find a place for us to sit.

記者会見で私の代わりを務めてくれませんか。
(A) はい、いいですよ。
(B) 明日の新聞です。
(C) 私たちが座れる場所を見つけます。

正解 (A)
解説 自分の代わりを務めてほしいという依頼に対して、Yes で応じている (A) が質問に合う答え。I can の後には take your place が省略されている。take one's place「～の代わりをする」、press conference「記者会見」。
(B) press「報道機関」と関連のある newspaper「新聞」という語から判断しないこと。
(C) 質問を「私の場所を取っておいてくれませんか」という意味に誤ってとらないこと。

19. (W-Br) Should we leave right now, or do you want to stay longer?
(M-Au) (A) That's the wrong way.
(B) To the restaurant.
(C) Let's leave in ten minutes.

今すぐ出たほうがいいですか、それとももう少し長くいたいですか。
(A) それは間違った方向です。
(B) そのレストランへ。
(C) 10 分後に出ましょう。

正解 (C)
解説 A or B? の形で、今すぐ出るべきかもう少しいたいかをたずねているので、出発時刻を提案している (C) が正解。
(A) 質問中の longer と似た音の wrong「間違った」から選ばないこと。
(B) 行先は話題にされていない。

20. (M-Au) Why did you come in to the office so early?
(W-Am) (A) That can be arranged.
(B) Otherwise, I would have.
(C) I had to finish a report.

なぜこんなに早くオフィスに来たのですか。
(A) それは手配ができます。
(B) そうでなければ、私はそうしたでしょう。
(C) 報告書を終わらせなければなりませんでした。

正解 (C)
解説 オフィスに早く来た理由を述べている文として適切なのは (C) のみ。
(A) That が何を指しているかが不明である。arrange「～を手配する、段取りをつける」。
(B) otherwise「そうでなければ」。質問に対する理由を答えていない。

Part 2

21. (M-Cn) Would you help me pack these boxes?
(W-Am) (A) It was helpful.
(B) I'd be happy to.
(C) To the back.

これらの箱を詰めるのを手伝っていただけますか。
(A) それは役に立ちました。
(B) 喜んで。
(C) 後ろへ。

正解 (B)
解説 I'd be happy to. は依頼に応じるときの定型表現。I'd は I would の短縮形。to の後には help you pack these boxes「あなたが箱詰めするのを手伝う」が省略されている。
(A) 質問中の help と同じ発音を含む helpful「役立つ、助けになる」があるという理由で選ばないこと。
(C) 質問中の pack と似た発音の back に注意。

22. (W-Am) The air conditioner's stopped working.
(M-Cn) (A) No, it's the next stop.
(B) Yes, that would be fine.
(C) Did you call the repair shop?

エアコンが動かなくなってしまいました。
(A) いいえ、それは次の駅です。
(B) はい、それならば良いでしょう。
(C) 修理店に電話をかけましたか。

正解 (C)
解説「エアコンの不具合」→「修理店への問い合わせ」が対話の流れとして自然なので (C) が正解。air conditioner's は air conditioner has の短縮形。work「作動する」。
(A) 発言中の stop は動詞だが、(A) の stop は名詞で「駅、停留所」という意味を表す。
(B) 対話の流れとして不自然な応答である。

23. (W-Br) Will the conference be held in Miami or Atlanta next year?
(W-Am) (A) Yes, I hope to.
(B) A two-hour flight.
(C) They haven't decided yet.

来年の会議が開かれるのはマイアミですか、それともアトランタですか。
(A) はい、そうしたいです。
(B) 2 時間のフライトです。
(C) まだ決定していません。

正解 (C)
解説 A or B? に対し、どちらとも決まっていないと答えている (C) が正解。この They は「(自分を含まない)関係者たち」という意味。
(A) A or B? には Yes、No では答えない。
(B) 質問中の地名からフライトと関連した話題と判断しないこと。

24. (W-Am) You work at the bank, don't you?
(M-Au) (A) Yes, I'm a manager there.
(B) I forgot my credit card.
(C) I usually walk to the bank.

あなたは銀行にお勤めですよね。
(A) はい、私はそこで支店長をしています。
(B) 私はクレジットカードを忘れました。
(C) 私はたいてい歩いて銀行に行きます。

正解 (A)
解説 勤務先を確認する付加疑問文に対して Yes で答え、自分の役職を追加情報として述べている (A) が正解。there は at the bank を指している。
(B) bank と関連がありそうな credit card という語句から誤って判断しないこと。
(C) 銀行への交通手段は話題にされていない。walk と work の発音の違いにも注意。

Challenge 2

25. (W-Br) (M-Cn)

Could you make twenty copies of this report?

(A) Yes, he's a news reporter.
(B) Sure, I'll do it right now.
(C) It's made in Hong Kong.

この報告書を20部コピーしていただけますか。
(A) はい、彼は報道記者です。
(B) いいですよ、今すぐやります。
(C) それは香港製です。

正解 (B)
解説 Could you ～?「～していただけますか」という依頼に対しSureで応じ、後に続く内容も質問と合う(B)が正解。do itはmake twenty copies of this report「この報告書を20部コピーする」ことを指している。
(A) 質問中のreportと同じ音を含むreporter「記者、レポーター」から判断しないこと。
(C) makeの過去分詞madeが使われているが、内容が質問と合わない。

26. (M-Cn) (M-Au)

What appointments do you have tomorrow?

(A) No, that was yesterday.
(B) Several meetings with clients.
(C) It was disappointing.

明日はどんな約束がありますか。
(A) いいえ、それは昨日でした。
(B) 顧客との会議が数件あります。
(C) それは期待外れでした。

正解 (B)
解説 What appointments ～?「どんな約束」に対し、約束の具体的な内容を答えている(B)が正解。
(A) What ～?にはYes、Noでは答えない。
(C) appointmentsと同じ音を含むdisappointing「期待外れの、がっかりさせる」から選ばないこと。

27. (W-Br) (M-Au)

I'm not late for the banquet, am I?

(A) It's a nice blanket.
(B) You're right on time.
(C) I plan to get one, too.

私は晩餐会に遅刻していませんよね。
(A) それはいい毛布ですね。
(B) 時間ぴったりですよ。
(C) 私もそれを手に入れるつもりです。

正解 (B)
解説 ～, am I?「私は～ではないですよね」という付加疑問を使って遅刻していないかどうかを確認する質問に対し、定刻通りだと伝えている(B)が正解。banquet「晩餐会」、on time「時間ぴったりに」。
(A) banquetと似た音のblanket「毛布」から選ばないこと。
(C) oneが何を指すかが不明で、質問とは関連のない文。

28. (W-Am) (M-Cn)

Do you have a key to the supply closet?

(A) No, but the office manager does.
(B) No thanks, I already have one.
(C) Pens and pencils are stored there.

消耗品収納庫のかぎを持っていますか。
(A) いいえ、でも事務長が持っています。
(B) いいえ結構です。すでに1つ持っています。
(C) ペンとえんぴつがそこに保管されています。

正解 (A)
解説 Noで否定した後、かぎを持っている人物を答えている(A)が正解。doesは質問中のhave a keyを意味している。supply「補給品」、closet「戸棚、納戸」。
(B) No thanks「いいえ結構です」は断るときの表現なので不適切。
(C) supply closetに入っていそうなpensやpencilsがあるが、質問の内容とは合わない。store「(動詞で)～を蓄える、～を保管する」。

Part 2

29. (W-Am) I just bought a new telephone.
(M-Au) (A) How do you like it?
(B) A twenty percent discount.
(C) I haven't called yet.

新しい電話を買ったばかりです。
(A) どうですか。
(B) 20パーセント割引です。
(C) まだ電話をしていません。

正解 (A)
解説 電話の使い心地を聞いている(A)が正解。How do you like it? は「どうですか」と感想や意見をたずねるときの表現。
(B) 買い物に関する発言とdiscount「割引」を関連づけて選ばないこと。
(C) telephoneからcall「電話する」を関連づけて選ばないこと。

---

30. (M-Au) Should I pick you up from the airport?
(M-Cn) (A) No, I'll take a taxi.
(B) I picked a different one.
(C) It's a business class ticket.

空港に迎えにいったほうがいいですか。
(A) いいえ、タクシーに乗ります。
(B) 私は別のものを選びました。
(C) それはビジネスクラスのチケットです。

正解 (A)
解説 Should I ~?「私は~したほうがいいですか」に対してNoで断り、代わりの交通手段を答えている(A)が正解。pick ~ up「(車で)~を迎えにいく」。
(B) このpickは「~を選ぶ」という意味。質問への答えとして成り立たない。
(C) 空港と関連のある飛行機のチケットについて言っているが、質問の内容と合っていない。

---

31. (M-Cn) Let's put the desk in the corner of the room.
(W-Br) (A) I'll put it on a disk.
(B) They're in the storeroom.
(C) That's a good idea.

机を部屋の隅に置きましょう。
(A) 私はそれをディスクに保存します。
(B) それらは保管室にあります。
(C) それはいい考えですね。

正解 (C)
解説 提案に応じている(C)が正解。in the corner of ~「~の隅に」。
(A) 質問中のputや、deskと似た発音のdisk「ディスク」から誤って選ばないこと。
(B) Theyが指しているものが不明である。storeroom「保管室」。

---

32. (W-Am) Hasn't Mr. Lee hired a new assistant yet?
(M-Cn) (A) I insist you come with us.
(B) It's a new program.
(C) She starts on March 1.

Leeさんは新しいアシスタントをまだ雇っていないのですか。
(A) 何としても私たちと一緒に来てください。
(B) それは新しいプログラムです。
(C) 彼女は3月1日に着任します。

正解 (C)
解説 Hasn't ~ yet? は「まだ~していないのか」とたずねる否定疑問文。アシスタントが働き始める日にちを述べている(C)が対話の流れとして自然。hire「~を雇う」。
(A) assistantと発音が似ているinsist「~を主張する」から誤って判断しないこと。
(B) 質問中にあるnewが使われているが、内容が質問と合わない。

33. (W-Am) Which design did you like best?
    (W-Br) (A) The blue one.
           (B) Better than Monday.
           (C) No, it's not my favorite.

    どのデザインが一番気に入りましたか。
    (A) 青いものです。
    (B) 月曜日よりいいです。
    (C) いいえ、それは私の気に入っているものではありません。

    正解 (A)
    解説 Which ～?「どの～」に対し、好みのものを具体的に示している(A)が正解。oneはdesignを指している。
    (B) 曜日は話題にされていない。
    (C) Which ～?にはYes、Noでは答えない。質問と関係がありそうなfavorite「お気に入りのもの」が含まれているが、質問に対して適切に応答していない。

34. (M-Au) Would you please call Mr. Jones?
    (W-Am) (A) Yes, very pleasant.
           (B) I can't recall which one I ordered.
           (C) OK, but I'll need his telephone number.

    Jonesさんに電話していただけませんか。
    (A) はい、とても楽しいです。
    (B) どれを注文したのか思い出せません。
    (C) いいですが、彼の電話番号が必要です。

    正解 (C)
    解説 Would you ～?という依頼にOKと応じ、Mr. Jonesの電話番号が必要だと付け加えている(C)が応答として適切。
    (A) Yesの後の内容が質問と合わない。pleasant「(物事が)楽しい、心地よい」。
    (B) 質問中のcallとrecall「～を思い出す」を混同しないこと。

35. (M-Au) Isn't the construction almost finished?
    (W-Am) (A) Some building repairs.
           (B) It'll be done next week.
           (C) Clear instructions.

    建設工事はほぼ終わったのではありませんか。
    (A) 建物の修繕作業です。
    (B) 来週終わるでしょう。
    (C) 明確な指示です。

    正解 (B)
    解説 Isn't ～ finished?「終わったのではないのか」という否定疑問文に対し、終了予定の「時」を述べている(B)が適切。construction「建設(工事)」。
    (A) 質問の話題と関係のあるbuilding、repairs「修繕作業」が使われているが、質問への応答としては成立しない。
    (C) constructionと発音が似ているinstructions「指示、説明書」から選ばないこと。

36. (W-Br) Why are all these cars parked here?
    (M-Au) (A) Because the parking garage is full.
           (B) Yes, on Mercer Street.
           (C) Which park are you going to?

    なぜここにこんなに車が停められているのですか。
    (A) 駐車場が満車だからです。
    (B) はい、Mercer通りに。
    (C) どの公園に行くのですか。

    正解 (A)
    解説「理由」をたずねるWhy ～?に対し、Because ～で答え、その内容も質問と合う(A)が正解。park「駐車させる」、parking garage「駐車場」、full「いっぱいで」。
    (B) Why ～?にはYes、Noでは答えない。また、「場所」がたずねられているのではない。
    (C) 質問中のparkは動詞として、(C)のparkは「公園」という名詞として使われている。

Part 2

37. (M-Cn) Let's post this sign by the entrance now.
(W-Am) (A) I already signed it.
(B) Extended business hours.
(C) No, let's do it later.

今、入口のそばにこのお知らせを掲示しましょう。
(A) 私はそれにもうサインをしました。
(B) 延長された営業時間です。
(C) いいえ、後でやりましょう。

正解 (C)
解説 Let's 〜に対してNoと答え、後でやろうと別の提案をしている(C)が正解。do itはpost this sign by the entrance「入口のそばにこのお知らせを掲示する」を指している。post「(標識など)を掲示する」、sign「掲示、標識」。
(A) 質問中のsignは名詞として、(A)のsignは「〜に署名する」という動詞として使われている。
(B) extended「延長された」。

---

38. (M-Au) Wouldn't the brochures look better with some photographs?
(W-Br) (A) It looks good, too.
(B) With my new camera.
(C) You're right, they would.

パンフレットは写真付きのほうが見栄えがよいのではありませんか。
(A) それは見た目もいいです。
(B) 私の新しいカメラで。
(C) その通りです。見栄えがよいでしょう。

正解 (C)
解説 Wouldn't 〜?に対してYou're rightとその意見に賛成している(C)が正解。theyはthe brochures「パンフレット」を指している。wouldの後にはlook better with some photographs「写真付きのほうが見栄えがよい」が省略されている。
(A) 質問中の名詞(brochures、photographs)は複数形なので、itでは受けない。
(B) 質問中のphotographsとcameraを関連づけて選ばないこと。

---

39. (M-Cn) I can't find any notepaper.
(M-Au) (A) No thanks, I already recycled it.
(B) There's some in the top drawer.
(C) I found a good article on page three.

便せんが見つかりません。
(A) いいえ結構です。それをすでにリサイクルしました。
(B) 一番上の引き出しに何枚かあります。
(C) 3ページによい記事を見つけました。

正解 (B)
解説 便せんのある場所を伝えている(B)が応答として適切。someはsome notepaperを指している。notepaper「便せん」はpaperと同様に不可算名詞。drawer「引き出し」。
(A) No thanksはこの場面の応答としては不適切。recycle「〜を再生利用する」。
(C) 発言中のnotepaperをnewspaper「新聞」と聞き違えて選ばないこと。article「記事」。

---

40. (W-Br) The new equipment's been ordered, hasn't it?
(M-Cn) (A) In the supply catalog.
(B) The files are in order.
(C) It'll arrive next week.

新しい機材は注文してありますよね。
(A) 備品カタログの中に。
(B) ファイルは整頓してあります。
(C) 来週届きます。

正解 (C)
解説 付加疑問文で注文したことを確認する質問に対し、品物の到着予定を答えている(C)が正解。equipment'sはequipment hasの短縮形。equipment「機材」は不可算名詞であり、itで受ける。
(A) supply「(名詞で)補給品」。
(B) 質問中のorderedは動詞の過去分詞だが、(B)のorderは名詞。in orderで「整頓して」という意味。

Part 3

Unit 9　Society & Life （社会と生活）

Conversation A

Vocabulary (p.94)

(CD2-28)
1. (W-Am)
   ① 正解　Please save all business (receipts) and submit them to the accounting department.
      訳　業務上のレシートはすべて取っておき、経理部に提出してください。
   ② 正解　Since the concert was canceled, everyone will receive a full (refund).
      訳　コンサートは中止になったので、全員が全額返金を受けます。
   ③ 正解　We do not currently have any copies of that book (in stock).
      訳　そちらの書籍は、現在在庫がございません。
   ④ 正解　Mr. Richards (offered) me a ride to the station.
      訳　Richards さんは、私を駅まで車で送ると申し出てくれました。

Warm Up (p.94)

(CD2-30)
1. 正解　(C)
   選択肢　(A) At a restaurant
   　　　 (B) At an airport
   　　　 (C) At a store

   訳　(A) レストラン
   　　 (B) 空港
   　　 (C) 店

---

2. 正解　(A)
   選択肢　(A) The man will offer to make an exchange.
   　　　 (B) The man will buy a gift.
   　　　 (C) The man will make a reservation.

   訳　(A) 男性は交換を申し出る。
   　　 (B) 男性は贈り物を購入する。
   　　 (C) 男性は予約をする。

※ (CD2-30)(CD2-31) のスクリプトは 68 ページに掲載しています。

Part 3

Practice 1 (p.95)

1. 正解 (B)

    The speakers are [(A) customers. (B) a store clerk and a customer. (C) coworkers.]

    訳　2人は [(A) 顧客　(B) 店員と顧客　(C) 同僚] である。

2. 正解 (A)

    The speakers are talking about [(A) a recent purchase. (B) a new product line. (C) an advertised discount.]

    訳　2人は [(A) 最近の購入品　(B) 一連の新製品　(C) 宣伝された割引] について話している。

3. 正解 (B)

    The man asks if the woman [(A) will come back. (B) has a receipt. (C) can pay by credit card.]

    訳　男性は女性に [(A) 戻るつもりである　(B) レシートを持っている　(C) クレジットカードで支払える] かどうかをたずねている。

Practice 2 (p.95)

1. 正解 One of the plates was (broken).

    訳　お皿のうち1枚が割れていました。
2. 正解 Can I (exchange) it?

    訳　それを交換できますか。
3. 正解 We have (no) (more) of this design.

    訳　このデザインはもうありません。

Practice 3 (p.95)

1. 正解　F　More than two plates have been damaged.

    訳　2枚よりも多くの皿が割れていた。
2. 正解　F　The woman received the plates as a gift.

    訳　女性は皿を贈り物にもらった。
3. 正解　T　The set of dinner plates is not in stock.

    訳　その大皿セットは在庫切れである。
4. 正解　F　The woman will make an exchange.

    訳　女性は交換をするつもりである。
5. 正解　F　The woman will use all of the plates.

    訳　女性は皿をすべて使うつもりである。

Unit 9

Conversation A のスクリプトと訳 (p.94〜96)

※スクリプトの下線部は、(CD2 30) **Warm Up** で学習した箇所です。

(CD2 31) The questions for Conversation A refer to the following conversation.

Conversation Aの問題は次の会話に関するものです。

(W-Br) <u>Hello, could you help me? I bought this set of dinner plates at your store last week, but when I got home, I found that one of the plates was broken. Can I exchange it?</u>

こんにちは、ちょっとよろしいですか。先週、こちらのお店でこの大皿セットを買ったのですが、家に着いたらそのうちの1枚が割れていました。交換できますか。

(M-Cn) <u>I'm sorry to hear that.</u> We normally offer exchanges for all purchases, but we have no more of this design in stock. If you have a receipt, we can give you a full refund.

それは申し訳ございません。通常はどの購入品も交換しておりますが、こちらのデザインはもう在庫がございません。レシートをお持ちでしたら、全額返金できるのですが。

(W-Br) Yes, I have the receipt, but don't worry about the refund. I think I'll keep this set because I really like the design. I probably don't need all of the plates anyway.

はい、レシートはありますが、返金についてはご心配なく。デザインがとても気に入ってますからこのセットは取っておきます。いずれにしても恐らく全部のお皿は必要ないですから。

Words & Phrases

dinner plate ディナー用の大皿　　broken 【形】壊れて　　exchange 【動】交換する
normally 【副】通常は　　offer 【動】提供する、申し出る　　exchange 【名】交換(品)
purchase 【名】購入(品)　　in stock 在庫があって　　receipt 【名】レシート、領収書
refund 【名】返金　　anyway 【副】いずれにしても

Part 3

TOEIC形式問題に挑戦 (p.96)

1. What is the woman's problem? 　　　　女性の問題は何ですか。

    (A) She does not like a product design. 　　(A) 製品のデザインが好きではない。
    (B) She has a broken plate. 　　　　　　　(B) 割れた皿がある。
    (C) She has lost her receipt. 　　　　　　(C) レシートを紛失した。
    (D) She cannot find part of the set. 　　　(D) セットの一部が見つけられない。

正解 (B)
解説 女性は1回目の発言で I found that one of the plates was broken「その皿のうちの1枚が割れていた」と言っているので (B) が正解。
(A) 女性の2回目の発言に I really like the design「デザインがとても気に入っている」とある。
(C) 女性は2回目の発言で receipt「レシート」を持っていると述べている。

2. What does the man offer to do? 　　　男性は何をすると申し出ていますか。

    (A) Exchange an item 　　　　　　　　(A) 商品を交換する。
    (B) Return the woman's money 　　　　(B) 女性のお金を返す。
    (C) Give the woman a receipt 　　　　(C) 女性にレシートを渡す。
    (D) Order a new plate 　　　　　　　　(D) 新しい皿を注文する。

正解 (B)
解説 男性の発言の最後に、we can give you a full refund「全額返金できる」とある。give a refund「返金する」を言い換えた (B) が正解。
(A) 男性は、通常なら購入品を交換することができるが、女性が購入した皿は在庫がないと言っている。
(C) 男性は女性にレシートを持っているかどうかをたずねているが、レシートを渡すことは申し出ていない。

3. What does the woman decide to do? 　　女性はどうすることにしますか。

    (A) Accept the man's offer 　　　　　　(A) 男性の申し出を受ける。
    (B) Buy some new plates 　　　　　　　(B) 新しい皿を何枚か買う。
    (C) Keep a set of dishes 　　　　　　　(C) 皿のセットを取っておく。
    (D) Wait for the manager 　　　　　　　(D) 店長を待つ。

正解 (C)
解説 女性は2回目の発言で I think I'll keep this set「このセットは取っておく」と言っているので (C) が正解。(C) では会話の中で使われている plate「平皿」を dish「皿」で言い換えている。
(A) accept「受ける、応じる」。女性は、男性の申し出＝「全額返金」を受けるつもりはない。
(D) manager「管理者」。

Unit 9

Conversation B

Vocabulary (p.97)

1. (W-Am)
   ① 正解 (Unfortunately), it's going to rain in the afternoon.
      訳 あいにく、午後は雨が降りそうです。
   ② 正解 The bookstore is (opposite) the train station.
      訳 その書店は、電車の駅の向かいにあります。
   ③ 正解 The meeting room will be (available) after 3 P.M.
      訳 会議室は、午後3時から利用できます。
   ④ 正解 I'm busy (at the moment), so I'll call you at lunchtime.
      訳 今は忙しいので、昼休みに電話します。

Warm Up (p.97)

1. 正解 (C)
   選択肢 (A) A restaurant
   (B) An art exhibit
   (C) A hotel facility

   訳 (A) レストラン
   (B) 美術展
   (C) ホテルの施設

2. 正解 (B)
   選択肢 (A) The woman will give the man his bill.
   (B) The woman will give the man directions.
   (C) The woman will talk about her hobbies.

   訳 (A) 女性は男性に請求書を渡す。
   (B) 女性は男性に道順を説明する。
   (C) 女性は趣味について話す。

※ CD2-35 CD2-36 のスクリプトは 72 ページに掲載しています。

Part 3

Practice 1 (p.98)

1. 正解 (A)

    The speakers are [(A) a customer and a desk clerk. (B) colleagues. (C) hotel guests.]
    訳　2人は [(A) 顧客とフロント係　(B) 同僚　(C) ホテルの宿泊客] である。

2. 正解 (B)

    The man wants to find [(A) a restaurant. (B) a gym. (C) a conference hall.]
    訳　男性は [(A) レストラン　(B) ジム　(C) 会議場] を見つけたい。

3. 正解 (B)

    The man is asking [(A) when breakfast will be served. (B) when the gym reopens. (C) when checkout is.]
    訳　男性は [(A) 朝食の提供時間　(B) ジム再開の時刻　(C) チェックアウトの時刻] をたずねている。

Practice 2 (p.98)

1. 正解 We have a (gym), located on the fourth floor.
    訳　ジムは4階にあります。

2. 正解 Unfortunately, it's (closed) at the moment.
    訳　あいにく、それは現在閉まっています。

3. 正解 Do you know (when) it'll be available again?
    訳　また利用できるようになるのはいつかわかりますか。

Practice 3 (p.98)

1. 正解 T　The woman works at the hotel.
    訳　女性はホテルで働いている。

2. 正解 F　The man is not staying at the hotel.
    訳　男性はホテルに宿泊していない。

3. 正解 F　The gym is located in the basement.
    訳　ジムは地下にある。

4. 正解 F　The elevators are being cleaned.
    訳　エレベーターは清掃中である。

5. 正解 F　The woman will call the man's mobile phone.
    訳　女性は男性の携帯電話に連絡するつもりである。

Unit 9

Conversation B のスクリプトと訳 (p.97〜99)

※スクリプトの下線部は、CD2-35 **Warm Up** で学習した箇所です。

(CD2-36) The questions for Conversation B refer to the following conversation.

Conversation Bの問題は次の会話に関するものです。

(M-Au) <u>Hello, I understand you have a gym at this hotel, but I can't find it.</u>

こんにちは、こちらのホテルにはジムがあるそうですが、見つけられません。

(W-Am) <u>Yes, we have a gym</u>, located on the fourth floor, opposite the elevators. Unfortunately, it's closed at the moment for cleaning.

はい、ジムは4階、エレベーターの向かい側にございます。あいにく、現在は清掃中のため閉鎖しております。

(M-Au) That's too bad. I was really hoping to use it during my stay. Do you know when it'll be available again?

それは残念です。滞在中にぜひ利用したいと思っていたので。また利用できるようになるのはいつかわかりますか。

(W-Am) Well, the work is scheduled to be completed by around 2:30 this afternoon. If you'd like, I can call your room as soon as the gym reopens.

ええと、作業は本日の午後2時30分ごろまでに完了する予定です。よろしければ、ジムが再開し次第、お部屋までお電話させていただきます。

Words & Phrases

locate 【動】設ける、置く　　opposite 【前】向かいに　　elevator 【名】エレベーター
unfortunately 【副】あいにく、残念ながら　　at the moment 現在　　available 【形】利用できる
be scheduled to 〜　〜する予定である　　complete 【動】完了させる　　reopen 【動】再開する

Part 3

TOEIC形式問題に挑戦 (p.99)

1. Why is the gym closed? ジムはなぜ閉鎖されていますか。

    (A) It is being repaired. (A) 修理中だから。
    (B) It is being cleaned. (B) 清掃中だから。
    (C) The air conditioner is not working. (C) エアコンが作動していないから。
    (D) New equipment is being installed. (D) 新しい器具を設置中だから。

    正解 (B)
    解説 女性は1回目の発言で、it's closed at the moment for cleaning「現在は清掃中のため閉鎖している」と言っている。it は前文中の a gym を指すので、(B) が正解。
    (A) repair「修理する」。
    (C) air conditioner「エアコン」。
    (D) equipment「器具」、install「設置する」。

2. When will the gym be available? ジムはいつ利用可能になりますか。

    (A) At around 2:00 P.M. (A) 午後2時ごろ
    (B) At around 2:30 P.M. (B) 午後2時30分ごろ
    (C) At around 4:00 P.M. (C) 午後4時ごろ
    (D) At around 4:30 P.M. (D) 午後4時30分ごろ

    正解 (B)
    解説 女性は2回目の発言で、the work is scheduled to be completed by around 2:30 this afternoon「作業は本日の午後2時30分ごろまでに完了する予定である」と言っているので (B) が正解。the work は cleaning のことを指している。
    (C)・(D) 女性は1回目の発言でジムは4階にあると言っている。数字を混同しないように注意。

3. What does the woman offer to do? 女性は何をすると申し出ていますか。

    (A) Take the man to the gym (A) 男性をジムへ連れて行く。
    (B) Finish cleaning the man's room (B) 男性の部屋の掃除を終える。
    (C) Contact the man later (C) 男性に後で連絡する。
    (D) Give the man a brochure (D) 男性にパンフレットを渡す。

    正解 (C)
    解説 女性は2回目の発言の最後に、I can call your room as soon as the gym reopens「ジムが再開し次第、お部屋までお電話させていただきます」と言っている。同じ内容を contact「連絡する」を使って言い換えた (C) が正解。
    (B) 男性の部屋に連絡をすると言っているのであって、そこを掃除するとは言っていない。
    (D) brochure「パンフレット」。

Conversation C

Conversation C のスクリプトと訳 (p.100)

Questions 1 through 3 refer to the following conversation.

問題1〜3は次の会話に関するものです。

(M-Cn) Did you manage to go to the photography exhibition at the Museum of Modern Art last week?

先週、近代美術館の写真展には行くことができたかい?

(W-Am) Yes, I did. It was really interesting. Did you get a chance to see it, too?

ええ、行けたわ。とてもおもしろかった。あなたも行く機会があったの?

(M-Cn) Not yet, but I saw an article about the exhibition in the newspaper. It says the photos of India are fantastic, and they've already had over ten thousand visitors. So, I'm going to see it later today.

まだだけど、新聞で展示会についての記事を読んだよ。インドの写真が素晴らしく、すでに1万人以上の人が来訪したとあったよ。だから今日、後で見に行くつもりなんだ。

(W-Am) Oh, you'd better hurry up. The museum closes at seven on weeknights, and it's almost four already.

じゃあ、急いだほうがいいわね。美術館は平日の夜は7時に閉まるわ。もうすぐ4時よ。

Words & Phrases

manage to 〜 何とかして〜する　photography 【名】写真
exhibition 【名】展示会　get a chance to 〜 〜する機会を得る　article 【名】記事
fantastic 【形】素晴らしい　you'd better 〜 (= you had better 〜) 〜したほうがよい
hurry up 急ぐ　weeknight 【名】平日の夜　almost 【副】ほとんど

Part 3

TOEIC形式問題に挑戦 (p.100)

1. What are the speakers discussing?　　2人は何について話していますか。
   - (A) An art display
   - (B) An academic meeting
   - (C) A musical performance
   - (D) A trip overseas

   - (A) 美術展
   - (B) 学会
   - (C) 音楽演奏
   - (D) 海外旅行

正解 (A)

解説 男性は1回目の発言で、Did you manage to go to the photography exhibition at the Museum of Modern Art last week?「先週、近代美術館の写真展に行けたか」と女性に聞いており、2人の会話はその写真展について進んでいる。exhibition「展示会」をart display「美術展」と言い換えた(A)が正解。
(B) academic meeting「学会」。
(C) musical performance「音楽演奏」。
(D) overseas「海外へ」。

2. What does the man indicate about the event?　　男性はイベントについて何と示していますか。
   - (A) It is expensive.
   - (B) It is popular.
   - (C) It starts at seven.
   - (D) It will end in a week.

   - (A) 高価である。
   - (B) 人気がある。
   - (C) 7時に始まる。
   - (D) 1週間後に終了する。

正解 (B)

解説 男性が2回目の発言で、展示会についての新聞記事にthe photos of India are fantastic, and they've already had over ten thousand visitors「インドの写真が素晴らしく、すでに1万人以上の人が来訪した」とあったと言っている。このことから、展示会は人気があるとわかるので(B)が正解。
(A) expensive「高価な」。入場料については触れていない。
(C) 7時は平日の夜に美術館が閉館する時間として述べられているだけ。
(D) 終了する時期については触れていない。

3. What does the woman suggest the man do?　　女性は男性に何をするように勧めていますか。
   - (A) Visit the event soon
   - (B) Take photos for the show
   - (C) Work after hours
   - (D) Write about the event

   - (A) 早くイベントに行く。
   - (B) 展示会用の写真を撮る。
   - (C) 残業する。
   - (D) イベントについて書く。

正解 (A)

解説 今日写真展に行くつもりだという男性に対し、女性は2回目の発言でyou'd better hurry up「急いだほうがいい」と勧めているので、(A)が正解。このyou'dはyou hadの短縮形であり、had better ～は「～したほうがよい、～すべきである」という意味。
(B) show「展示会」のための写真を撮ることについては触れていない。
(C) hours「勤務時間」。残業については触れていない。
(D) 男性が2回目の発言で、イベント=写真展の記事について触れているが、女性は男性にイベントについて書くよう勧めていない。

Unit 9

Unit 10　Workplace & Business （職場とビジネス）

Conversation A

Vocabulary (p.101)

1. (W-Am)
   ① 正解　They live in a fashionable (district) of New York.
   　訳　彼らはニューヨークのおしゃれな地域に住んでいます。
   ② 正解　Let's first discuss the (minutes) of the last meeting.
   　訳　最初に前回の会議の議事録について話し合いましょう。
   ③ 正解　Please tell me the (exact) time that the seminar starts.
   　訳　セミナーが始まる正確な時刻を教えてください。
   ④ 正解　We will meet our (target) sales for this year.
   　訳　今年の売り上げ目標に達するでしょう。

Warm Up (p.101)

1. 正解　(A)
   選択肢　(A) Meeting minutes　　　　　　　　訳　(A) 議事録
   　　　　(B) A client　　　　　　　　　　　　　　(B) 顧客
   　　　　(C) A vacation　　　　　　　　　　　　(C) 休暇

2. 正解　(C)
   選択肢　(A) The man will make an appointment　　訳　(A) 男性は顧客と約束をする。
   　　　　　　with a client.
   　　　　(B) The man will talk about his vacation plans.　　(B) 男性は休暇の計画について話す。
   　　　　(C) The man will ask about a meeting.　　　　(C) 男性は会議について質問する。

※ CD2-41 CD2-42 のスクリプトは 78 ページに掲載しています。

Part 3

Practice 1 (p.102)

1. 正解 (B)

   The speakers [(A) have never met before. (B) are colleagues. (C) are a receptionist and a client.]

   訳　2人は [(A) これまで会ったことがない　(B) 同僚である　(C) 受付係と顧客である]。

2. 正解 (C)

   The speakers are discussing [(A) a promotion schedule. (B) a business trip. (C) an office move.]

   訳　2人は [(A) プロモーションの予定　(B) 出張　(C) 事務所の移転] について話している。

3. 正解 (B)

   The man needs [(A) some documents. (B) more information. (C) new office furniture.]

   訳　男性は [(A) 何枚かの書類　(B) もっと多くの情報　(C) 新しいオフィス家具] を必要としている。

Practice 2 (p.102)

1. 正解 We didn't decide on the exact (location).
   訳　正確な場所は決めませんでした。

2. 正解 That's all the (information) I need.
   訳　私が必要な情報はそれですべてです。

3. 正解 I should be able to complete the (minutes).
   訳　議事録を完成させられるでしょう。

Practice 3 (p.102)

1. 正解 F　The man has finished writing some meeting minutes.
   訳　男性は議事録を書き終えた。

2. 正解 T　The man wants to confirm some details.
   訳　男性は詳細を確認したい。

3. 正解 T　An office move was discussed in the meeting.
   訳　事務所の移転が会議で話し合われた。

4. 正解 F　The woman did not attend the meeting.
   訳　女性は会議に出席しなかった。

5. 正解 T　The woman answered the man's question.
   訳　女性は男性の質問に答えた。

Unit 10

Conversation A のスクリプトと訳 (p.101〜103)

※スクリプトの下線部は、(CD2 41) Warm Up で学習した箇所です。

(CD2 42) The questions for Conversation A refer to the following conversation.

Conversation Aの問題は次の会話に関するものです。

(W-Br) <u>Mark, could you finish the meeting minutes today instead of tomorrow? We need them earlier than I thought.</u>

Mark、議事録を明日ではなくて今日仕上げてもらえないかしら。私が思っていたよりも早く必要なの。

(M-Au) <u>I think so, because I'm almost finished,</u> but I need to check one thing with you. In the meeting, we discussed the office move to the city's business district. But I don't remember the name of the new office building.

大丈夫だと思うよ。もう少しで終わるから。でも、1点君に確認する必要があるんだ。会議で、都市部のビジネス街へのオフィス移転について話し合ったよね。でも、新しいオフィスビルの名前が思い出せないんだ。

(W-Br) Actually, we didn't decide on the exact location, but we agreed that our main target area is around the Bridgewater Tower.

実際のところ、正確な場所は決めなかったけれど、Bridgewater Tower 周辺をメインターゲットの地域に絞ることで合意したわよ。

(M-Au) OK, I see. That's all the information I need. I should be able to complete the minutes before the end of the day.

なるほど、わかった。その情報が必要だったんだよ。これで今日中に議事録を完成させられると思うよ。

Words & Phrases

meeting minutes 議事録　　instead of 〜　〜ではなく　　discuss【動】〜を話し合う
move【名】移転　　district【名】地区、地域　　exact【形】正確な
location【名】場所、位置　　complete【動】〜を完成させる
before the end of the day 今日中に

Part 3

TOEIC形式問題に挑戦 (p.103)

1. What does the woman ask the man to do? 女性は男性に何を依頼していますか。

   (A) Change the time of a meeting
   (B) Find an office building
   (C) Finish some work early
   (D) Call the building manager

   (A) 会議時間を変更する。
   (B) オフィスビルを見つける。
   (C) 作業を早く終える。
   (D) 建物の管理者に電話する。

   正解 (C)
   解説 女性は1回目の発言で、議事録を明日ではなく今日仕上げるように頼んでいるので (C) が正解。
   (A) meetingという語は出てくるが、会議時間を変更するとは言っていない。
   (B) オフィスビルについては男性が名前を思い出せないと言っているだけである。
   (D) 建物の管理者については触れていない。

2. What does the man want to know? 男性は何を知りたいですか。

   (A) A building name
   (B) A meeting location
   (C) The time of a move
   (D) The reason for a move

   (A) 建物の名前
   (B) 会議の場所
   (C) 移転の時期
   (D) 移転の理由

   正解 (A)
   解説 男性は1回目の発言で、議事録を完成させるにあたり、1点確認する必要があると言った後、I don't remember the name of the new office building「新しいオフィスビルの名前が思い出せない」と言っているので (A) が正解。
   (B) 女性の2回目の発言に location「場所」とあるが、女性が話題にしているのは会議ではなくオフィスの場所である。
   (C)・(D) 移転の「時期」と「理由」については触れていない。

3. When does the man expect to finish the minutes? 男性は議事録をいつ仕上げる見込みですか。

   (A) Later today
   (B) Tomorrow morning
   (C) Tomorrow evening
   (D) Next week

   (A) 今日後で
   (B) 明日の朝
   (C) 明日の晩
   (D) 来週

   正解 (A)
   解説 男性は2回目の発言で、I should be able to complete the minutes before the end of the day.「今日中に議事録を完成させられると思う」と言っている。before the end of the day は「今日の終わりまでに」→「今日中に」という意味なので、同じ内容を言い換えた (A) が正解。
   (B)・(C) 女性の1回目の発言に tomorrow とあるが、最終的に男性は今日中にできると言っている。
   (D) next week「来週」は会話に出てこない。

Conversation B

Vocabulary (p.104)

(CD2 44)

1. (W-Am)
   ① 正解 Can we meet next Friday (instead)?
      訳 代わりに来週の金曜日に会えますか。
   ② 正解 Could you help me (prepare) for the presentation?
      訳 プレゼンテーションの準備をするのを手伝っていただけませんか。
   ③ 正解 How many (attendees) will there be at this meeting?
      訳 この会議の出席者は何人の予定ですか。
   ④ 正解 Make sure that the work has been done (properly).
      訳 その作業が適切になされたことを確認してください。

Warm Up (p.104)

(CD2 46)

1. 正解 (B)
   選択肢 (A) A training program
         (B) A mechanical problem
         (C) A publication
   訳 (A) 研修プログラム
      (B) 機械の不具合
      (C) 出版物

2. 正解 (B)
   選択肢 (A) The speakers will talk about a training instructor.
         (B) The speakers will call a repair service.
         (C) The speakers will discuss a newspaper article.
   訳 (A) 2人は研修講師について話す。
      (B) 2人は修理サービスに電話する。
      (C) 2人は新聞記事について話し合う。

※ (CD2 46) (CD2 47) のスクリプトは82ページに掲載しています。

Part 3

Practice 1 (p.105)

1. **正解** (C)

   The conversation is most likely taking place [(A) at a school. (B) at a repair shop. (C) in an office.]

   訳　会話は [(A) 学校で　(B) 修理店で　(C) オフィスで] 行われていると考えられる。

2. **正解** (A)

   The speakers are talking about [(A) a printing problem. (B) computer software. (C) a user's manual.]

   訳　2人は [(A) 印刷の不具合　(B) コンピュータソフト　(C) 使用者向け手引書] について話している。

3. **正解** (A)

   The woman needs to [(A) prepare some documents. (B) install a new software program. (C) set up a projector.]

   訳　女性は [(A) 書類を用意する　(B) 新しいソフトウェアをインストールする　(C) プロジェクターを準備する] 必要がある。

Practice 2 (p.105)

1. **正解** I'm trying to get some (reports) ready.
   訳　私は報告書を用意しようとしています。
2. **正解** Do you have any idea what's (wrong) with it?
   訳　それについて何が悪いかわかりますか。
3. **正解** That's too (late) for me.
   訳　それでは私には遅すぎます。

Practice 3 (p.105)

1. **正解** F　The woman has a problem with her computer.
   訳　女性は自分のコンピュータに問題を抱えている。
2. **正解** F　The woman has called some service engineers.
   訳　女性は修理技術者に電話した。
3. **正解** T　Repair people will come in the afternoon.
   訳　修理技術者は午後来る予定である。
4. **正解** F　The woman is late for a presentation.
   訳　女性はプレゼンテーションに遅刻している。
5. **正解** T　There is a printer on the eighth floor.
   訳　8階にはプリンターがある。

Unit 10

Conversation B のスクリプトと訳 (p.104〜106)

※スクリプトの下線部は、(CD2 46) Warm Up で学習した箇所です。

(CD2 47) The questions for Conversation B refer to the following conversation.

Conversation Bの問題は次の会話に関するものです。

(W-Br) Hi, Brian. Perhaps you could help me. I'm trying to get some reports ready, but the printer isn't working properly. Do you have any idea what's wrong with it?

ねえ、Brian。あなたなら助けてくれるかと思って。報告書を用意しようとしているのだけど、プリンターがきちんと作動しないの。どこが悪いかわかるかしら。

(M-Cn) I really don't know what the problem is, but I've already called the service engineers to fix it. They'll be here immediately after lunch.

何が問題かはまったくわからないけど、修理技術者に修理するようにもう電話しておいたよ。昼食後すぐに来るはずだよ。

(W-Br) Unfortunately, that's too late for me. I have a presentation this morning, and I need to prepare copies of the report for all the attendees. Is there anything else I can do?

あいにく、それじゃ遅すぎるわ。今日の午前中にプレゼンテーションがあって、出席者全員に報告書のコピーを用意しなければならないの。何かほかにできることはないかしら。

(M-Cn) Well, there's another printer in the public relations department on the eighth floor. Why don't you use that one instead?

ええと、8階の広報部に別のプリンターがあるよ。代わりにそれを使ったらどうだい。

Words & Phrases

perhaps 【副】 恐らく、もしかしたら　　get 〜 ready　〜を用意する、〜を準備する
report 【名】 報告書　　work 【動】 作動する　　properly 【副】 きちんと、適切に
service engineer　修理技術者　　fix 【動】 修理する　　immediately 【副】 ただちに
unfortunately 【副】 あいにく、残念ながら　　presentation 【名】 プレゼンテーション、発表
copy 【名】 コピー、写し　　attendee 【名】 出席者　　public relations department　広報部
Why don't you 〜?　〜したらどうか。

Part 3

TOEIC形式問題に挑戦 (p.106)

1. What does the woman want to do? 女性は何をしたいと思っていますか。

    (A) Attend a meeting
    (B) Print out a report
    (C) Promote a product
    (D) Move to the eighth floor

    (A) 会議に出席する。
    (B) 報告書を印刷する。
    (C) 製品を宣伝する。
    (D) 8階に移動する。

正解 (B)
解説 print out「～を印刷する」。女性は1回目の発言で I'm trying to get some reports ready, but the printer isn't working properly.「報告書を用意しようとしているが、プリンターがきちんと作動しない」と言っているので、(B) が正解。
(A) attend「～に出席する」。
(C) promote「～を宣伝する」。
(D) move to ～「～に移動する」。男性は2回目の発言で、8階の広報部にある別のプリンターを使うことを勧めているが、女性の目的は8階に移動することではない。

2. What does the man say he has already done? 男性はすでに何をしたと言っていますか。

    (A) Given a presentation
    (B) Submitted a report
    (C) Telephoned service engineers
    (D) Had a lunch meeting

    (A) プレゼンテーションをした。
    (B) 報告書を提出した。
    (C) 修理技術者に電話した。
    (D) 昼食会議を行った。

正解 (C)
解説 男性は1回目の発言で、I've already called the service engineers「修理技術者にもう電話した」と言っているので、その内容を動詞の telephone「電話をかける」で言い換えた (C) が正解。
(A) presentation は、女性が午前中に行うことであり、男性が行ったとは言っていない。
(B) submit「提出する」。report「報告書」は女性が用意しようとしているもの。
(D) 修理技術者は昼食後に来ると言っているが、男性が昼食会議を行ったとは言っていない。

3. What does the man suggest the woman do? 男性は女性に何をするように勧めていますか。

    (A) Cancel a meeting
    (B) Request a repair
    (C) Write a report
    (D) Use another printer

    (A) 会議を中止する。
    (B) 修理を依頼する。
    (C) 報告書を書く。
    (D) 別のプリンターを使う。

正解 (D)
解説 男性は2回目の発言で there's another printer in the public relations department on the eighth floor. Why don't you use that one instead?「8階の広報部に別のプリンターがある。代わりにそれを使ったらどうか」と勧めているので、(D) が正解。
(A) cancel「中止する」。
(B) repair「修理」の依頼は男性がすでに済ませた。

Conversation C

Conversation C のスクリプトと訳 (p.107)

Questions 1 through 3 refer to the following conversation.

問題1～3は次の会話に関するものです。

(M-Au) Patty, I e-mailed you yesterday about Tom's retirement party tomorrow. Do you think you can help me set it up?

Patty、明日の Tom の退職パーティーについて、昨日君に E メールを送ったよ。準備を手伝ってもらうことができそうかな。

(W-Br) Unfortunately, I don't think I'll be able to get there by four because I have to finish this proposal.

あいにくだけど、この企画書を仕上げないといけないから 4 時までには行けないと思うわ。

(M-Au) I understand. In that case, don't worry about the preparations. Will you still be able to arrive by six-thirty to give a brief speech before the slide show?

わかった。そういうことなら準備については心配しなくていいよ。それでもスライドショーの前に簡単なスピーチをするのに、6 時 30 分までには来られそうかい？

(W-Br) That should be fine. I'll ask Antonia to help me finish the proposal so that I can be there by then.

それは大丈夫なはずよ。その時までに行けるように、企画書を仕上げる手伝いを Antonia に頼んでみるから。

Words & Phrases

e-mail 【動】 Eメールを送る　　retirement 【名】 退職　　set ～ up　～の準備をする
proposal 【名】 企画書　　in that case　その場合　　worry about ～　～を心配する
preparation 【名】 準備　　arrive 【動】 到着する　　brief 【形】 簡潔な
slide show　スライドショー　　so that ＋主語＋can＋動詞　～が…できるように

Part 3

TOEIC形式問題に挑戦 (p.107)

1. Where does the conversation most likely take place?　　この会話はどこで行われていると考えられますか。

    (A) In a showroom　　(A) ショールーム
    (B) In a store　　(B) 店
    (C) In a restaurant　　(C) レストラン
    (D) In an office　　(D) オフィス

    正解 (D)
    解説 男性の1回目の発言にあるretirement party「退職パーティー」や、女性の1回目の発言にあるI have to finish this proposal「この企画書を仕上げなければならない」から(D)が正解と判断できる。
    (A) 男性の2回目の発言にあるslide show「スライドショー」と同じ音を含むことから選ばないこと。
    (B)・(C) store「店」やrestaurant「レストラン」と判断できる発言はない。

2. What does the man plan to do tomorrow?　　男性は明日何をする予定ですか。

    (A) E-mail colleagues　　(A) 同僚にEメールを送る。
    (B) Retire from a company　　(B) 会社を退職する。
    (C) Finish a proposal　　(C) 企画書を仕上げる。
    (D) Set up a party　　(D) パーティーの準備をする。

    正解 (D)
    解説 男性は1回目の発言で、明日のTomの退職パーティーについてDo you think you can help me set it up?「自分が準備するのを手伝ってもらえそうか」と聞いているので(D)が正解。
    (A) Eメールは男性が昨日女性に送ったと言っているだけ。
    (B) retire「退職する」はTomに関することであり、話し手の男性ではない。
    (C) proposal「企画書」の話は出ているが、仕上げるのは女性であり、話し手の男性ではない。

3. What will the woman most likely do next?　　女性は次に何をすると考えられますか。

    (A) Give a slide show　　(A) スライドショーを上映する。
    (B) Review a colleague's work　　(B) 同僚の仕事を見直す。
    (C) Request a coworker's assistance　　(C) 同僚に手伝いを依頼する。
    (D) Go to a party　　(D) パーティーに行く。

    正解 (C)
    解説 coworker「同僚」、assistance「手伝い」。女性は2回目の発言でI'll ask Antonia to help me「Antoniaに手伝いを頼む」と言っている。同じ内容を別の表現で言い換えている(C)が正解。
    (A) 男性の2回目の発言より、スライドショーは翌日の退職パーティーの中で行われるとわかるので不適切。
    (B) colleague「同僚」。
    (D) 男性の1回目の発言から、パーティーはこの会話の翌日開かれるとわかるので不適切。

Unit 11 Personnel & Training (人事と研修)

Conversation A

Vocabulary (p.108)

1. (W-Am)
    ① 正解 I work in research and (development).
       訳 私は研究開発部で働いています。
    ② 正解 Traveling to Europe was a good (experience) for me.
       訳 ヨーロッパへの旅行は、私にとってよい経験になりました。
    ③ 正解 That company is (expanding) quickly.
       訳 その会社は、急速に拡大しています。
    ④ 正解 If you need any (assistance), please let me know.
       訳 助けが必要でしたら、私にお知らせください。

Warm Up (p.108)

1. 正解 (C)
   選択肢 (A) A presentation   訳 (A) プレゼンテーション
         (B) A hotel reservation   (B) ホテルの予約
         (C) A person   (C) 1人の人物

2. 正解 (A)
   選択肢 (A) The speakers will talk about the transfer of a colleague.   訳 (A) 2人は同僚の異動について話す。
         (B) The speakers will talk about a sales project.   (B) 2人は売上計画について話す。
         (C) The speakers will talk about their vacation abroad.   (C) 2人は海外での休暇について話す。

※ (CD2 52) (CD2 53) のスクリプトは 88 ページに掲載しています。

86

Part 3

Practice 1 (p.109)

1. 正解 (A)

    The speakers [(A) are working together. (B) have never met before. (C) attended the same presentation.]
    - 訳　2人は [(A) 一緒に働いている　(B) これまで会ったことがない　(C) 同じプレゼンテーションに出席した]。

2. 正解 (C)

    The speakers are talking about [(A) a business trip. (B) a visiting professor. (C) a new colleague.]
    - 訳　2人は [(A) 出張　(B) 客員教授　(C) 新しい同僚] について話している。

3. 正解 (B)

    Maisie Harford will [(A) move to Sydney. (B) work on a project. (C) become a manager.]
    - 訳　Maisie Harfordは [(A) シドニーに引っ越す　(B) プロジェクトに取り組む　(C) 管理者になる]。

Practice 2 (p.109)

1. 正解 I hear she has a lot of (experience).
    - 訳　彼女は経験が豊富だと聞いています。
2. 正解 I'm sure she'll (fit) (in) very well here.
    - 訳　彼女はきっとここにうまく溶け込めると思います。
3. 正解 I'm looking forward to (working) with her.
    - 訳　私は彼女と仕事をすることを楽しみにしています。

Practice 3 (p.109)

1. 正解 T　Maisie Harford will assist the speakers.
    - 訳　Maisie Harfordは2人を手伝う予定である。
2. 正解 T　The speakers are working on a new product development project.
    - 訳　2人は新製品開発プロジェクトに取り組んでいる。
3. 正解 F　The woman has worked with Maisie Harford before.
    - 訳　女性は以前Maisie Harfordと仕事をしたことがある。
4. 正解 T　The man has met Maisie Harford.
    - 訳　男性はMaisie Harfordに会ったことがある。
5. 正解 F　A project has been canceled.
    - 訳　プロジェクトは中止になった。

Conversation A のスクリプトと訳 (p.108〜110)

※スクリプトの下線部は、CD2-52 **Warm Up** で学習した箇所です。

(CD2-53) The questions for Conversation A refer to the following conversation.

Conversation Aの問題は次の会話に関するものです。

(M-Cn) <u>Did you hear that Maisie Harford is coming over from the Sydney office? She's going to help us with our new product development project.</u>

Maisie Harford がシドニー支店から来るって聞いたかい？ 僕たちの新製品開発プロジェクトを手伝ってくれるそうだよ。

(W-Am) <u>I didn't know that.</u> I hear she has a lot of experience, but I've never met her. Do you know much about her?

それは知らなかったわ。彼女は経験が豊富だとは聞いているけれど、会ったことは一度もないの。彼女のことをよく知っているの？

(M-Cn) Yes, I met her last year when I visited our Sydney office, and I'm sure she'll fit in very well here. She was professional and friendly. I'm looking forward to working with her again.

ああ、昨年シドニー支店を訪ねたときに会ったよ。彼女はきっとここにうまく溶け込めると思うな。プロ意識が高くて気さくな人だったよ。また一緒に仕事をするのが楽しみだ。

(W-Am) Well, this project is expanding, so the extra assistance will be very helpful.

このプロジェクトは規模が拡大してきているから、手伝いが加わるととても助かるわね。

― **Words & Phrases** ―

come over　やって来る　　product 【名】製品、商品　　development 【名】開発
be sure ～　きっと～だと思う　　fit in　（環境などに）溶け込む
professional 【形】プロ意識が高い、専門的な　　friendly 【形】気さくな、友好的な
look forward to ～ing　～することを楽しみにする　　expand 【動】拡大する、広がる
extra 【形】追加の　　assistance 【名】援助、手伝い　　helpful 【形】助けになる、役立つ

Part 3

TOEIC形式問題に挑戦 (p.110)

1. Where did the man meet Maisie Harford?　男性はどこで Maisie Harford に会いましたか。

    (A) At an office party
    (B) At a product development seminar
    (C) In the Sydney office
    (D) In a university class

    (A) 職場のパーティー
    (B) 商品開発セミナー
    (C) シドニー支店
    (D) 大学の授業

    正解 (C)
    解説 男性は Maisie Harford について、2回目の発言で I met her last year when I visited our Sydney office「昨年シドニー支店を訪ねたときに会った」と言っているので、(C) が正解。
    (A)・(D) 職場のパーティーや大学の授業は会話に出てこない。
    (B) seminar「セミナー」。男性の1回目の発言に new product development project「新製品開発プロジェクト」とあるが、Maisie と出会った機会を示すものではない。

2. What does the man say about Maisie Harford?　男性は Maisie Harford について何と言っていますか。

    (A) She is quiet.
    (B) She is well-educated.
    (C) She is professional.
    (D) She is inexperienced.

    (A) もの静かである。
    (B) 教養がある。
    (C) プロ意識が高い。
    (D) 経験が不足している。

    正解 (C)
    解説 professional「プロ意識が高い」。男性は2回目の発言で、She was professional and friendly.「彼女はプロ意識が高くて気さくだった」と言っているので、(C) が正解。
    (A)・(B) quiet「もの静かな」や well-educated「教養がある」ということは述べられていない。
    (D) inexperienced「経験が浅い」。女性は1回目の発言で she has a lot of experience「彼女は経験が豊富だ」と言っているが、男性は Maisie Harford の経験については触れていない。

3. Why do the speakers need help with the project?　2人はなぜプロジェクトを手伝ってもらう必要がありますか。

    (A) The amount of work is increasing.
    (B) A colleague will retire soon.
    (C) The work is behind schedule.
    (D) A colleague will be transferred to another office.

    (A) 仕事量が増えているから。
    (B) 同僚がもうすぐ退職するから。
    (C) 仕事が予定より遅れているから。
    (D) 同僚がほかのオフィスに転勤するから。

    正解 (A)
    解説 amount「量」、increase「増加する」。女性が2回目の発言で、this project is expanding, so the extra assistance will be very helpful「このプロジェクトは規模が拡大してきているから、手伝いが加わるととても助かる」と言っていることから、(A) が正解。
    (B) retire「退職する」。
    (C) behind schedule「予定より遅れて」。
    (D) transfer「転勤させる」。

Unit 11

Conversation B

Vocabulary (p.111)

1. (W-Am)
   ① 正解 This test (is required for) all new employees.
      訳 このテストは、すべての新入社員にとって必修です。
   ② 正解 We have (similar) software.
      訳 私どもには似たようなソフトウェアがあります。
   ③ 正解 It's all explained in the user's (manual).
      訳 使用者向け手引書の中で、すべて説明されています。
   ④ 正解 Which conference (session) are you attending this afternoon?
      訳 今日の午後、どの会議セッションに出席しますか。

Warm Up (p.111)

1. 正解 (A)
   選択肢 (A) A seminar   訳 (A) 研修
         (B) A company picnic   (B) 会社の親睦会
         (C) A job application   (C) 就職申し込み

2. 正解 (A)
   選択肢 (A) The speakers will talk about a training schedule.   訳 (A) 2人は研修の予定について話す。
         (B) The speakers will talk about sending a résumé.   (B) 2人は履歴書を送ることについて話す。
         (C) The speakers will talk about the weather report.   (C) 2人は天気予報について話す。

※ CD2-57 CD2-58 のスクリプトは 92 ページに掲載しています。

Part 3

Practice 1 (p.112)

1. 正解 (C)

   The event is [(A) a job fair. (B) a sales meeting. (C) a training program.]
   訳　その催しは [(A) 就職説明会　(B) 営業会議　(C) 研修プログラム] である。

2. 正解 (B)

   [(A) Both of the speakers have attended the event. (B) One of the speakers has attended the event. (C) Neither of the speakers has attended the event.]
   訳　[(A) その催しには話し手は2人とも参加した　(B) その催しには話し手のうち1人が参加した　(C) その催しには話し手のどちらも参加していない]。

3. 正解 (B)

   The event [(A) takes place only once. (B) takes place on different days. (C) has been canceled.]
   訳　その催しは [(A) 1度だけ行われる　(B) 異なる日程で行われる　(C) キャンセルされた]。

Practice 2 (p.112)

1. 正解　It was very well (organized) and I enjoyed it.
   訳　とてもよくまとまっていて、楽しかったです。
2. 正解　There was a lot of (information) to cover.
   訳　扱う情報がたくさんありました。
3. 正解　I know (what) to expect.
   訳　私はどんなものか予想がつきます。

Practice 3 (p.112)

1. 正解　F　The event takes about three hours.
   訳　　その催しは約3時間かかる。
2. 正解　F　The woman rescheduled her session.
   訳　　女性はセッションの日程を再調整した。
3. 正解　T　The woman used to work for a different company.
   訳　　女性は以前、別の会社に勤務していた。
4. 正解　F　All the sessions are already finished.
   訳　　すべてのセッションがすでに終了している。
5. 正解　T　There is a user's manual for the system.
   訳　　システムに関する使用者向け手引書がある。

Unit 11

Conversation B のスクリプトと訳 (p.111〜113)

※スクリプトの下線部は、CD2-57 Warm Up で学習した箇所です。

(CD2-58) The questions for Conversation B refer to the following conversation.

Conversation Bの問題は次の会話に関するものです。

(W-Br) <u>Have you attended a training session on the new time sheet system yet? It's required for all office staff.</u>

新しいタイムシートシステムの研修会にはもう参加したの？ 全社員、必修よ。

(M-Au) <u>Yes,</u> I went to the session that was held last Friday. It was very well organized and I enjoyed it. But there was a lot of information to cover in two hours. Have you been to it yet?

うん。この前の金曜日に行われた会に行ったよ。とてもよくまとまっていて、楽しかった。でも2時間で扱うにはかなりの情報量だったよ。君はもう行ったのかい？

(W-Br) No, I'm going to attend the session next Thursday. Actually, we had a similar system at my previous company, so I think I know what to expect.

まだよ。来週の木曜日の会に参加するつもりなの。実は、前の会社で同じようなシステムを使っていたから、どんなものかだいたい予想がつくわ。

(M-Au) Even so, you should probably read through the manual before you attend.

そうだとしても、たぶん、参加する前にマニュアルに目を通しておいたほうがいいよ。

Words & Phrases

attend 【動】参加する、出席する　　training session　研修会
time sheet　タイムシート、勤務記録表　　be required for ～　～に必修である
organized 【形】まとまった、整った　　information 【名】情報　　cover 【動】扱う
similar 【形】同じような、類似した　　previous 【形】前の　　expect 【動】予想する、予期する
even so　そうだとしても　　probably 【副】きっと、恐らく　　read through ～　～を通読する
manual 【名】マニュアル、手引書

Part 3

TOEIC形式問題に挑戦 (p.113)

1. What kind of training are the speakers discussing?

   (A) Recording sales
   (B) Using a time sheet system
   (C) Writing a manual
   (D) Taking a customer's call

   2人はどのような研修について話していますか。

   (A) 売上げを記録すること
   (B) タイムシートシステムを使うこと
   (C) マニュアルを書くこと
   (D) 顧客からの電話に応対すること

   正解 (B)
   解説 女性の1回目の発言に a training session on the new time sheet system「新しいタイムシートシステムの研修会」とあり、その後もその研修について会話が進められているので (B) が正解。
   (A) record「(動詞で)記録する」。
   (C) 男性の2回目の発言に manual「マニュアル」とあるが、研修内容はマニュアルを書くことではない。

2. What is mentioned about the training?

   (A) It is required for all staff.
   (B) It takes place every Friday.
   (C) It is held twice a year.
   (D) It is organized by the woman.

   研修について何と述べられていますか。

   (A) 全社員必修である。
   (B) 毎週金曜日に行われている。
   (C) 年に2度開かれている。
   (D) その女性によってまとめられている。

   正解 (A)
   解説 女性の1回目の発言に It's required for all office staff.「全社員に必修である」とある。この It は前文の a training session「研修会」を指すので、(A) が正解。
   (B) 男性は1回目の発言で、金曜日の研修に出たと言っているが、女性は来週の木曜日に出席するつもりだと言っているので不適切。また、毎週研修があるとはどちらの話し手も言っていない。
   (D) organize「まとめ上げる」。男性の1回目の発言に It was very well organized「とてもよくまとまっていた」とあるが、これは研修の内容を指しているのであり、会をとりまとめた人物については触れていない。

3. What does the man suggest the woman do?

   (A) Ask for a different assignment
   (B) Go to the session immediately
   (C) Talk to other staff members
   (D) Read some material before the session

   男性は女性に何をするように勧めていますか。

   (A) 別の課題を要望する。
   (B) ただちに研修会に行く。
   (C) ほかの社員と話をする。
   (D) 研修会の前に資料を読む。

   正解 (D)
   解説 男性は2回目の発言で、you should probably read through the manual before you attend「たぶん、参加する前にマニュアルに目を通しておくほうがよい」と女性に勧めているので、(D) が正解。(D) では manual を material「資料」と言い換えている。
   (A) assignment「課題」については触れていない。
   (B) immediately「ただちに」。
   (C) ほかの社員のことは会話に出てこない。

Conversation C

Conversation C のスクリプトと訳 (p.114)

Questions 1 through 3 refer to the following conversation.

(M-Cn) Did many people apply for the assistant manager position in the marketing department?

(W-Br) Yes, we have some good candidates, and we'll have the first round of interviews this afternoon. Would you like to see the resumés?

(M-Cn) Not right now. I won't be there for the first round, but I'll need to look over the resumés before attending the second round next week. Can you send the resumés before then?

(W-Br) OK. I'll e-mail you all of the information later.

問題1～3は次の会話に関するものです。

マーケティング部の係長職にはたくさんの人が応募したのかい？

ええ、何人か良い候補者がいて、今日の午後1次面接を行う予定です。履歴書に目を通されますか。

今はいいよ。私は1次面接には出ない予定だけれど、来週2次面接に出席する前に履歴書に目を通しておかなくてはならないね。それまでに履歴書を送ってくれるかな。

わかりました。後ほど、すべての情報をEメールでお送りします。

Words & Phrases

apply for ~　～に応募する　　assistant manager　係長　　position【名】職
candidate【名】候補者　　first round of ~　1回目の～　　interview【名】面接
resumé【名】履歴書　　look over ~　～にひと通り目を通す　　e-mail【動】Eメールを送る

Part 3

TOEIC形式問題に挑戦 (p.114)

1. What are the speakers talking about?　　2人は何について話していますか。

    (A) Job descriptions　　　　　　　　　(A) 職務内容
    (B) A training plan　　　　　　　　　　(B) 研修計画
    (C) Interview costs　　　　　　　　　　(C) 面接の経費
    (D) A recruitment process　　　　　　　(D) 採用過程

正解 (D)
解説 recruitment「募集、採用」。男性が1回目の発言で、マーケティング部の係長職への応募状況をたずね、2人はその面接日程や履歴書について話しているので、(D) が正解。
(A) job description「職務内容」には触れていない。
(B) 研修については触れていない。
(C) interview「面接」という語が出てくるが、経費については触れていない。

2. When will the man most likely meet　　男性はいつ応募者に会うと考えられますか。
   the applicants?

    (A) Later today　　　　　　　　　　　　(A) 今日後で
    (B) Later this week　　　　　　　　　　(B) 今週の後半
    (C) Next week　　　　　　　　　　　　(C) 来週
    (D) The week after next　　　　　　　　(D) 再来週

正解 (C)
解説 男性は2回目の発言で before attending the second round next week「来週2次面接に出る前に」と言っているので、2次面接で来週応募者に会うことがわかる。よって (C) が正解。
(A) 女性の1回目の発言に we'll have the first round of interviews this afternoon「今日の午後1次面接を行う予定だ」とあるが、男性はその後、1次面接には出ない予定だと言っている。つまり、男性は今日は応募者と面接しないことがわかる。
(B) 今週の後半、(D) 再来週については会話に出てこない。

3. What does the man ask the woman to do?　　男性は女性に何をするように頼んでいますか。

    (A) Apply for a position　　　　　　　　(A) 職に応募する。
    (B) Send him some résumés　　　　　　(B) 男性に履歴書を送る。
    (C) E-mail some job candidates　　　　　(C) 職の候補者にEメールを送る。
    (D) Contact the assistant manager　　　 (D) 係長に連絡をとる。

正解 (B)
解説 男性は2回目の発言で、Can you send the résumés before then?「それまでに履歴書を送ってくれますか」と依頼している。よって、(B) が正解。
(C) 女性の1回目の発言に candidate「候補者」とあるが、候補者にEメールを送ることについては触れていない。

Challenge 3 (問題編 p.116～122)

Questions 1 through 3 refer to the following conversation.

問題1-3は次の会話に関するものです。

(M-Au) Hana, what should we do with the empty office downstairs? I was thinking we could turn it into another meeting room. We really could use the additional space for small groups.

Hana、下の階の空いている部屋についてはどうしようか。そこをもう1つの会議室にできないかと考えていたんだ。ぜひ少人数グループ用に、もっとスペースを使いたいからね。

(W-Am) Well, we might have to keep it as office space. We've hired more summer employees than usual. I don't know if five interns'll fit up here.

ああ、そこはオフィススペースのままにしておかなくてはならないと思うわ。通常より多くの夏季従業員を雇ったから。5人の実習生がここに収まるかどうかわからないわ。

(M-Au) Oh, five interns—that is a lot. Maybe they would be more comfortable downstairs. Let's go and check how big that office really is.

そうか、実習生5人か。それは多いね。それなら、下の階のほうが快適かもしれないな。あの部屋が実際どれくらいの広さなのか、行って確認しようよ。

Words & Phrases

empty 【形】 空いている、空の office 【名】 執務室 downstairs 【副】 階下に
turn ～ into ... ～を…に変える additional 【形】 追加の hire 【動】 ～を雇う
more ～ than usual 通常より多くの～ intern 【名】 実習生 fit 【動】 収まる
comfortable 【形】 快適な

---

1 この会話の主題は何ですか。
(A) オフィススペース
(B) コンピュータの研修
(C) 休暇の予定
(D) 仕事の備品

正解 (A)
解説 男性は1回目の発言で、... what should we do with the empty office downstairs?「下の階の空いている部屋についてどうするか」と女性にたずねている。その後も階下の空きスペースに関する話が続くので、正解は(A)。
(B) 会話に出てくるinterns「実習生」からtraining「研修」と関連づけて判断しないこと。

---

2 何人の実習生が雇われましたか。
(A) 2人
(B) 3人
(C) 4人
(D) 5人

正解 (D)
解説 女性の発言にfive interns'llとある。interns'llはinterns willの短縮形。さらに男性の2回目の発言にもfive interns「5人の実習生」とあるので(D)が正解。

---

3 2人は次に何をすると思われますか。
(A) 研修会を開く。
(B) 部屋を見る。
(C) 会議の日程を再調整する。
(D) 何人かの新入社員と会う。

正解 (B)
解説 男性は会話の最後に、Let's go and check how big that office really is.「あの部屋が実際どれくらいの広さなのか、行って確認しようよ」と言っているので、(B)が正解。
(C) reschedule「～の日程の再調整をする」。会議室の話題は出ているが、会議の日程については触れていない。

Part 3

Questions 4 through 6 refer to the following conversation.　問題 4-6 は次の会話に関するものです。

(M-Cn) Insook, I'm asking a few people from work if they'd like to watch the soccer game together on Saturday. Would you like to come?

Insook、職場の数人に、土曜日に一緒にサッカーの試合を見ないかって誘っているんだ。君も来ないかい。

(W-Am) I'd love to, but I have some shopping to do, and I'm not sure how long it'll take me. What time does the game start?

ぜひ行きたいわ。でも済ませないとならない買い物があって、どれくらいの時間がかかるかわからないの。試合は何時に始まるの？

(M-Cn) It starts at one. We'll actually be meeting at the Maple Restaurant to watch the game and eat lunch. They have several televisions, so we thought it'd be fun to watch it there.

1時開始だよ。実は、僕たちは Maple レストランで会って、そこで試合を見て昼ごはんを食べる予定なんだ。あの店には何台かテレビがあるから、あそこで試合を見たら楽しいだろうと思ってね。

(W-Am) Oh, I have to go to a store in that neighborhood. I'll join you at the restaurant when I'm done.

あら、私はその辺りのお店に行かないとならないのよ。終わったらレストランで合流するわね。

Words & Phrases

ask ~ if ...　…かどうかを（人）にたずねる　　I'm not sure　私はわからない、確信が持てない
neighborhood【名】近隣、周辺　　join【動】~に加わる、~に参加する
done【形】（用事などが）終わった

---

4 女性は土曜日に何をしなければならないと言っていますか。
(A) 買い物をする。
(B) 友達を訪ねる。
(C) 食事を用意する。
(D) 報告書を仕上げる。

正解 (A)
解説 男性が女性を土曜日のイベントに誘っているのに対し、女性は1回目の発言で I'd love to, but I have some shopping to do「ぜひそうしたいが、済ませないとならない買い物がある」と言っているので、(A) が正解。
(C) 男性の発言にある restaurant、eat lunch などから meal と関連づけて判断しないこと。

5 土曜日の1時に何が始まりますか。
(A) 店の宣伝
(B) 業務会議
(C) スポーツイベント
(D) 地域のパレード

正解 (C)
解説 サッカーの試合は何時に始まるのかという女性の質問に対して、男性が2回目の発言で It starts at one.「1時に開始する」と答えていることから、(C) が正解。
(A) 会話に Maple Restaurant と店の名前が出てくるが、店の宣伝が始まるわけではない。promotion「宣伝」。
(D) community「地域社会」、parade「パレード、行列」。

6 2人はどこで会う予定ですか。
(A) レストラン
(B) スタジアム
(C) 公園
(D) オフィスビル

正解 (A)
解説 女性が2回目の発言で、I'll join you at the restaurant「レストランで合流する」と言っていることから、(A) が正解。
(B) soccer game「サッカーの試合」から stadium「スタジアム」と誤って判断しないこと。

Questions 7 through 9 refer to the following conversation.

(W-Br) Kevin, I heard your department's been working on a big advertising campaign this summer. What product is it for?

(M-Au) It's for a major line of children's toys coming out in September. They're based on characters from a popular children's show.

(W-Br) September? That's just next month! You must be really busy right now trying to get everything done on time.

(M-Au) Actually, I was in charge of designing the advertising for the Internet, and we finished that last month. Now the print and TV people are trying to finish up their work for the big launch.

問題 7-9 は次の会話に関するものです。

Kevin、今年の夏、あなたの部署では大規模な宣伝キャンペーンを手掛けているって聞いたわ。どんな製品の宣伝なの。

9月に発売される子ども用おもちゃの一連の目玉商品だよ。人気のある子ども番組のキャラクターを使っているんだ。

9月？　それって来月のことじゃない。今は、すべてを予定通りに進めようとして、とても忙しいのでしょうね。

それが実は、僕はインターネット用の広告デザインを担当していて、それは先月終わったんだ。今は、印刷やテレビ関連の担当者たちが、大々的な発売に向けて作業を仕上げようとしているところだよ。

Words & Phrases
work on ~　～に取り組む　　advertising　【形・名】　広告(の)、宣伝(の)
campaign　【名】　キャンペーン、活動　　major　【形】　主要な　　line　【名】　商品 (シリーズ)
come out　店に出る　　be based on ~　～に基づいている　　character　【名】　キャラクター
get ~ done　～を終わらせる　　in charge of ~　～を担当して　　finish up　最後の仕上げをする
launch　【名】　開始、新発売

⑦ 2人はどんな製品について話していますか。
(A) 本
(B) ビデオ
(C) おもちゃ
(D) 洋服

正解 (C)
解説 女性は1回目の発言で、男性の部署が手掛けている宣伝はどんな製品のためのものかとたずねている。これに対して男性は、It's for a major line of children's toys「子ども用おもちゃの一連の目玉商品のためのもの」と答えている。Itはa big advertising campaign「大規模な宣伝キャンペーン」を指しており、2人はその後もその製品と準備を話題にしているので、(C)が正解。

⑧ 製品はいつ売り出される予定ですか。
(A) 6月
(B) 7月
(C) 8月
(D) 9月

正解 (D)
解説 男性は1回目の発言で、a major line of children's toys coming out in September「9月に発売される子ども用おもちゃの一連の目玉商品」と言っているので、(D)が正解。

⑨ 男性が手掛けた広告はどこで見られますか。
(A) インターネット
(B) テレビ
(C) 雑誌
(D) 店のショーウィンドウ

正解 (A)
解説 男性は2回目の発言で、I was in charge of designing the advertising for the Internet「僕はインターネット用の広告デザインを担当していた」と言っているので、(A)が正解とわかる。
(B)・(C) 男性が the print and TV people「印刷やテレビ関連の担当者たち」と言っているので、テレビや雑誌には話し手の男性とは別の担当者がいるとわかる。

Part 3

Questions 10 through 12 refer to the following conversation.

(M-Cn) Hi, I'd like to take exercise classes at your gym. I just started working about a block from here at the Westlake Law Office, so I'm hoping to come in during my lunch hour.

(W-Br) Oh, I'm glad you mentioned where you work. We offer a discount for employees at several companies in the area, including Westlake. So instead of the regular fifty dollars per month, I can offer you a gym membership for thirty-five. Just ask your manager to sign this form for us.

(M-Cn) OK, that sounds great. I'll ask my manager as soon as I get back to the office.

問題 10-12 は次の会話に関するものです。

こんにちは、このジムで運動のクラスを受けたいのです。ここから1区画ほどのところにあるWestlake法律事務所で働き始めたばかりで、昼休みの間に来たいのですが。

ああ、職場を言っていただいてよかったです。当ジムではWestlakeを含め、この地区にあるいくつかの会社の社員の方々に割引を提供しています。ですから通常料金の月50ドルではなく、35ドルでジムの会員になっていただけます。上司の方に、この書類にサインをするようお願いしていただくだけで構いません。

わかりました。それはいいですね。職場に戻り次第、上司に頼みます。

Words & Phrases
block 【名】 ブロック、区画　　law office 法律事務所　　mention 【動】 言及する
discount 【名】 割引　　including ~ 【前】 ~を含めて　　instead of ~ ~の代わりに
regular 【形】 通常の　　per ~ 【前】 ~ごとに　　membership 【名】 会員資格
sign 【動】 署名する　　as soon as ~ ~してすぐに　　get back to ~ ~に戻る

---

10 主に何についての会話ですか。
(A) 研修コースに参加すること。
(B) ジムに入会すること。
(C) 機器を購入すること。
(D) 部屋を見つけること。

正解 (B)
解説 男性は1回目の発言で、I'd like to take exercise classes at your gym「このジムで運動のクラスを受けたい」と言っている。また、その後もジムの会費などについて会話が進められているので、正解は(B)。
(A) classes「クラス」、employees「従業員」などの語からtraining course「研修コース」と関連づけて判断しないこと。
(C) equipment「機器、設備」。
(D) apartment「アパート(の1室)、部屋」

---

11 女性は男性に何を提供しますか。
(A) 推薦状
(B) 施設の見学案内
(C) 2週間の体験期間
(D) 割引価格

正解 (D)
解説 男性は1回目の発言でWestlake法律事務所で働き始めたと言っている。それに対して、女性がWe offer a discount for employees at several companies in the area, including Westlake.「Westlakeを含め、この地区にあるいくつかの会社の社員に割引を提供している」と言っていることから、(D)が正解。
(A) recommendation「推薦」。
(C) trial「試しの」、period「期間」。

---

12 男性は何をするつもりだと言っていますか。
(A) 上司に話す。
(B) 銀行へ行く。
(C) 契約書を修正する。
(D) 小切手を送る。

正解 (A)
解説 女性が男性に上司のサインをもらうように伝えているのに対し、男性は最後にI'll ask my manager as soon as I get back to the office.「職場に戻り次第、上司に頼む」と言っているので、(A)が正解。
(C) revise「~を修正する」、contract「契約(書)」。
(D) check「小切手」。

Questions 13 through 15 refer to the following conversation. 問題 13-15 は次の会話に関するものです。

(W-Br) Congratulations on your new job, Robert. I hear that you're a driver for Ace Transport Company now. How's it going?

Robert、おめでとう。新しい仕事に就いたそうね。今はAce運送会社の運転手だそうね。調子はどう？

(M-Au) Thanks. I just started the training program a week ago, but it's going well.

ありがとう。1週間前に研修が始まったばかりだけど、うまくいっているよ。

(W-Br) Was it difficult getting the license for that job? I always thought it took a lot of time and money to be certified to drive a truck.

その仕事の免許を取るのは難しかったの？ トラックを運転する資格を取るには、時間とお金がたくさんかかるといつも思っていたわ。

(M-Au) Actually, I don't have a license yet. The company offers a six-week intensive course for new employees. At the end of the course, we have to take a test to be certified—that's when I'll get the license.

実はまだ免許を持っていないんだ。会社が新入社員に6週間の集中講座を開いてくれるんだよ。講座の最後に、認定試験を受けないといけないんだ。それで、免許が取れるんだよ。

Words & Phrases
congratulations on ～　～（について）おめでとう　　transport【名】運送
training program　研修　　license【名】免許　　certify【動】～を認定する
truck【名】トラック　　intensive【形】集中的な　　at the end of ～　～の終わりに

13　男性はどのような仕事をする予定ですか。
(A) 建築作業
(B) 車の修理
(C) トラックの運転
(D) 配管工事

正解 (C)
解説 女性は1回目の発言で、男性に対してI hear that you're a driver for Ace Transport Company now. 「今はAce運送会社の運転手だと聞いている」と言っている。また、女性は2回目の発言でもto be certified to drive a truck「トラックを運転する資格を取るには」と言っているので、(C)が正解。
(A) construction「建築」。
(B) repair「修理」。

14　研修はどのくらいの期間続きますか。
(A) 1週間
(B) 1か月
(C) 6週間
(D) 6か月

正解 (C)
解説 男性は2回目の発言で、The company offers a six-week intensive course「会社は6週間の集中講座を開く」と言っているので、(C)が正解。
(A) 男性が1回目の発言でI just started the training program a week ago「1週間前に研修を始めたばかり」と言っていることから誤って判断しないこと。

15　講座の最後に、男性は何をしなくてはなりませんか。
(A) 職を見つける。
(B) 認定試験を受ける。
(C) 車を購入する。
(D) 料金を支払う。

正解 (B)
解説 certification「証明、認証」。男性は2回目の発言で、At the end of the course, we have to take a test to be certified「講座の最後に、認定試験を受けなければならない」と言っているので、(B)が正解。
(A) employment「雇用、職業」。女性の1回目の発言から、男性はすでに仕事を見つけているとわかるので不適切。
(D) fee「料金、手数料」。

Part 3

Questions 16 through 18 refer to the following conversation. 問題 16-18 は次の会話に関するものです。

(W-Br) Hello, I'd like to rent a car in Paris next week. I'll be picking it up at Orly Airport and then driving to Lyons to visit some textile factories. What do you have available from next Monday to next Thursday?

こんにちは。来週パリで車を借りたいのです。Orly空港で車を受け取って、それからLyonsまで運転し、いくつか織物工場を訪ねる予定です。来週の月曜日から木曜日まで使える車は何がありますか。

(M-Cn) Let me see. I'm afraid that the only vehicle available is a full-size van. Is that all right?

そうですね。残念ながら空いている車両は標準サイズのバンだけです。それでよろしいですか。

(W-Br) I think that'll be fine. I can use the extra space for all the fabric samples I'll be bringing back with me.

それでいいと思います。余分なスペースは、持って帰ってくるたくさんの布地の見本のために使えますから。

― Words & Phrases ―

rent 【動】 〜を賃借りする　　pick 〜 up 〜を受け取る　　textile 【名】 織物、繊維
factory 【名】 工場　　let me see ええと (少し考えるときに使う表現)
I'm afraid that 〜 (残念ながら)〜だと思う　　vehicle 【名】 車、車両
full-size 【形】 標準サイズの　　van 【名】 バン、トラック　　fabric 【名】 布地
sample 【名】 見本　　bring 〜 back 〜を持って帰る

---

16 この会話の主題は何ですか。
  (A) 車を借りること。
  (B) 布地を選ぶこと。
  (C) 荷物を送ること。
  (D) 会議の手配をすること。

正解 (A)
解説 女性は1回目の発言でI'd like to rent a car「車を借りたい」と言っており、その後も借りる車について会話が進められているので、(A)が正解。
(B) 女性の発言にtextile factories「織物工場」、fabric samples「布地の見本」などが出てくるが、会話の主題は布地を選ぶことではない。
(C) shipment「出荷品」。
(D) arrange「手配する」。

---

17 女性は来週何をする予定ですか。
  (A) 衣類を縫う。
  (B) いくつか工場を訪れる。
  (C) 映画を批評する。
  (D) 車を購入する。

正解 (B)
解説 女性は1回目の発言で来週パリで車を借りたいと述べた後、visit some textile factories「いくつか織物工場を訪ねる」と言っていることから、(B)が正解。
(A) sew「〜を縫う」、garment「衣類」。女性の発言にあるtextile、fabric などから推測して判断しないこと。
(D) 女性は車を購入するのではなく、借りたいと言っているので不適切。

---

18 男性はどんな問題について述べていますか。
  (A) 料金が上がっている。
  (B) 配達が遅れている。
  (C) 空港が閉鎖されている。
  (D) 1つの型のものしか利用できない。

正解 (D)
解説 model「型、モデル」。男性がthe only vehicle available is a full-size van「空いている車両は標準サイズのバンだけ」と言っていることから、(D)が正解。
(A) rate「料金」、go up「上昇する」。
(B) delivery「配達」。

Questions 19 through 21 refer to the following conversation.

問題 19-21 は次の会話に関するものです。

(M-Cn) Patti, I need your help. An important client is flying in from New York next Monday, and I'm taking him out to eat. The thing is, he doesn't eat meat. Do you know of a place that serves good vegetarian food?

Patti、君の助けが必要なんだ。来週月曜日に重要な顧客がニューヨークから飛行機で来て、彼を食事に連れていく予定なんだ。実は彼は肉を食べないんだよ。おいしいベジタリアン料理を出してくれるところを知らないかな。

(W-Am) What about the one on Grover Street—the Trivet Café? I think they offer vegetarian food. Have you ever been there?

Grover通りにある、Trivet Caféはどうかしら。あそこはベジタリアン料理を出してくれるはずよ。行ったことあるかしら。

(M-Cn) No, but I read a review about it in the newspaper recently. I don't remember anything about vegetarian options, though.

いいや、でも最近、そこの批評を新聞で読んだよ。ベジタリアン向けの料理については何も覚えてないけどね。

(W-Am) I'll stop by the restaurant and get a menu on my way to work tomorrow morning. That way, you can get a better idea of the dishes they serve before your client comes on Monday.

明日の朝、仕事に来る途中でそのレストランに寄って、メニューをもらってくるわ。そうすれば月曜日にお客様が来る前に、どんな料理を出してくれるのか、よりよくわかるでしょうから。

Words & Phrases

take ～ out to eat ～を食事に連れていく　　the thing is ～　問題は～ということだ
serve【動】（食事など）を出す　　vegetarian【形】菜食主義の　　review【名】批評
option【名】選択肢　　though【副】～だけれど　　stop by ～　～に立ち寄る
on one's way to ～　～への途中に　　that way　そうすれば
get a better idea of ～　～をよりよく理解する

---

19 男性は月曜日に何が起こると言っていますか。
(A) シェフが取材を受ける。
(B) 顧客が訪ねてくる。
(C) レストランが閉店する。
(D) 従業員が雇われる。

正解 (B)
解説 男性は1回目の発言で、An important client is flying in from New York next Monday「来週月曜日に重要な顧客がニューヨークから飛行機で来る」と言っているので、(B)が正解。
(A)・(C) 会話に出てくるvegetarian food、Café、menuなどから推測して判断しないこと。(A) chef「シェフ」、interview「取材する」。

20 男性は Trivet Café についてどうやって知りましたか。
(A) そこに関する記事を読んだ。
(B) 近くに住んでいる。
(C) 何度もそこで食事をしたことがある。
(D) 以前そこで働いていた。

正解 (A)
解説 article「記事」。男性は2回目の発言で、I read a review about it in the newspaper recently「最近、そこの批評を新聞で読んだ」と言っている。このitはthe Trivet Caféを指しているので、(A)が正解。
(C) 女性が1回目の発言でTrivet Caféに行ったことがあるかとたずねたのに対して、男性はNoと答えているので、不適切。
(D) used to ～「以前～していた」。

21 女性は何をすると申し出ていますか。
(A) 新聞を買う。
(B) 予約をする。
(C) 同僚に会う。
(D) メニューを取ってくる。

正解 (D)
解説 pick up ～「手に入れる」。女性は2回目の発言で、I'll stop by the restaurant and get a menu「レストランに寄って、メニューを取ってくる」と言っているので、(D)が正解。
(A) 新聞については男性が2回目の発言で、そこ（Trivet Café）の批評を読んだと言っているだけ。
(C) colleague「同僚」。

Part 3

Questions 22 through 24 refer to the following conversation. 問題 22-24 は次の会話に関するものです。

(M-Au) Hi Michelle, do you have anything you'd like to add to the budget report? I have a draft of your department's expenses for the first quarter, but it's dated two weeks ago.

やあ、Michelle。予算報告書につけ加えたいことはあるかい。第1四半期の君の部署の経費についての下書きがあるのだけど、2週間前の日付になっているんだ。

(W-Br) I do have a more recent version. I was about to e-mail it to you. I didn't change much—just added some travel costs.

もっと最近のものがあるわ。あなたにEメールで送ろうとしていたところだったの。そんなに多くは変更していないわ。交通費を多少追加しただけ。

(M-Au) Excellent. I'll add your changes to the full report as soon as I get them.

よかった。変更箇所を受け取り次第、全体の報告書に反映させておくよ。

Words & Phrases

add 【動】 ～を加える   budget report 予算報告書   draft 【名】 下書き、原稿
expenses 【名】 経費   quarter 【名】 四半期   date 【動】 日付を入れる
do have　haveを強調した形   recent 【形】 最近の   version 【名】 ～版
be about to ～　今～しようとしている   e-mail 【動】 Eメールを送る
excellent 【形】 素晴らしい   full 【形】 完全な   as soon as ～　～してすぐに

---

22 報告書のテーマは何ですか。
(A) 協議会
(B) 予算
(C) 競合相手
(D) 旅行

正解 (B)
解説 男性は1回目の発言で、budget report「予算報告書」について女性にたずね、その後もexpenses「経費」、travel costs「交通費」など予算に関連した話題が続くので、(B)が正解。
(C) competitor「競合相手」。
(D) 女性はadded some travel costs「交通費を多少追加した」と言っているが、これは部署全体の予算報告書に交通費を追加したことを示すもので、旅行が報告書のテーマではない。

---

23 男性は女性に何を求めていますか。
(A) 電話番号
(B) 会議の議題
(C) プロジェクトを終えるための時間の延長
(D) 書類の更新

正解 (D)
解説 ask ～ for ...「(人)に…を求める」、update「更新」、document「書類」。男性は1回目の発言で、... do you have anything you'd like to add to the budget report?「予算報告書につけ加えたいことはあるか」と女性にたずね、2回目の発言で変更箇所を全体の報告書に反映させておくと言っているので、(D)が正解。
(B) agenda「議題」。

---

24 女性は何をするつもりですか。
(A) 発表をする。
(B) Eメールを送る。
(C) 報告書をコピーする。
(D) 会議の時刻を変更する。

正解 (B)
解説 女性はI was about to e-mail it to you.「あなたにそれをEメールで送ろうとしていた」と言っているので、(B)が正解。このitは、前文で述べている予算報告書のa more recent version「もっと最近のもの」を指している。
(A) announcement「発表」。
(D) 男性の発言にchanges「変更箇所」とあるが、会議時刻については話していない。

Questions 25 through 27 refer to the following conversation.

問題 25-27 は次の会話に関するものです。

(M-Cn) I'd like two tickets to your eight o'clock show tomorrow night. I'd like it if the seats could be together.

明日の夜8時のショーのチケットを2枚ください。できれば隣り合わせの席だといいのですが。

(W-Am) Well, for tomorrow's performance we have a pair of seats available upstairs in the balcony. And there are also two seats together on the lower level near the back of the theater.

そうですね、明日の公演は2階バルコニー席にペアの座席が空いています。1階劇場の後ろのほうにも隣り合わせで2席ございます。

(M-Cn) I haven't been to a play at your theater for some time. Which seats are better?

そちらの劇場でしばらく観劇してないのですが、どちらの席のほうがいいですか。

(W-Am) Personally, I think the balcony seats are better. Even though you're sitting higher up, you have a great view of the entire stage.

個人的にはバルコニー席のほうがいいと思います。高いところに座っていても、舞台全体をよく見渡せますから。

Words & Phrases

performance 【名】公演　a pair of ~ ペアの~　upstairs 【副】2階に
balcony 【名】(劇場などの)バルコニー席、階上席　lower level 下の階
theater 【名】劇場、映画館　play 【名】劇、芝居　for some time しばらく
personally 【副】個人的には　even though ~ たとえ~でも　view 【名】眺め
entire 【形】全体の　stage 【名】舞台

---

25 女性はだれだと考えられますか。
　(A) 警備員
　(B) 客室乗務員
　(C) 旅行ガイド
　(D) 劇場の従業員

正解 (D)
解説 男性は1回目の発言で、ショーのチケットを2枚、隣り合わせの席でほしいと言っている。これに対して女性は空いている席を案内しているので、劇場の従業員だと考えられる。よって、正解は(D)。
(A) security guard「警備員」。
(B) flight attendant「客室乗務員」。

26 男性は明日の夜、何をする予定ですか。
　(A) チケットを返す。
　(B) 公演に行く。
　(C) 観客の前で演じる。
　(D) ツアーに参加する。

正解 (B)
解説 attend「~に出席する」。男性は1回目の発言で、I'd like two tickets to your eight o'clock show tomorrow night.「明日の夜8時のショーのチケットが2枚ほしい」と言っていることから、(B)が正解。
(C) perform「演じる、上演する」、audience「観客」。会話にshow、performance、playなどの語が出てくるが、男性が出演するわけではない。

27 男性は何についてたずねていますか。
　(A) 開始時刻
　(B) チケットの価格
　(C) 座席の位置
　(D) 車での行き方

正解 (C)
解説 女性が案内した空席について、男性は2回目の発言でWhich seats are better?「どちらの席のほうがいいか」とたずねている。よって、正解は(C)だと判断できる。
(A) 男性の1回目の発言にあるyour eight o'clock show tomorrow night「明日の夜8時のショー」より、男性は開始時刻を知っていることがわかる。
(B) 会話では、チケットの価格について触れられていない。

Part 3

Questions 28 through 30 refer to the following conversation. 問題 28-30 は次の会話に関するものです。

(W-Br) Hello. My name is Danielle Sanders. I'm interested in your company's job posting for a graphic artist. Is that position still available?

もしもし。Danielle Sandersと申します。御社のグラフィック・アーティストの求人に興味があるのですが、その職にはまだ空きがありますか。

(M-Au) Yes, it is. Do you have business experience as an artist?

ええ、ありますよ。アーティストとしての実務経験はありますか。

(W-Br) I do. I worked on the design staff of *Business Magazine* in Tokyo for the past five years, but left last month to move to New York to be closer to my family.

あります。この5年、東京で*Business Magazine*のデザインスタッフとして働いていましたが、先月退職し、家族の近くに住むためにニューヨークに引っ越しました。

(M-Au) I've seen that magazine before—I like the artwork. Can you meet me at my office on Thursday for an interview? Bring a copy of your résumé, and we'll talk a bit more about the position.

その雑誌は、以前見たことがあります。あそこのグラフィック作品はいいですね。木曜日に私のオフィスまで面接に来られますか。履歴書を1部持ってきてください。職務についてもう少し詳しく話しましょう。

Words & Phrases

job posting 求人　　graphic 【形】グラフィックの、図形の　　position 【名】職、地位
artwork 【名】絵画、(印刷物の中の)挿絵　　interview 【名】面接　　a copy of 〜　1部の〜
résumé 【名】履歴書

---

28 どのような職に空きがありますか。
(A) 管理者
(B) 建築士
(C) アーティスト
(D) 訪問記者

正解 (C)
解説 女性は1回目の発言で、your company's job posting for a graphic artist「御社のグラフィック・アーティストの求人」について空きがあるかをたずね、男性があると答えているので、(C)が正解。
(D) 男性の2回目の発言にinterview「面接」とあるが、interviewer「訪問記者」の仕事に空きがあるとは言っていない。

29 女性は東京でどこに勤務していましたか。
(A) コピーセンター
(B) 雑誌の出版社
(C) 航空会社
(D) 書店

正解 (B)
解説 publisher「出版社」。女性は2回目の発言で、I worked on the design staff of *Business Magazine* in Tokyo「東京で*Business Magazine*のデザインスタッフとして働いていた」と言っているので、(B)が正解と判断できる。
(D) magazine「雑誌」からbookstore「書店」と関連づけて判断しないこと。

30 男性は女性に何をすることを求めていますか。
(A) 面接に来る。
(B) 申込書に記入する。
(C) 照会先を提出する。
(D) 作品集を提出する。

正解 (A)
解説 男性は2回目の発言で、Can you meet me at my office on Thursday for an interview?「木曜日に私のオフィスまで面接に来られるか」と女性にたずねているので、(A)が正解。
(B) fill out 〜「〜に記入する」、application「申込書」。
(C) provide「提出する」、reference「照会先」。男性は履歴書を1部持ってくるようにと言っているが、照会先については触れていない。
(D) submit「〜を提出する」、portfolio「ポートフォリオ、作品集」。

Questions 31 through 33 refer to the following conversation. 問題 31-33 は次の会話に関するものです。

(M-Cn) Hello, Ms. Yang? I'm calling from the Melson Professional School. I see that you recently attended one of our accounting seminars. We're surveying attendees so we can improve future events. I have just a few questions . . . Did you find the course helpful?

もしもし、Yang様ですか。Melson専門学校よりお電話を差し上げています。最近、私どもの会計セミナーの1つにご参加いただいたと思います。今後の企画の改善のために、参加者の方々にアンケートをお願いしております。いくつか質問があるのですが…。講座は役に立つと思われましたか。

(W-Br) Oh, yes. I've been an accountant for a number of years, but I wanted to make sure I'm up-to-date on the latest developments. I found the discussion about new computer software programs particularly helpful.

はい。長年、会計士をしておりますが、最新情報に乗り遅れていないかどうかを確かめたかったのです。新しいコンピュータソフトについての議論は特に参考になりました。

(M-Cn) That's great to hear. Now, is there anything you'd recommend for future courses?

それはよかったです。では、今後の講座について何かご提言いただけることはありますか。

(W-Br) Well, it'd be helpful if the classes started later in the evening. I don't get out of work until five-thirty, so it was hard for me to make it to a six o'clock class on time.

そうですね、授業がもう少し夜遅くに始まるとありがたいですね。私は5時30分まで仕事が終わらないので、6時の授業に時間通りに参加するのは大変でした。

Words & Phrases

professional school 専門学校　　accounting 【名】会計（学）　　survey 【動】～を調査する
attendee 【名】参加者　　accountant 【名】会計士　　a number of ～ 多数の～
make sure 確認する　　up-to-date 【形】流行に詳しい、最新の　　latest developments 最新情報
particularly 【副】特に　　get out of work 業務を終える　　make it to ～ ～に参加する

---

31 男性はなぜ電話をしていますか。
(A) 支払いを請求するため。
(B) 授業の日程を確認するため。
(C) イベントに登録するため。
(D) アンケート調査をするため。

正解 (D)
解説 survey「アンケート調査」。男性の1回目の発言にWe're surveying ... improve future events.「今後の企画の改善のために、参加者にアンケートを依頼している」とあるので、(D)が正解。
(B) 男性の発言にあるProfessional School、seminars、course(s)などの語から関連づけて判断しないこと。
(C) 男性の1回目の発言にあるeventsから誤って判断しないこと。

32 女性の職業は何ですか。
(A) 会計士
(B) コンピュータ技術者
(C) イベント企画者
(D) 教授

正解 (A)
解説 profession「職業」。女性の1回目の発言に、I've been an accountant for a number of years「長年、会計士をしている」とあるので、(A)が正解。
(B) 女性の1回目の発言に「新しいコンピュータソフトについての議論は特に参考になった」とあるが、女性はコンピュータ技術者ではない。

33 女性は何を提案していますか。
(A) セミナー時間の延長
(B) 異なる支払い方法の提供
(C) より遅い時刻での開始
(D) 講師の増員

正解 (C)
解説 女性は2回目の発言で、it'd be helpful if the classes started later in the evening「授業がもう少し夜遅くに始まるとありがたい」と言っているので、(C)が正解。it'dはit wouldの短縮形。
(B) payment method「支払い方法」。

Part 3

Questions 34 through 36 refer to the following conversation. 問題 34-36 は次の会話に関するものです。

(W-Br) Excuse me, could you help me? I'd like some more information about this dining room table.

すみませんが、ちょっとよろしいですか。このダイニングテーブルについてもう少し知りたいのですが。

(M-Au) Of course. As you can see, this is a table for six people, and it's available in several different colors. It's one of our most popular tables.

かしこまりました。ご覧のように、こちらは6人掛けのテーブルで、色は数色取り揃えております。当店で最も人気のあるテーブルの1つです。

(W-Br) Hmm . . . it's very nice, but I probably need something bigger. Do you have anything that seats at least eight?

とてもいいのですが、おそらくもっと大きいものが必要です。少なくとも8人が座れるものはありますか。

(M-Au) There is another model that can seat up to ten people, but I don't have it here in the showroom. If you want to look at the larger table, I'll have to ask for one to be sent from the manufacturer's warehouse.

10人まで着席いただける別のタイプがありますが、こちらのショールームにはございません。もしその大きなテーブルをご覧になりたい場合は、メーカーの倉庫から送ってもらうように頼む必要があります。

Words & Phrases

dining room table　ダイニングテーブル、食卓　　as you can see　ご覧のように
seat 【動】〜を座らせることができる　　at least　少なくとも　　up to 〜　（最大で）〜まで
showroom 【名】ショールーム、展示室　　manufacturer 【名】メーカー、製造業者
warehouse 【名】倉庫

---

34 2人はどんな製品について話していますか。
(A) 照明設備
(B) 冷蔵庫
(C) テーブル
(D) ソファ

正解 (C)
解説 女性は1回目の発言でI'd like some more information about this dining room table.「このダイニングテーブルについてもう少し知りたい」と言っており、その後もテーブルについて会話が進められていることから、(C)が正解。
(A) fixture「設備」。
(D) 会話に出てくるseat(s)から推測して判断しないこと。

---

35 2人は製品のどんな特徴について話していますか。
(A) 大きさ
(B) 品質
(C) 耐久性
(D) 価格

正解 (A)
解説 女性は2回目の発言で、I probably need something bigger「おそらくもっと大きいものが必要」と言っており、少なくとも8人が座れるテーブルはないかと男性にたずねていることから、(A)が正解。
(C) durability「耐久性」。

---

36 男性は何をしなければならないと言っていますか。
(A) カタログを請求する。
(B) 在庫表を確認する。
(C) 支払い計画を変更する。
(D) メーカーから取り寄せる。

正解 (D)
解説 order from 〜「〜に注文する」。男性は最後にI'll have to ask for one to be sent from the manufacturer's warehouse「メーカーの倉庫から送ってもらうように頼む必要がある」と言っているので、(D)が正解。oneはthe larger table、つまり10人まで座れる大きいタイプのテーブルを指している。
(A) request「〜を要求する」、catalog「カタログ」。
(B) inventory list「在庫表」。

Questions 37 through 39 refer to the following conversation.

問題37-39は次の会話に関するものです。

(M-Cn) Mia, what do you think of these two uniforms we're considering for the front desk staff?

Mia、フロントのスタッフ用に考えているこの2種類の制服についてどう思う？

(W-Br) I like that green one better. It's very professional looking, and I think it would create a good impression with our hotel guests. I hope they're well made.

その緑色のほうが好きだわ。とてもプロフェッショナルに見えるし、それにホテルに来るお客様にいい印象を与えるだろうと思うの。丈夫な作りのものだといいけど。

(M-Cn) Well, we're getting them from O'Neill Designs, and they have a good reputation. Plus, they have a one-year return policy, so we can return them if there's anything wrong. That's why the hotel decided to order from them.

うん、これらはO'Neillデザイン社のもので、そこは評判がいいんだ。しかも1年間の返品規定があるから、何か問題があれば返品することができるんだよ。それが理由で、ホテルはそこに制服を注文することにしたんだ。

Words & Phrases

uniform 【名】制服　consider 【動】熟考する　front desk （ホテルなどの)フロント
staff 【名】スタッフ、職員　professional 【形】プロフェッショナルな、職業的な
impression 【名】印象　reputation 【名】評判　plus 【接】しかも、そのうえ
return policy 返品規定　wrong 【形】間違った、故障した

---

37 2人は主に何について話していますか。
(A) 受付係を雇うこと。
(B) 従業員規定を改正すること。
(C) 勤務表を更新すること。
(D) 新しい制服を調達すること。

正解 (D)

解説 男性は1回目の発言で、what do you think of these two uniforms「この2種類の制服についてどう思うか」と女性にたずねている。また、その後もスタッフの制服について会話が進められているので、(D)が正解。
(A) receptionist「受付係」。男性の1回目の発言にthe front desk staffとあるが、フロント係を雇うことについては触れられていない。
(B) revise「〜を改正する」、employee handbook「従業員規定」。
(C) update「〜を最新の状態にする」。

38 2人はどこで働いていますか。
(A) 衣料品会社
(B) ホテル
(C) 病院
(D) 清掃サービス事業所

正解 (B)

解説 女性はour hotel guests「私たちのホテルに来るお客様」と言っているので、(B)が正解と判断できる。
(A) 男性の1回目の発言にあるuniforms「制服」から推測して衣料品会社と判断しないこと。

39 男性によると、O'Neillデザイン社は何を提供しますか。
(A) 値引き
(B) 翌日配達
(C) 返品規定
(D) 無料のサイズ調整

正解 (C)

解説 男性は2回目の発言でthey have a one-year return policy「1年間の返品規定がある」と言っている。theyはO'Neill Designsを指しているので、(C)が正解。
(B) overnight「夜通しの、翌日配達の」。
(D) uniformsからfittings「サイズ調整」と関連づけて判断しないこと。

Part 3

Questions 40 through 42 refer to the following conversation.

(W-Am) Hi Jeff, have you submitted your article on bird calls to any science journals yet?

(M-Au) Yes, in fact, I just heard yesterday that *Science Quarterly* will publish my paper in their next issue.

(W-Am) Congratulations! I have a subscription to that journal—I can't wait to read your article when it comes out. This must be a big step for your research project.

(M-Au) It's definitely good news. People will be able to read about my work before this summer's research conference. Then, when we meet at the conference, we should be able to have some really good discussions about the project.

問題 40-42 は次の会話に関するものです。

こんにちは、Jeff。鳥の鳴き声に関する論文は、もうどこかの科学雑誌に投稿したの？

うん、実はちょうど昨日、*Science Quarterly* が僕の論文を次号に載せてくれるって知らせがあったんだ。

おめでとう。私、その雑誌を定期購読しているの。出版されたあなたの論文を読むのが待ちきれないわ。これはあなたの研究プロジェクトにとって、きっと大きな一歩になるわね。

間違いなくいい知らせだよ。今年の夏の研究学会の前に、僕の研究について読んでもらえるんだ。そうすると、学会で顔を合わせるときに、プロジェクトについてとてもいい議論ができるはずだよ。

Words & Phrases

article【名】論文　　bird call　鳥の鳴き声　　journal【名】専門誌　　quarterly【名】季刊誌
paper【名】研究論文　　issue【名】（雑誌などの）号
have a subscription to ～　～を定期購読している　　come out　出版される
research project　研究プロジェクト　　definitely【副】間違いなく
conference【名】（専門的な分野における）学会

---

40 男性はだれだと考えられますか。
(A) 研究者
(B) 本の編集者
(C) 報道記者
(D) 医師

正解 (A)
解説 男性は1回目の発言で *Science Quarterly* will publish my paper「*Science Quarterly* が自分の論文を掲載してくれる」と言っている。また、男性の2回目の発言より、男性は今年の夏に研究学会に参加する予定であることがわかる。こうした会話の流れから判断して、(A)が正解。
(C) 会話の流れを把握できれば、女性の1回目の発言にある article は、「記事」ではなく「論文」という意味だとわかる。

---

41 女性はなぜ男性に祝いの言葉を述べていますか。
(A) 彼が受賞したから。
(B) 彼の論文が出版されるから。
(C) 彼が昇進したから。
(D) 彼のプロジェクトが完了しているから。

正解 (B)
解説 congratulate「～に祝いの言葉を述べる」。男性の1回目の発言の、「*Science Quarterly* が自分の論文を次号に掲載してくれる」に対して、女性は Congratulations!「おめでとう」と言っているので、(B)が正解とわかる。
(D) 男性のプロジェクトが完了しているとは会話で述べられていない。

---

42 男性は今年の夏に何をする予定ですか。
(A) 転職する。
(B) 学会に参加する。
(C) 講義をする。
(D) 本を執筆する。

正解 (B)
解説 男性は2回目の発言で、今年の夏に研究学会があると述べたうえで、when we meet at the conference「自分たちが学会で会うときに」と言っている。このことから、男性が今年の夏に行われる学会に参加するつもりであることがわかるので、(B)が正解。
(D) article、journal(s)、paper などから、本の執筆と関連づけないこと。

Challenge 3

Part 4

Unit 12 Telephone Messages（電話メッセージ）

Talk A

Vocabulary (p.126)

1. (W-Am)
   ① 正解 Tuesday is (inconvenient); can we meet on Wednesday instead?
      訳 火曜日は都合が悪いので、代わりに水曜日に会えますか。
   ② 正解 The service staff will (install) the new filing cabinet tomorrow.
      訳 サービススタッフは明日、新しいファイリングキャビネットを取り付けます。
   ③ 正解 The flower shop can make a (delivery) this afternoon.
      訳 その花屋は今日の午後、配達ができます。
   ④ 正解 I'd like to (confirm) our meeting appointment today.
      訳 今日の打ち合わせの約束を確認したいと思います。

Warm Up (p.126)

1. 正解 (C)
   選択肢 (A) To explain a theater schedule
        (B) To advertise a new product
        (C) To discuss a visit
   訳 (A) 劇場のスケジュールの説明をする。
      (B) 新製品を宣伝する。
      (C) 訪問について話す。

2. 正解 (A)
   選択肢 (A) An air conditioner
        (B) A discount ticket
        (C) A catering service
   訳 (A) エアコン
      (B) 割引チケット
      (C) ケータリングサービス

※ CD3-3 CD3-4 のスクリプトは 112 ページに掲載しています。

Part 4

Practice 1 (p.127)

1. **正解** (B)

   The telephone message is for [(A) an engineer. (B) a customer. (C) a customer service representative.]

   訳 電話メッセージは [(A) 技術者 (B) 顧客 (C) 顧客サービス担当者] に向けてである。

2. **正解** (A)

   The caller wants to [(A) confirm an appointment. (B) buy a product. (C) have a product inspected.]

   訳 話し手は [(A) 予約を確認し (B) 製品を購入し (C) 製品の検査をしてもらい] たいと思っている。

3. **正解** (B)

   Service engineers will [(A) repair an air conditioner. (B) deliver an air conditioner. (C) clean an air conditioner.]

   訳 サービス担当者は [(A) エアコンを修理する (B) エアコンを配達する (C) エアコンを掃除する] 予定である。

Practice 2 (p.127)

1. **正解** The service engineers will arrive between (nine) A.M. and (twelve) noon.
   訳 サービス担当者は午前9時から正午の間に到着する予定である。
2. **正解** The service engineers will (take) (away) the old air conditioner.
   訳 サービス担当者は古いエアコンを撤去する予定である。
3. **正解** The work should take about (thirty) minutes.
   訳 作業には約30分かかるだろう。

Practice 3 (p.127)

1. **正解** F Ms. Kinnear does not have an air conditioner.
   訳 Kinnearさんはエアコンを所有していない。
2. **正解** F The old air conditioner has already been removed.
   訳 古いエアコンはすでに撤去された。
3. **正解** T The service time can be changed.
   訳 作業時刻は変更できる。
4. **正解** F The caller will try to call Ms. Kinnear again.
   訳 話し手はKinnearさんにもう1度電話をしてみる予定である。
5. **正解** F The service engineers will arrive later today.
   訳 サービス担当者は今日この後到着する予定である。

Unit 12

Talk A のスクリプトと訳 (p.126〜128)

※スクリプトの下線部は、Warm Up で学習した箇所です。

The questions for Talk A refer to the following telephone message.

(M-Cn)
<u>Hello, Ms. Kinnear. This is a message from Rinsdale Electric. I'm calling to confirm the delivery of your new air conditioner tomorrow morning.</u> Our service engineers will arrive some time between 9 A.M. and 12 noon to install it. They will also take your old one away. This should all take about 30 minutes. If the time is inconvenient, or you have any other questions, please call our office at 555-0179 before 4 P.M. today.

Talk Aの問題は次の電話メッセージに関するものです。

もしもしKinnear様。Rinsdale電気より伝言です。明日の午前中に新しいエアコンをお届けしますので、その確認のお電話を差し上げています。弊社のサービス担当者が、午前9時から正午の間に取り付けにお伺いいたします。また、古いエアコンの撤去もいたします。この作業全部に30分ほどかかる見込みです。お時間のご都合が悪い場合、また、その他ご質問のある場合は、本日午後4時までに弊社555-0179までお電話ください。

Words & Phrases

confirm 【動】〜を確認する　　delivery 【名】配達　　air conditioner　エアコン
service engineer　サービス担当の技術者　　install 【動】〜を取り付ける
take 〜 away　〜を撤去する　　inconvenient 【形】都合の悪い

Part 4

TOEIC形式問題に挑戦 (p.128)

1. Why is the man calling Ms. Kinnear?

    (A) To describe operating procedures
    (B) To reschedule a delivery date
    (C) To apologize for a delay
    (D) To remind her of an appointment

    男性は、なぜ Kinnear さんに電話をかけているのですか。

    (A) 操作手順を説明するため。
    (B) 配達日程を再調整するため。
    (C) 遅れを謝罪するため。
    (D) 彼女に約束を思い出させるため。

正解 (D)

解説 3文目に I'm calling to ～ とある。これは「～するために電話をしている」という意味で、電話の目的を述べるときによく使われる表現。confirm the delivery of your new air conditioner tomorrow morning「明日の午前中に新しいエアコンを届けることを確認する」とあるので、＜remind ＋人＋ of ～＞「(人)に～を思い出させる」を用いてその内容を言い換えた(D)が正解。appointment「約束」。
(A) describe「説明する」、operating procedure「操作手順」。
(B) delivery date「配達日」の話はしているが、日程を reschedule「再調整する」ために電話をかけているのではない。
(C) apologize「謝罪する」、delay「遅延、遅れ」。遅れているとは言っていない。

---

2. When is the air conditioner scheduled for delivery?

    (A) This morning
    (B) This afternoon
    (C) Tomorrow morning
    (D) Tomorrow afternoon

    エアコンはいつ配達される予定ですか。

    (A) 今日の午前
    (B) 今日の午後
    (C) 明日の午前
    (D) 明日の午後

正解 (C)

解説 3文目で the delivery of your new air conditioner tomorrow morning「明日の午前中に新しいエアコンを届けること」と言っているので、(C)が正解。
(B) 最後の文の before 4 P.M. today「本日午後4時までに」は、配達時間の変更や質問のある場合に電話をかけるべき時間帯を表している。

---

3. How long will the service engineers' work take?

    (A) Half an hour
    (B) An hour
    (C) An hour and a half
    (D) Two hours

    サービス担当者の作業にはどのくらいの時間がかかりますか。

    (A) 30分
    (B) 1時間
    (C) 1時間半
    (D) 2時間

正解 (A)

解説 サービス担当者の作業については4、5文目で説明している。6文目に This should all take about 30 minutes.「この作業全部に30分ほどかかる見込みだ」とあり、This は4、5文目にある作業内容を指しているので、正解は(A)。
(C) ～ hour(s) and a half で「～時間半」を表す。

Unit 12

Talk B

Vocabulary (p.129)

1. (W-Am)
   ① 正解 All the rooms are (equipped) with a projector.
      訳　全室にプロジェクターが設置してあります。
   ② 正解 (Up to) 40 people can register for the training session.
      訳　40名までが研修会に登録できます。
   ③ 正解 The large hall (accommodates) 1,000 people.
      訳　大ホールは、1,000名収容できます。
   ④ 正解 I have already (reserved) two tickets for the show.
      訳　そのショーのチケット2枚をすでに予約しました。

Warm Up (p.129)

1. 正解　(A)
   選択肢 (A) To talk about a room　　　　訳 (A) 部屋について話す。
         (B) To inquire about a job　　　　　 (B) 職について問い合わせる。
         (C) To offer a service　　　　　　　 (C) サービスを申し出る。

2. 正解　(B)
   選択肢 (A) Job interviews　　　　　　　訳 (A) 就職の面接
         (B) Meeting rooms　　　　　　　　 (B) 会議室
         (C) Publications　　　　　　　　　 (C) 出版物

※ (CD3-8) (CD3-9) のスクリプトは116ページに掲載しています。

Part 4

Practice 1 (p.130)

1. 正解 (A)

    The message is about [(A) a room arrangement. (B) buying a house. (C) a hotel reservation.]

    訳　メッセージは [(A) 部屋の手配　(B) 家を買うこと　(C) ホテルの予約] についてである。

2. 正解 (B)

    The caller is [(A) visiting a client. (B) making a request. (C) scheduling an appointment.]

    訳　話し手は [(A) 顧客を訪問している　(B) 依頼をしている　(C) 予約を入れている]。

3. 正解 (C)

    The caller wants the listener to [(A) cancel a meeting. (B) clean a room. (C) change a meeting room.]

    訳　話し手は聞き手に [(A) 会議をキャンセルし　(B) 部屋を片付け　(C) 会議室を変更し] てほしい。

Practice 2 (p.130)

1. 正解　The caller needs to find a room for (twenty) people.

    訳　話し手は、20 名用の部屋を見つける必要がある。

2. 正解　The meeting is at (two) o'clock.

    訳　会議は 2 時からである。

3. 正解　Only Conference Room A is (large) (enough).

    訳　会議室 A だけが十分な大きさである。

Practice 3 (p.130)

1. 正解　T　The listener reserved Conference Room A for next Friday.

    訳　　　聞き手は来週金曜日、会議室 A を予約した。

2. 正解　T　Conference Room A is the largest meeting facility.

    訳　　　会議室 A は最大の会議施設である。

3. 正解　F　The caller will cancel next Friday's meeting.

    訳　　　話し手は来週金曜日の会議を中止する予定である。

4. 正解　T　Room E is available at two o'clock next Friday.

    訳　　　会議室 E は来週金曜日の 2 時に利用できる。

5. 正解　F　The caller said that she would call back later.

    訳　　　話し手は後で電話をかけ直すと言った。

Unit 12

Talk B のスクリプトと訳 (p.129〜131)

※スクリプトの下線部は、(CD3-8) **Warm Up** で学習した箇所です。

(CD3-9) The questions for Talk B refer to the following telephone message.

Talk B の問題は次の電話メッセージに関するものです。

(W-Br)

<u>This is Yumiko from the human resources department. I have a request about a room you've booked.</u> I'm trying to accommodate a group of twenty people for a client meeting at two o'clock next Friday, and only Conference Room A is large enough. You currently have this room reserved, but would it be possible to move to Room E? It's fully equipped and can hold up to twelve people. Would you mind calling me back as soon as possible? Thank you.

人事部の Yumiko です。あなたが予約をした部屋のことでお願いがあります。来週の金曜日2時からの顧客との会議のため、20名を収容できる場所を手配しようとしており、会議室 A だけが十分な広さの部屋です。こちらの部屋を今予約されていますが、会議室 E へ移っていただくことはできますか。そちらは設備がきちんと整っており、12名まで収容できます。できるだけ早く折り返しお電話をいただけますか。よろしくお願いします。

Words & Phrases

human resources department　人事部　　request【名】依頼、要望
book【動】〜を予約する　　try to 〜　〜しようとする
accommodate【動】（人などを）収容できる　　client【名】クライアント、顧客
conference【名】会議　　currently【副】現在は　　have＋物＋過去分詞　（物）が〜される
reserve【動】〜を予約する　　Would it be possible to 〜?　〜していただくことはできますか。
be fully equipped　十分に装備されている　　up to 〜　〜まで
Would you mind 〜ing?　〜していただけますか。　　call 〜 back　〜に折り返し電話する
as soon as possible　できるだけ早く

Part 4

TOEIC形式問題に挑戦 (p.131)

1. Who is the speaker? / 話し手は誰ですか。

    (A) A client
    (B) A convention organizer
    (C) A colleague
    (D) A hotel manager

    (A) 顧客
    (B) コンベンションの主催者
    (C) 同僚
    (D) ホテルの支配人

正解 (C)
解説 1文目に注目。名前を名乗った後にthe human resources department「人事部」と部門名を言っており、同僚に電話をしているとわかるので (C) が正解となる。
(A) 話に client「顧客」は出てくるが、話し手ではない。
(B)・(D) 部屋の話はしているが、話し手がコンベンションの主催者やホテルの支配人だとは言っていない。

2. What is suggested about Room E? / 会議室Eについてどんなことがわかりますか。

    (A) It will be repaired next week.
    (B) It contains all necessary equipment.
    (C) It is being refurnished.
    (D) It is double-booked next Friday.

    (A) 来週、修理される予定である。
    (B) すべての必要な設備がある。
    (C) 新しい備品を設置中である。
    (D) 来週の金曜日は予約が重複している。

正解 (B)
解説 contain「含む」、necessary「必要な」、equipment「設備」。4文目の最後でRoom Eについて言及した後、5文目で It's fully equipped「そちらは設備がきちんと整っている」と言っている。It は Room E を指しており、fully equipped を別の表現で言い換えた (B) が正解。
(A) repair「～を修理する」。
(C) refurnish「新しい設備を設置する」。
(D) double-book「重複して予約を受け付ける、ダブルブッキングする」。book「～を予約する」、reserve「～を予約する」などの語句が話の中に出てくるが、予約が重複しているとは言っていない。

3. How does the speaker ask to be contacted? / 話し手はどのような方法で連絡してほしいと言っていますか。

    (A) By fax
    (B) By e-mail
    (C) In person
    (D) By phone

    (A) ファックス
    (B) Eメール
    (C) 直接会う
    (D) 電話

正解 (D)
解説 最後から2文目で、Would you mind calling me back as soon as possible?「できるだけ早く折り返しお電話をいただけますか」と頼んでいるので、(D) が正解。
(C) in person「本人が直接に、じかに」。

Talk C

Talk C のスクリプトと訳 (p.132)

Questions 1 through 3 refer to the following telephone message.

(W-Am)

Mr. Tobias, this is Maria, the receptionist at Eastman Dental Clinic. I'm calling to let you know that your 3 P.M. appointment tomorrow will need to be rescheduled. We're sorry for the inconvenience, but Dr. Walker isn't feeling well and has to take a couple of days off. He should be in on Monday, so if you could let us know when you're free next week, we'll do our best to fit you in somewhere. Could you please call us back? Thank you for understanding.

Tobias 様、Eastman 歯科医院の受付担当の Maria です。明日の午後3時のご予約を変更しなければならなくなり、お電話を差し上げています。ご迷惑をおかけして申し訳ありませんが、Walker 先生が体調不良で、数日お休みをいただかなければなりません。月曜日には復帰するはずですので、来週お時間のあるときをお知らせいただければ、どこかに予約を入れるように最善を尽くします。折り返しお電話をいただけますか。ご理解のほどよろしくお願いいたします。

Words & Phrases

receptionist 【名】受付係　　appointment 【名】予約、約束
reschedule 【動】〜の日程を変更する　　inconvenience 【名】不都合
take 〜 off （〜の期間）を仕事の休みにとる　　a couple of 〜　2, 3の〜
do one's best　全力を尽くす　　fit 〜 in　〜を（予定表などに）組み込む
somewhere 【副】どこかに、どこかで

Part 4

TOEIC形式問題に挑戦 (p.132)

1. Where does the speaker most likely work?　話し手はどこで働いていると思われますか。

   (A) At a hospital　　　　　　　　　(A) 病院
   (B) At a research company　　　　　(B) 調査会社
   (C) At a dental office　　　　　　　(C) 歯科医院
   (D) At a university　　　　　　　　(D) 大学

   正解 (C)
   解説 1文目で、this is Maria, the receptionist at Eastman Dental Clinic「Eastman 歯科医院の受付担当の Maria」と名乗っているので (C) が正解。電話で名乗るときは I am 〜ではなく、< This is ＋名前>を使う。
   (A) 3文目でDr. Walkerと言っているからといって選ばないこと。
   (D) Dr. Walker から大学教授を連想して判断しないこと。

2. When will Dr. Walker return to work?　Walker 先生はいつ仕事に戻りますか。

   (A) This afternoon　　　　　　　　(A) 今日の午後
   (B) Tomorrow morning　　　　　　(B) 明日の午前
   (C) Tomorrow afternoon　　　　　(C) 明日の午後
   (D) Early next week　　　　　　　(D) 来週の初め

   正解 (D)
   解説 3文目でDr. Walker ... has to take a couple of days off「Walker 先生は数日休まなければならない」と述べ、4文目でHe should be in on Monday「月曜日には復帰するはず」と言っているので、(D) が正解となる。be in 〜で「(職場などに) いる」という意味。
   (B)・(C) 2文目に tomorrow が出てくるが、これはすでに入っていた予約日時を示すもので、Walker 先生が復帰する日ではない。

3. What is the listener asked to do?　聞き手は何をするように依頼されていますか。

   (A) Rearrange a visit　　　　　　　(A) 来院の日時を再調整する。
   (B) Go to a pharmacy　　　　　　　(B) 薬局に行く。
   (C) Cancel a discussion　　　　　　(C) 話し合いを取りやめる。
   (D) Talk to a doctor　　　　　　　 (D) 医師と話す。

   正解 (A)
   解説 rearrange「〜の日時を再指定する」、visit「(患者の) 来診」。2文目で your 3 P.M. appointment tomorrow will need to be rescheduled「明日の午後3時の予約を変更しなければならない」と用件を伝え、4文目で if you could let us know when you're free next week, we'll do our best to fit you in somewhere「来週の時間があるときを知らせてもらえれば、どこかに予約を入れるように最善を尽くす」と言っている。よって (A) が正解となる。reschedule を (A) では rearrange で言い換えている。
   (B) pharmacy「薬局」の話はしていない。
   (C) cancel「〜を取りやめる」、discussion「話し合い、議論」。

Unit 12

Unit 13 Announcements (アナウンス)

Talk A

Vocabulary (p.133)

1. (W-Am)
   ① 正解 Visitors can buy (souvenirs) at a gift shop.
      訳　来場者は、ギフトショップで土産物を買えます。
   ② 正解 You need to use the side (exit) after 7 P.M.
      訳　午後7時を過ぎると通用口を使わなければなりません。
   ③ 正解 Nancy (purchased) a new car.
      訳　Nancyは、新しい車を購入しました。
   ④ 正解 The restaurant (remains) open until 10 P.M.
      訳　そのレストランは午後10時まで開いています。

Warm Up (p.133)

1. 正解　(A)
   選択肢 (A) At a museum　　　　　　　　訳 (A) 博物館
        (B) At a bookstore　　　　　　　　　 (B) 書店
        (C) At a hotel　　　　　　　　　　　 (C) ホテル

2. 正解　(C)
   選択肢 (A) A bargain sale　　　　　　　　訳 (A) バーゲンセール
        (B) A schedule change　　　　　　　 (B) 予定の変更
        (C) A closing time　　　　　　　　　 (C) 終業時間

※ (CD3-14) (CD3-15) のスクリプトは122ページに掲載しています。

Part 4

Practice 1 (p.134)

1. 正解 (A)

   The announcement is for [(A) visitors. (B) workers. (C) a director.]

   訳　アナウンスは [(A) 来場者　(B) 職員　(C) 館長] に向けてである。

2. 正解 (B)

   The museum will [(A) stay open later than usual. (B) be closing shortly. (C) be crowded tomorrow.]

   訳　博物館は [(A) 通常よりも遅くまで開いている　(B) まもなく閉館する　(C) 明日は混雑する]。

3. 正解 (C)

   Listeners should [(A) speak with a manager. (B) come back tomorrow. (C) move to the exit.]

   訳　聞き手は [(A) 管理者と話す　(B) 明日戻ってくる　(C) 出口に向かう] べきである。

Practice 2 (p.134)

1. 正解　The museum will be closing in (ten) minutes.
   訳　博物館は10分後に閉館する。
2. 正解　The museum shop closes at (five)-(thirty) P.M.
   訳　ミュージアムショップは午後5時30分に閉店する。
3. 正解　The museum shop is outside the south (exit).
   訳　ミュージアムショップは南出口の外にある。

Practice 3 (p.134)

1. 正解　T　This announcement is being made at 4:50 P.M.
   訳　このアナウンスは、午後4時50分に放送されている。
2. 正解　F　The museum and the store will close at the same time.
   訳　博物館と店は同時刻に閉まる。
3. 正解　F　Visitors are told to enter the museum immediately.
   訳　来場者はすぐに博物館に入るように言われている。
4. 正解　F　The visitors are in the Museum of Modern Art.
   訳　来場者は近代美術館の中にいる。
5. 正解　F　The museum will open at 10:30 A.M. the next day.
   訳　博物館は翌日午前10時30分に開館する。

Talk A のスクリプトと訳 (p.133〜135)

※スクリプトの下線部は、CD3-14 Warm Up で学習した箇所です。

CD3-15 The questions for Talk A refer to the following announcement.

(M-Au)
<u>May I have your attention, please? It is now 4:50 P.M. and the Museum of Natural History will be closing in ten minutes.</u> Please begin moving toward the exits. If you would like to purchase any souvenirs or gifts, the museum shop will remain open until 5:30 P.M. The shop is located just outside the south exit. Thank you very much for coming today, and we hope to see you again soon. The museum will open tomorrow morning at ten o'clock as usual.

Talk Aの問題は次のアナウンスに関するものです。

皆さまにご案内申し上げます。ただ今午後4時50分です。当自然史博物館はあと10分で閉館となります。お出口のほうへとお進みください。お土産やギフトをお買い求めになりたい場合、ミュージアムショップは午後5時30分まで開いております。ショップは南出口を出たすぐのところにございます。本日はご来館いただき、誠にありがとうございました。またのご来館をお待ちしております。博物館は、明日の朝通常通り10時に開館いたします。

Words & Phrases

May I have your attention, please? （館内放送などで）皆さまにご案内申し上げます。
toward 【前】 〜のほうへ、〜に向かって   exit 【名】 出口   purchase 【動】 〜を購入する
souvenir 【名】 土産物   remain 【動】 〜のままである   be located 位置する
as usual 通常通り

Part 4

TOEIC形式問題に挑戦 (p.135)

1. When is this announcement being heard? このアナウンスはいつ聞かれていますか。

    (A) In the morning
    (B) At noon
    (C) In the afternoon
    (D) At night

    (A) 午前
    (B) 正午
    (C) 午後
    (D) 夜

正解 (C)

解説 2文目で It is now 4:50 P.M.「ただ今午後4時50分」と案内しているので、(C)が正解となる。
(A) 最後の文にmorningと出てくるが、これは明朝の開館時刻の案内である。

2. What are listeners asked to do? 聞き手は何をするように求められていますか。

    (A) Check a schedule
    (B) Return tomorrow
    (C) Assist staff members
    (D) Exit the museum

    (A) 予定を調べる。
    (B) 明日戻る。
    (C) 職員を手伝う。
    (D) 博物館を出る。

正解 (D)

解説 2文目で閉館まであと10分と案内した後、3文目で Please begin moving toward the exits.「出口のほうへとお進みください」と言っているので(D)が正解。exitは名詞で「出口」、動詞で「～から退出する」。
(A) 時刻の案内からschedule「予定」を連想して選ばないこと。
(B) 最後の文に明日の開館時刻の案内があるが、明日来るようには求められていない。
(C) assist「手伝う」。staff members「職員」は話に出てこない。

3. Where is the museum shop located? ミュージアムショップはどこに位置していますか。

    (A) In the basement
    (B) On the third floor
    (C) Near the south exit
    (D) Near the north exit

    (A) 地下
    (B) 3階
    (C) 南出口の近く
    (D) 北出口の近く

正解 (C)

解説 5文目で The shop is located just outside the south exit.「ショップは南出口を出たすぐのところにある」と言っているので、正解は(C)。
(A)・(B) basement「地下」やthird floor「3階」については触れられていない。
(D) exit「出口」という語があるだけで判断しないこと。

Talk B

Vocabulary (p.136)

1. (W-Am)
   ① 正解 The new (project) has just started.
      訳 新しいプロジェクトが始まったところです。
   ② 正解 Ted is (recruiting) a new employee for the accounting department.
      訳 Ted は経理部の新しい社員を採用中です。
   ③ 正解 Mr. Chang is a new (addition) to our section.
      訳 Chang さんはわれわれの課に新たに加わる人員です。
   ④ 正解 I (am pleased to) tell you this important news.
      訳 この重要なニュースを伝えられてうれしく思います。

Warm Up (p.136)

1. 正解　(C)
   選択肢 (A) At a gym
   　　　(B) At a supermarket
   　　　(C) At an office

   訳 (A) ジム
   　　(B) スーパーマーケット
   　　(C) オフィス

2. 正解　(C)
   選択肢 (A) A new class
   　　　(B) A new product
   　　　(C) A new team member

   訳 (A) 新規講座
   　　(B) 新製品
   　　(C) 新しいチームメンバー

※ CD3-19 CD3-20 のスクリプトは 126 ページに掲載しています。

Part 4

Practice 1 (p.137)

1. 正解 (A)

    The announcement is for [(A) staff on a project team. (B) students at a business school. (C) employees in a factory.]

    訳　お知らせは [(A) プロジェクトチームのスタッフ　(B) ビジネススクールの学生　(C) 工場の従業員] に向けてである。

2. 正解 (C)

    The speaker is talking about [(A) a budget for a project. (B) a company picnic. (C) a new recruit.]

    訳　話し手は [(A) プロジェクトの予算　(B) 会社の親睦会　(C) 新しい社員] について話している。

3. 正解 (C)

    Theresa May will [(A) work in a business school. (B) retire next week. (C) start working soon.]

    訳　Theresa May は [(A) ビジネススクールで働く　(B) 来週退職する　(C) まもなく働き始める] 予定である。

Practice 2 (p.137)

1. 正解 Theresa May will join the (project) team to assist other members.

    訳　Theresa May は、プロジェクトチームに加わってほかのメンバーを手伝う。

2. 正解 Theresa May is a recent (graduate) of a business school.

    訳　Theresa May は、最近ビジネススクールを卒業した。

3. 正解 Theresa May will start work next (Monday).

    訳　Theresa May は、来週の月曜日から勤務を開始する。

Practice 3 (p.137)

1. 正解 T　A new member has been found for the project team.

    訳　　プロジェクトチームの新メンバーが見つかった。

2. 正解 F　The speaker is giving an additional assignment to the team.

    訳　　話し手はチームに追加の仕事を与えている。

3. 正解 F　The speaker is reporting on the progress of the project.

    訳　　話し手はプロジェクトの進捗状況について報告している。

4. 正解 F　Theresa May has just graduated from high school.

    訳　　Theresa May は高校を卒業したところである。

5. 正解 F　Theresa May will become the manager of the team.

    訳　　Theresa May はチームの管理者になる予定である。

Unit 13

Talk B のスクリプトと訳 (p.136〜138)

※スクリプトの下線部は、CD3-19 **Warm Up** で学習した箇所です。

The questions for Talk B refer to the following announcement.

(M-Cn)
<u>Before we start today's meeting, I'd like to make an announcement about a new addition to our project team.</u> As you know, we have been trying to recruit another staff member to assist us with our work. I'm pleased to tell you that Theresa May, a recent graduate of New York Business School, will be joining our team next Monday. I know you're all very busy working on several different projects at the moment, so it's great to have the help of a well-qualified person like Theresa.

Talk Bの問題は次のアナウンスに関するものです。

今日の会議を始める前に、われわれのプロジェクトチームに加わる新しいメンバーについてお知らせしたいと思います。皆さんご存じのように、私たちの仕事を手伝ってくれるスタッフを採用しようとしてきました。ニューヨークビジネススクールを卒業したばかりのTheresa Mayが、来週の月曜日からチームに加わることを皆さんにお伝えでき、うれしく思います。現在、いくつかの異なるプロジェクトに取り組み、皆さんとても忙しいことは承知しています。ですから資質を十分に備えたTheresaのような人の助けを得られることは素晴らしいことです。

Words & Phrases

make an announcement 発表する　　addition 【名】追加物、新人
project 【名】プロジェクト　　as you know ご存じの通り　　recruit 【動】〜を採用する
assist＋人＋with＋物 （人）の〜を手伝う　　be pleased to 〜 〜してうれしい
recent 【形】最近の、新しい　　graduate 【名】卒業生　　work on 〜 〜に取り組む
at the moment 現在　　well-qualified 【形】十分資質〔資格〕のある

Part 4

TOEIC形式問題に挑戦 (p.138)

1. When is this announcement probably being made?
   - (A) At the beginning of a party
   - (B) At the end of a conference
   - (C) At the beginning of a meeting
   - (D) At the end of a presentation

   このお知らせはいつ行われていると考えられますか。
   - (A) パーティーの初め
   - (B) 学会の終わり
   - (C) 会議の初め
   - (D) プレゼンテーションの終わり

正解 (C)
解説 冒頭で Before we start today's meeting「今日の会議を始める前に」と言っているので (C) が正解。
(A) 始めるのは会議であって、パーティーではない。
(B) meeting「会議」と似た意味を持つ conference「学会」という語があるからといって選ばないこと。
(D) presentation「プレゼンテーション」には触れられていない。

2. Why are the listeners busy?
   - (A) They are taking business classes.
   - (B) They are working on several projects.
   - (C) They have launched a new product.
   - (D) They are organizing an event.

   聞き手はなぜ忙しいのですか。
   - (A) ビジネスの授業を取っているから。
   - (B) いくつかのプロジェクトに携わっているから。
   - (C) 新製品を発売したから。
   - (D) イベントをまとめているから。

正解 (B)
解説 聞き手が忙しい理由について、話し手は4文目で I know you're all very busy working on several different projects「いくつかの異なるプロジェクトに取り組み、皆さんとても忙しいことは承知している」と述べているので (B) が正解。
(A) ビジネススクールについて触れているが、新入社員の経歴の話をしているのであり、聞き手が忙しい理由ではないので不適切。
(C) launch「(新製品を)売り出す、市場に出す」。
(D) organize「取りまとめる」。

3. What does the speaker say about Theresa May?
   - (A) She is joining the New York team.
   - (B) She graduated from art school.
   - (C) She received an award.
   - (D) She has good qualifications.

   話し手は Theresa May について何と言っていますか。
   - (A) ニューヨークのチームに加わる。
   - (B) 美術学校を卒業した。
   - (C) 受賞した。
   - (D) 良い資質を備えている。

正解 (D)
解説 qualification「資質、資格」。4文目に a well-qualified person like Theresa「資質を十分に備えた Theresa のような人」とあるので、(D) が正解となる。
(A) New York は Theresa が卒業したビジネススクールの名前に含まれているだけで、彼女が加わるチームを示しているのではない。
(B) 3文目より、Theresa は美術学校ではなくビジネススクールの卒業生であることがわかる。
(C) award「賞」については述べられていない。

Talk C

Talk C のスクリプトと訳 (p.139)

Questions 1 through 3 refer to the following announcement.

(W-Br)

Attention all passengers waiting for the delayed 5:45 train to Birmingham. The signal trouble has now been repaired, and the train is expected to arrive around 6:30 P.M. Please note the train will not be arriving at Platform 5 as originally scheduled. It will instead be arriving at Platform 3. We apologize for the delay, and thank you for your understanding.

問題1～3は次のアナウンスに関するものです。

遅れが出ているBirmingham行きの5時45分の電車をお待ちの乗客の皆さまにお伝えいたします。信号のトラブルは現在復旧し、電車は午後6時30分ごろ到着する見込みです。当初の予定の5番線には到着しませんのでご注意ください。代わって、3番線に到着いたします。電車が遅れましたことをお詫び申し上げます。ご理解のほどよろしくお願いいたします。

Words & Phrases

attention 【名】注意、注目　　passenger 【名】乗客　　delay 【動】～を遅らせる
signal 【名】信号　　repair 【動】～を修復する
be expected to ～　～すると見込まれる、～するはずだ　　note 【動】～に注意する
platform 【名】プラットホーム　　as scheduled　予定通りに　　originally 【副】もともとは
instead 【副】その代わりとして　　apologize for ～　～のお詫びをする　　delay 【名】遅延

Part 4

TOEIC形式問題に挑戦 (p.139)

1. Where most likely is the announcement being made?
   - (A) On a bus
   - (B) At an airport
   - (C) On a boat
   - (D) At a train station

このアナウンスはどこで行われていると考えられますか。
   - (A) バスの車内
   - (B) 空港
   - (C) 船上
   - (D) 電車の駅

正解 (D)
解説 1文目で Attention all passengers waiting for the delayed 5:45 train to Birmingham.「遅れが出ている Birmingham 行きの5時45分の電車をお待ちの乗客の皆さまにお伝えします」と言っている。さらに train、platform「プラットホーム」などの語が繰り返されているので、(D) が正解とわかる。(A)〜(C) passengers、arrive などの語だけから判断しないこと。

2. What is the announcement mainly about?
   - (A) A group discount
   - (B) A delayed train
   - (C) Lost luggage
   - (D) A new service

主に何についてのアナウンスですか。
   - (A) 団体割引
   - (B) 電車の遅延
   - (C) 紛失した荷物
   - (D) 新しいサービス

正解 (B)
解説 1文目で the delayed ... train「遅れが出ている電車」について述べ、2文目以降では、電車の到着予定時刻や到着ホームの案内をしている。さらに、最後の文で We apologize for the delay「遅延をお詫びします」と言っているので (B) が正解。
(C) luggage「手荷物」。

3. What change is mentioned?
   - (A) The bus will depart early.
   - (B) The train will arrive at a different platform.
   - (C) The destination will be changed.
   - (D) The airplane will arrive late.

どんな変更点が述べられていますか。
   - (A) バスが早く出発する。
   - (B) 電車が別のプラットホームに到着する。
   - (C) 行先が変更される。
   - (D) 飛行機の到着が遅れる。

正解 (B)
解説 3、4文目に注目。3文目の Please note 〜は「〜に注意してください」という表現。the train will not be arriving at Platform 5 as originally scheduled「当初の予定の5番線には到着しない」、It will instead be arriving at Platform 3.「代わって、3番線に到着する」と述べている。つまり到着ホームが変更されるので、正解は (B)。
(A) バスではなく電車の案内である。
(C) destination「行先」。行先は Birmingham で、これについての変更には触れていない。
(D) 到着の遅れについて述べているが、飛行機についてではない。

Unit 14 Advertisements & Talks (宣伝とトーク)

Talk A

Vocabulary (p.140)

1. (W-Am)
   ① 正解 Between today and Friday, all office supplies are (ten percent off).
      訳 本日から金曜日まですべての事務用品が 10 パーセント割引です。
   ② 正解 The store near the station has a good (selection) of shoes.
      訳 駅の近くにあるその店は、靴の品揃えがよいです。
   ③ 正解 Professor Nelson is very (knowledgeable).
      訳 Nelson 教授は知識がとても豊かです。
   ④ 正解 Ben almost (missed) the seminar registration deadline.
      訳 Ben は、セミナー登録の締め切りをもう少しで逃すところでした。

Warm Up (p.140)

1. 正解 (B)
   選択肢 (A) To introduce a training course　　訳 (A) 研修コースを紹介すること。
   　　　(B) To advertise a store　　　　　　　　　　(B) 店を宣伝すること。
   　　　(C) To promote a new book　　　　　　　　(C) 新しい本の販売促進をすること。

2. 正解 (B)
   選択肢 (A) Clothes　　　　　訳 (A) 服
   　　　(B) Furniture　　　　　　(B) 家具
   　　　(C) Publications　　　　(C) 出版物

※ CD3-25 CD3-26 のスクリプトは 132 ページに掲載しています。

Part 4

Practice 1 (p.141)

1. 正解 (A)

   The speaker is [(A) explaining a special offer. (B) introducing a staff member. (C) announcing a change in location.]

   訳　話し手は [(A) 特価提供の説明をしている　(B) スタッフの1人を紹介している　(C) 所在地の変更を知らせている]。

2. 正解 (C)

   The store sells [(A) food items. (B) kitchenware. (C) sofas and beds.]

   訳　その店は [(A) 食品　(B) 台所用品　(C) ソファやベッド] を販売している。

3. 正解 (C)

   The event [(A) started this week. (B) will start tomorrow. (C) will start next week.]

   訳　催しは [(A) 今週始まった　(B) 明日始まる　(C) 来週始まる]。

Practice 2 (p.141)

1. 正解　There is a minimum of (ten) percent (off) all sofas.

   訳　すべてのソファが、最低でも10パーセント割引になる。

2. 正解　Customers can discuss their (needs) with the sales staff.

   訳　顧客は必要なものを販売担当者に相談できる。

3. 正解　The sale starts next (Thursday).

   訳　セールは来週の木曜日に始まる。

Practice 3 (p.141)

1. 正解　T　All sofas in the store will be sold at special prices.

   訳　店内のすべてのソファが特別価格で販売される。

2. 正解　F　The store only carries one style of sofa.

   訳　その店はソファを1種類だけ取り扱っている。

3. 正解　F　All beds will be over 50 percent off.

   訳　すべてのベッドが50パーセント以上割引になる。

4. 正解　T　Customers can ask the sales staff for help.

   訳　顧客は販売員に助言を求めることができる。

5. 正解　F　The store will be opening next week.

   訳　その店は来週開店する。

Unit 14

Talk A のスクリプトと訳 (p.140～142)

※スクリプトの下線部は、(CD3 25) **Warm Up** で学習した箇所です。

(CD3 26) The questions for Talk A refer to the following advertisement.
(M-Au)
<u>If you're thinking about buying a new sofa or bed, now is the ideal time.</u> Vesta Furniture's big summer sale starts next week. There will be a minimum of ten percent off all sofas, and some beds will be offered at the half the original price. We have a good selection of styles and sizes. So come along to the store at Rose Park and discuss your needs with our friendly and knowledgeable sales staff. Remember, the sale starts next Thursday, so don't miss out.

Talk Aの問題は次の宣伝に関するものです。

新しいソファやベッドのご購入をお考えでしたら、今が絶好の機会です。来週からVesta Furnitureの夏の大セールが始まります。ソファは全品最低でも10パーセント割引、ベッドは定価の半額にて販売する商品もございます。種類、サイズとも豊富に取り揃えております。Rose Parkのお店にお越しいただき、話しやすく知識も豊富な販売スタッフに、必要なものをご相談ください。セールは来週の木曜日から始まりますので、ぜひお見逃しなく。

Words & Phrases

think about ～　～について考える　　ideal 【形】 理想的な、絶好の　　furniture 【名】 家具
minimum 【名】 最低限　　offer 【動】 提供する　　original 【形】 元の
selection 【名】 (商品の)品揃え　　style 【名】 型、種類　　come along to ～　～にやって来る
discuss 【動】 ～を話し合う　　needs 【名】 必要なもの　　knowledgeable 【形】 知識の豊かな
miss out　(楽しみなどを)逃す

Part 4

TOEIC形式問題に挑戦 (p.142)

1. When will the sale take place? セールはいつ行われますか。

    (A) In spring
    (B) In summer
    (C) In autumn
    (D) In winter

    (A) 春
    (B) 夏
    (C) 秋
    (D) 冬

正解 (B)
解説 take place「行われる」。2文目にVesta Furniture's big summer sale starts next week.「来週Vesta Furnitureの夏の大セールが始まる」とあるので(B)が正解。

2. What is indicated in the advertisement? 宣伝ではどんなことがわかりますか。

    (A) A variety of furniture styles are available.
    (B) Some items can be purchased online.
    (C) Free delivery is available.
    (D) All models are 50 percent off.

    (A) 家具のさまざまな種類が取り揃えてある。
    (B) オンラインで購入できる商品もある。
    (C) 配達が無料である。
    (D) すべての型が50パーセント割引である。

正解 (A)
解説 a variety of ～「さまざまな～」、available「入手できる」。4文目で We have a good selection of styles and sizes.「種類、サイズとも豊富に取り揃えている」と言っている。この文の内容を別の表現で言い換えた(A)が正解となる。
(B) online「オンラインで」や(C) free delivery「無料配達」といった案内はされていない。
(D) 3文目でsome beds will be offered at the half the original price「ベッドは定価の半額にて販売する商品もある」と言っており、半額になるのはsome bedsであってall modelsではないので不適切。

3. What is mentioned about the store staff? 店員について何と述べられていますか。

    (A) They are bilingual.
    (B) They are knowledgeable.
    (C) They are summer staff.
    (D) They are full-time workers.

    (A) 2か国語が話せる。
    (B) 知識が豊富である。
    (C) 夏期従業員である。
    (D) 正社員である。

正解 (B)
解説 5文目で knowledgeable sales staff「知識が豊富な販売スタッフ」と言っているので(B)が正解。
(A) bilingual「2か国語を話す、バイリンガルの」。
(D) full-time「常勤の、正規の」。

Unit 14

Talk B

Vocabulary (p.143)

(CD3-28) 1. (W-Am)
① 正解 After you press the button, your drink comes out (automatically).
　訳　ボタンを押すと、飲み物が自動的に出てきます。
② 正解 Visitors (are required to) get a pass.
　訳　来訪者は入場証を手に入れる必要があります。
③ 正解 The rules (apply to) everyone in the office.
　訳　その規則は、オフィスにいる人全員に適用されます。
④ 正解 (Even if) you miss the train, another one will come in ten minutes.
　訳　たとえその電車を逃しても、別の電車が10分後に来ます。

Warm Up (p.143)

(CD3-30) 1. 正解　(C)
　選択肢 (A) To greet attendees at a conference　　訳 (A) 学会で出席者に挨拶すること。
　　　　(B) To present an award　　　　　　　　　　　(B) 賞を授与すること。
　　　　(C) To introduce a tour　　　　　　　　　　　 (C) 見学を始めること。

2. 正解　(A)
　選択肢 (A) Tour rules　　　　　　　　　　　　　訳 (A) 見学の規則
　　　　(B) Scientific research　　　　　　　　　　　(B) 科学的研究
　　　　(C) Charity work　　　　　　　　　　　　　　(C) 慈善事業

※ (CD3-30) (CD3-31) のスクリプトは136ページに掲載しています。

Part 4

Practice 1 (p.144)

1. **正解** (B)
   The listeners are [(A) at a construction site. (B) in a factory. (C) in an auditorium.]
   訳 聞き手は [(A) 建設現場　(B) 工場　(C) 講堂] にいる。

2. **正解** (A)
   The listeners are about to [(A) begin a tour. (B) design a new product. (C) hear a speech.]
   訳 聞き手は [(A) 見学を始めよう　(B) 新製品の設計をしよう　(C) スピーチを聞こう] としているところである。

3. **正解** (A)
   The speaker is explaining [(A) how to stay safe. (B) how to use machinery. (C) how to design a car.]
   訳 話し手は [(A) 安全でいる方法　(B) 機械の使い方　(C) 車の設計方法] を説明している。

Practice 2 (p.144)

1. **正解** People are required to wear (hard) (hats) inside the (factory).
   訳 工場の中では、ヘルメットをかぶる義務がある。
2. **正解** The company regulations (apply) to everyone.
   訳 社内規則は全員に適用される。
3. **正解** People should follow the important (safety) rules.
   訳 人々は重要な安全規則に従うべきである。

Practice 3 (p.144)

1. **正解** F The speaker is introducing visitors to the staff.
   訳 話し手は来訪者を職員に紹介している。
2. **正解** F Visitors have to wear eye glasses during the event.
   訳 来訪者はこの催しの間、めがねをかけなければならない。
3. **正解** T The factory manufactures car parts.
   訳 この工場は車両部品を製造している。
4. **正解** F Visitors should ask before touching the machines.
   訳 来訪者は機械に触る前にたずねなければならない。
5. **正解** T The factory rules are being explained to visitors.
   訳 工場の規則が来訪者に説明されている。

Unit 14

Talk B のスクリプトと訳 (p.143〜145)

※スクリプトの下線部は、[CD3-30] **Warm Up** で学習した箇所です。

[CD3-31] The questions for Talk B refer to the following talk.

(M-Cn)
<u>Hello and welcome to the Cardiff Car Parts Factory. Before we begin our visitors' tour, I'd like to go over some important safety rules.</u> First, you are required to wear hard hats at all times inside the factory. Second, do not touch any parts of the machinery. The machines may begin moving automatically even if they do not seem to be operating. These are company regulations and apply to everyone. So please follow these rules and we can have a safe and enjoyable tour.

Talk Bの問題は次の話に関するものです。

こんにちは、Cardiff 車両部品工場にようこそ。見学を始めるにあたって、重要な安全規則を何点か確認したいと思います。まず、工場内では常にヘルメットの着用が義務付けられています。次に、機械には一切、手を触れないでください。機械は稼働しているように見えなくても、自動的に作動し始めることがあります。これらは社内規則で、全員に適用されます。では、これらの規則に従い、安全に楽しく見学しましょう。

- **Words & Phrases**

  car parts　車両部品　　tour【名】（工場などの）見学、視察　　go over　〜を見直す
  safety rule　安全規則　　first【副】第一に　　be required to 〜　〜しなければならない
  hard hat　ヘルメット　　at all times　常に、いつも　　second【副】第二に、次に
  machinery【名】機械類　　automatically【副】自動的に　　even if 〜　たとえ〜でも
  seem to 〜　〜するように見える　　operate【動】作動する　　regulation【名】規則
  apply to 〜　〜に適用する　　follow【動】従う、守る　　enjoyable【形】楽しい、楽しめる

Part 4

TOEIC形式問題に挑戦 (p.145)

1. What is the purpose of the talk? / この話の目的は何ですか。

   (A) To demonstrate a new machine
   (B) To announce a change in company policy
   (C) To introduce a factory employee
   (D) To explain guidelines to a group of visitors

   (A) 新しい機械を実演すること。
   (B) 社内方針の変更を知らせること。
   (C) 工場の従業員を紹介すること。
   (D) 来訪者の団体に指針を説明すること。

正解 (D)
解説 guidelines「指針」。2文目で Before we begin our visitors' tour, I'd like to go over some important safety rules.「見学を始めるにあたり、重要な安全規則を何点か確認したい」と言っている。続けて3文目で「ヘルメットの着用」、4文目で「機械には一切、手を触れないこと」について説明しているので (D) が正解となる。
(A) demonstrate「実演する」。機械やその動作に関係のある machinery、machines、operating といった語だけで判断しないこと。
(B) policy「方針」。社内方針の変更については述べていない。
(C) 話に出てくる factory という語から判断しないこと。

2. What must the listeners wear during the tour? / 見学中、聞き手には何の着用が義務付けられていますか。

   (A) Rubber boots
   (B) A protective helmet
   (C) A visitor's pass
   (D) A safety jacket

   (A) ゴム長靴
   (B) 保護用ヘルメット
   (C) 来館許可証
   (D) 安全ベスト

正解 (B)
解説 3文目に you are required to wear hard hats ... inside the factory「工場内ではヘルメットを着用する義務がある」とある。hard hat「ヘルメット」を protective helmet「保護用ヘルメット」と言い換えている (B) が正解。
(A) rubber「ゴム」。

3. What does the speaker say about the machines? / 話し手は機械について何と言っていますか。

   (A) They are the latest model.
   (B) They are quite hot.
   (C) They may begin moving suddenly.
   (D) They are out of order.

   (A) 最新モデルである。
   (B) かなり熱い。
   (C) 突然作動し始めるかもしれない。
   (D) 故障中である。

正解 (C)
解説 suddenly「突然に」。5文目で The machines may begin moving automatically「機械は自動的に作動し始めることがある」と述べているので、(C) が正解。
(A) latest「最新の」。
(D) out of order「故障して」。

Unit 14

Talk C

Talk C のスクリプトと訳 (p.146)

Questions 1 through 3 refer to the following speech.

(W-Am)

I'd like to thank you very much for presenting me with this award. It is a great honor to have my charity work recognized in this way. My dream is to promote education for children all over the world. Since I started the "Education for Children" program ten years ago, we have built schools in nine countries. We have also provided teachers with various workshops. And next year, we plan to move into other places where help is needed. We appreciate your continuous support. Thank you very much.

問題 1 ～ 3 は次のスピーチに関するものです。

この賞をいただき、心からお礼を申し上げたいと思います。このような形で私のチャリティー活動を認めていただいたことを大変光栄に思います。私の夢は、世界中の子どもたちのために教育を推進することです。10 年前に「子どものための教育」プログラムを始めてから、私たちは 9 か国に学校を建設しました。また、教員を対象としたさまざまな研修会も開いてきました。さらに来年は、援助が必要なほかの地域へ活動を広げようと考えております。皆さまからの継続的なご支援に感謝いたします。ありがとうございました。

Words & Phrases

present＋人＋with＋物　(人)に～を贈呈する　　award【名】賞　　honor【名】光栄、名誉
have＋目的語＋過去分詞　～が…される　　charity work　慈善事業　　recognize【動】～を認める
promote【動】～を推進する　　education【名】教育　　since【接】～以来
provide＋人＋with＋物　(人)に～を提供する　　various【形】さまざまな
workshop【名】研修会　　plan to ～　～するつもりだ　　move into ～　～へ進出する
appreciate【動】～を感謝する　　continuous【形】連続的な、継続する　　support【名】支援

Part 4

TOEIC形式問題に挑戦 (p.146)

1. Who most likely is the speaker?　　話し手はだれだと思われますか。
    - (A) A researcher
    - (B) A film director
    - (C) A charity worker
    - (D) An architect

    - (A) 研究者
    - (B) 映画監督
    - (C) 慈善活動家
    - (D) 建築家

正解 (C)
解説 2文目のmy charity work「私のチャリティー活動」から(C)が正解だと判断できる。また4、5文目で、プログラムを始めて以来「学校建設」や「教員を対象とした研修会の開催」といった活動を行っていると話している点も答えを導く助けとなる。
(A) researcher「研究者」。
(B) director「監督」。
(D) architect「建築家」。4文目のwe have built schools「学校を建設した」だけから判断しないこと。

2. According to the speaker, what does the program offer?　　話し手によると、このプログラムは何を提供していますか。
    - (A) Training for teachers
    - (B) Prizes for children
    - (C) Support to other organizations
    - (D) Housing in the countryside

    - (A) 教員向けの研修
    - (B) 子どもたちへの賞
    - (C) ほかの団体への支援
    - (D) 地方における住宅

正解 (A)
解説 5文目で We have also provided teachers with various workshops.「教員を対象としたさまざまな研修会も開いてきた」と言っている。workshop「研修会」を training「研修、訓練」という語で言い換えた(A)が正解。
(B) 1文目でaward「賞」と言っているが、賞を受けたのは話し手である女性。3、4文目に出てくるchildrenから誤って判断しないこと。
(C) 7文目のWe appreciate your continuous support. は、このプログラムへの支援に対するお礼の言葉である。
(D) housing「住宅、住居供給」、countryside「地方、田舎」。

3. What does the program plan to do next year?　　プログラムでは来年何をする予定ですか。
    - (A) Build homes for children
    - (B) Start providing food
    - (C) Expand into a new area
    - (D) Carry out surveys

    - (A) 子どもたちのための家を建設する。
    - (B) 食べ物の提供を始める。
    - (C) 新しい地域へ拡大する。
    - (D) 調査を行う。

正解 (C)
解説 6文目で next year, we plan to move into other places where help is needed「来年は、援助が必要なほかの地域へ活動を広げようと考えている」と言っている。この内容を言い換えた(C)が正解。
(A) これまでに学校を建設したとは言っているが、家については触れていない。
(B) provide「提供する」。食べ物の供給の話はしていない。
(D) carry out「~を実行する」、survey「調査」。

Unit 14

Challenge 4　(問題編 p.148〜154)

Questions 1 through 3 refer to the following telephone message.

問題 1-3 は次の電話のメッセージに関するものです。

(W-Am)
This message is for Brad Olson. It's Stacey from Dr. Hanson's office. I'm calling to remind you that you're scheduled to meet with the doctor for a checkup this Thursday. Your appointment's at eleven o'clock. Since you're a new patient, please remember to bring your proof of insurance.

Brad Olson 様へのご伝言です。Hanson 医院の Stacey です。今週の木曜日に予定している健康診断の予約の確認でお電話しています。ご予約は 11 時です。初診ですので、保険証を忘れずにお持ちください。

Words & Phrases

remind 【動】 〜に思い出させる　　be scheduled to 〜　〜する予定になっている
meet with 〜　〜と（約束して）会う　　checkup 【名】 健康診断、検査
appointment 【名】 約束、予約　　since 【接】 〜なので　　patient 【名】 患者
proof 【名】 証明　　insurance 【名】 保険

1　話し手はどこで働いていると考えられますか。
(A) 研究所
(B) 薬局
(C) 診療所
(D) 保険会社

正解 (C)
解説 2文目で It's Stacey from Dr. Hanson's office.「Hanson 医院の Stacey です」と言っている。また、3文目で電話の用件について、健康診断の予約の確認であると述べていることから (C) が正解だとわかる。
(A) research「調査、研究」、laboratory「研究所」。
(B) 医療に関する話題だが、pharmacy「薬局」と判断する内容は含まれていない。
(D) 最後の文の insurance「保険」から判断しないこと。

2　予約はいつですか。
(A) 午前 8 時
(B) 午前 9 時
(C) 午前 10 時
(D) 午前 11 時

正解 (D)
解説 4文目に Your appointment's at eleven o'clock.「あなたの予約は 11 時です」とあるので (D) が正解。appointment's は appointment is の短縮形。

3　話し手は Brad Olson に何をすることを求めていますか。
(A) 診療所に電話する。
(B) 薬を受け取る。
(C) 検査報告を確認する。
(D) 保険情報を持ってくる。

正解 (D)
解説 最後の文に、please remember to bring your proof of insurance「保険証を忘れずにお持ちください」とある。proof of insurance「保険証」を insurance information「保険情報」で言い換えている (D) が正解。
(A) 診療所に電話をすることは求めていない。telephone は動詞で「電話をかける」という意味。
(B) medication「薬剤」。
(C) lab は laboratory「研究室」の略語。

Part 4

Questions 4 through 6 refer to the following talk.
(M-Au)

Welcome to the June meeting of the Maplewood Film Club. The film we're showing this month is the award-winning *Evening Rain*. The club is especially happy to have Ms. Charlotte Blake, the film's screenwriter, here with us today. After the movie, you'll be able to ask her about the challenges of writing for film. We hope you'll stay for the discussion.

問題 4-6 は次の話に関するものです。

Maplewood映画クラブの6月の会にようこそ。今月上映する作品は、賞に輝いた*Evening Rain*です。当クラブでは、この映画の脚本家であるCharlotte Blakeさんを、今日ここにお迎えできることを特にうれしく思います。上映後は、映画用の脚本を書くというやりがいのある仕事についてBlakeさんに質問することができます。ディスカッションの時間までぜひお付き合いください。

Words & Phrases

award-winning 【形】 賞を取った　　especially 【副】 特に　　screenwriter 【名】 脚本家
be able to ～　～することができる　　challenge 【名】 やりがいのある課題
discussion 【名】 話し合い、ディスカッション

---

4 聞き手はどのようなイベントに出席していますか。
(A) 美術館の開館
(B) 野外フェスティバル
(C) 授賞式
(D) クラブの会合

正解 (D)
解説 1文目にWelcome to the June meeting of the Maplewood Film Club.「Maplewood映画クラブの6月の会にようこそ」とあるので(D)が正解。meetingには「会議」のほか「会合、集会」という意味もある。
(B) outdoor「野外の」。
(C) ceremony「式典」。2文目にaward-winning「賞を取った」とあるが、これは上映する映画についての説明である。

5 Charlotte Blake とはだれですか。
(A) 俳優
(B) 作家
(C) 映画監督
(D) イベントの主催者

正解 (B)
解説 3文目にMs. Charlotte Blake, the film's screenwriter「この映画の脚本家であるCharlotte Blakeさん」とあるので、(B)が正解。
(A)・(C) filmやmovieという語が出てくるが、actor「俳優」やfilm director「映画監督」ではない。
(D) organizer「主催者」。

6 聞き手は何をするように勧められていますか。
(A) 会員資格を更新する。
(B) 批評を書く。
(C) 話し合いに参加する。
(D) 展示を見る。

正解 (C)
解説 4文目でAfter the movie, you'll be able to ask her「上映後、Blakeさんに質問することができる」と言った後、5文目でWe hope you'll stay for the discussion.「ディスカッションの時間までぜひお付き合いください」と言っているので、(C)が正解。
(A) renew「～を更新する」、membership「会員（資格）」。
(B) screenwriter「脚本家」やwriting for filmなど、書くことに関する語句があるが、review「批評」を書くとは言っていない。
(D) view「～を見る」、exhibit「展示」。

Questions 7 through 9 refer to the following announcement.

(M-Cn)

And one last announcement: the security office will be distributing new identification badges next week. The new badges will include photos, so we're asking all employees to go to the security office and have a picture taken. I've created a schedule for when each employee should stop by the office, and I'll send it to you later today.

問題 7-9 は次のお知らせに関するものです。

ではもう1点、最後のお知らせです。来週、安全管理室が新しい社員証を配ります。新しい社員証は写真付きとなりますので、社員は全員安全管理室に行き、写真を撮ってもらってください。みなさんがそれぞれいつ安全管理室に立ち寄ればよいかスケジュールを立てましたので、今日この後それを送ります。

Words & Phrases

security 【名】安全、警備　　distribute 【動】〜を配布する　　identification badge 身分証明書
include 【動】〜を含む　　ask＋人＋to〜 （人）に〜するように頼む
have＋物＋過去分詞 （物）を〜してもらう　　create 【動】〜を作る　　stop by〜 〜に立ち寄る
later today 今日この後で

---

7. 社員は来週何を受け取りますか。
    (A) コンピュータのソフトウェア
    (B) 新しい業務割り当て
    (C) 安全の手引き
    (D) 社員証

正解 (D)
解説 1文目で the security office will be distributing new identification badges next week「来週、安全管理室が新しい社員証を配る」と言っているので、(D)が正解。
(B) assignment「割り当て、任務」。
(C) お知らせにある security から safety「安全」と関連づけて判断しないこと。

8. 社員は何をすることを求められていますか。
    (A) 自分の写真を撮影してもらう。
    (B) パスワードを変更する。
    (C) 手順を見直す。
    (D) 遅くまで職場に残る。

正解 (A)
解説 2文目で we're asking all employees to ... have a picture taken「社員は全員…写真を撮ってもらってください」とあるので、(A)が正解。
(C) review「〜を見直す」、procedure「手順、手続」。
(D) 最後の文で later today「今日この後」とあることから判断しないこと。

9. 話し手は会議の後、何をしますか。
    (A) E メールに返信をする。
    (B) スケジュールを送る。
    (C) 安全装置を配る。
    (D) 職場までの道順を提示する。

正解 (B)
解説 send out〜「〜を送る」。最後の文の後半で I'll send it to you later today「今日この後それを送る」と言っており、it は各社員が安全管理室に行くスケジュールのことなので、(B)が正解。
(C) safety gear「安全装置」。
(D) directions「道順、説明」。

Part 4

Questions 10 through 12 refer to the following advertisement.

(M-Au)

Are you looking to buy or rent a home in the Garrison City area, but you're not sure where to start? The real estate agents here at Garrison Real Estate can help. Stop by our office today and talk with one of our staff members. We'll find an apartment or house that suits you. And, just to thank you for meeting with one of our consultants, we'll give you a free gift card that you can use for purchases at the Garrison Home Improvement Store.

問題 10-12 は次の宣伝に関するものです。

Garrison市域で住居の購入や賃借を考えているけれど、何から始めてよいかわからないと思っていませんか。ここGarrison不動産の担当者がお手伝いいたします。本日事務所にお越しいただき、弊社スタッフにご相談ください。お客様にぴったりのお部屋や家を見つけます。さらに、弊社コンサルタントに会っていただいたほんのお礼として、Garrisonホームセンターでのお買い物にご利用いただけるギフト券を無料進呈いたします。

Words & Phrases

be looking to ～　～しようと思っている　　rent【動】～を賃借りする
real estate agent　不動産業者　　staff member　スタッフ　　suit【動】～に合う
just to ～　ただ～するために　　meet with ～　～と（約束して）会う
consultant【名】コンサルタント　　purchase【名】購入品

---

10 どのような事業所が宣伝されていますか。
(A) 不動産業者
(B) 清掃サービス
(C) ホームセンター
(D) レンタカー業者

正解 (A)

解説 2文目のThe real estate agents here at Garrison Real Estate can help.「ここGarrison不動産の担当者がお手伝いする」や、4文目のWe'll find an apartment or house that suits you.「お客様にぴったりの部屋や家を見つける」から、(A)が正解だと判断できる。
(C) 最後の文にGarrison Home Improvement Storeとあるが、これはギフト券を使える店の紹介なので不適切。home improvement storeは家の修繕やリフォームに必要な品などを売っている店。

11 聞き手は何をするように勧められていますか。
(A) スタッフと会う。
(B) 展示会を訪ねる。
(C) 建物を見学する。
(D) パンフレットをもらう。

正解 (A)

解説 3文目でStop by our office today and talk with one of our staff members.「本日事務所に立ち寄り、弊社スタッフにご相談ください」と言っているので、(A)が正解。
(B)～(D) いずれも宣伝の中では触れられていない。(B) trade show「展示会」、(C) tour「～を見て回る」、(D) brochure「パンフレット」。

12 聞き手には何が提供されますか。
(A) 食事
(B) ホテルの宿泊
(C) ギフト券
(D) 無料レンタル

正解 (C)

解説 最後の文でwe'll give you a free gift card「ギフト券を無料進呈する」と言っているので、(C)が正解。
(D) 最後の文にfreeという語があるが、rental「賃貸」が無料になると言っているのではない。

Challenge 4

Questions 13 through 15 refer to the following recorded message.

(M-Cn)
Thank you for calling North Park Electric Company. If you are calling to report that you do not have power, please be advised that a tree has fallen on a power line on Front Street. Crews have been sent to the area and are working to restore service as soon as possible. Power should be back on this afternoon. To repeat this message, please press one. To speak with a customer service representative, please remain on the line.

問題 13-15 は次の録音されたメッセージに関するものです。

North Park電気会社にお電話いただきありがとうございます。停電のご報告でお電話されているお客様にお知らせです。Front通りで立木が電線に倒れました。作業班が現場に送られ、できるだけ早く電力を復旧できるよう作業しております。本日の午後には復旧する見込みです。このメッセージをもう一度聞く場合は、1を押してください。お客様サービス担当者とお話しになりたい方はそのままお待ちください。

Words & Phrases
electric 【形】電気の　　power 【名】電力
please be advised that ～　～ということをお知らせいたします　　power line　送電線
crew 【名】（特定の仕事に従事する）一団、班　　restore 【動】～を復旧させる
customer service representative　顧客サービス担当者
remain 【動】～のままでいる　　on the line　電話で

---

13 話し手はどんな問題について述べていますか。
(A) 停電になっている顧客がいる。
(B) 道路が冠水している。
(C) 遅れている作業員がいる。
(D) 信号が作動しない。

正解 (A)
解説 2文目のIf you are calling to report that you do not have power「お客様が停電のご報告でお電話されているなら」や、3、4文目で電力の復旧について説明していることから、(A)が正解だと判断できる。
(B) flood「～を水浸しにする」。
(C) 3文目で、作業員は現場で復旧作業中と言っており、遅れている作業員がいるとは言っていない。
(D) traffic signal「信号」、work「作動する」。

---

14 話し手はいつ問題が解決されると予想していますか。
(A) 今日の午前
(B) 今日の午後
(C) 今夜
(D) 明日の午前

正解 (B)
解説 resolve「解決する」。4文目でPower should be back on this afternoon.「電力は今日の午後には復旧する見込みである」と言っているので、(B)が正解。

---

15 話し手によると、聞き手はどのようにすれば顧客サービス担当者と連絡が取れますか。
(A) 伝言を残す。
(B) 電話で待つ。
(C) 内線番号にかける。
(D) 別の時間に電話をかける。

正解 (B)
解説 reach「（電話などで）～と連絡を取る」。最後の文でTo speak with a customer service representative, please remain on the line.「お客様サービス担当者とお話しになりたい方はそのままお待ちください」と言っている。remain on the lineをwaiting on the phoneで言い換えた(B)が正解。
(C) dial「電話をかける」、extension「内線（番号）」。

Part 4

Questions 16 through 18 refer to the following announcement.

(W-Am)

Good morning. I have a hiring update for everyone: Cristina Gonzales will begin working as a technical support specialist starting next Monday. Cristina has a lot of experience in dealing with network problems, and we're very pleased to have her join our team. On Monday, Bill Parker will give her an orientation—show her the computer systems we use and go over our process for handling our customers' technical issues.

問題 16-18 は次のお知らせに関するものです。

おはようございます。採用に関する最新情報をみなさんにお知らせします。Cristina Gonzales さんが技術サポートの専門家として来週の月曜日から働き始めます。Cristina はネットワークのトラブルへの対応経験が豊富ですから、うちのチームに入ってもらえることを大変うれしく思います。月曜日には Bill Parker が彼女にオリエンテーションを行い、私たちが使用しているコンピュータシステムを見せ、顧客から寄せられる技術的な問題への対処方法をざっと説明します。

Words & Phrases

hiring 【名】雇用　　update 【名】最新情報　　technical support 技術サポート
specialist 【名】専門家　　deal with ~ ~に対処する　　be pleased to ~ ~してうれしい
have＋人＋動詞　（人）に~してもらう　　orientation 【名】オリエンテーション、説明会
go over ~ ~をざっと見る　　process 【名】過程、方法　　handle 【動】~を処理する
issue 【名】問題

---

16 このお知らせはどこで行われていると考えられますか。

(A) 社内会議
(B) 販売プレゼンテーション
(C) ボランティア説明会
(D) 就職説明会

正解 (A)

解説 2文目で I have a hiring update for everyone「採用に関する最新情報をみなさんにお知らせする」と言い、それ以降も月曜日から働き始める Cristina について説明していることから、(A) が正解。
(C) 4文目に orientation「オリエンテーション」が出てくるが、Bill が Cristina に行うもので、お知らせが行われている場面を示すものではない。
(D) 2文目の hiring「雇用」から job と関連づけて判断しないこと。

---

17 Cristina Gonzales とはだれですか。

(A) 顧客
(B) 供給業者
(C) 新入社員
(D) 部長

正解 (C)

解説 2文目で Cristina Gonzales will begin working ... starting next Monday「Cristina Gonzales が…来週の月曜日から働き始める」と言っているので、(C) が正解。
(A) 最後の文に customer「顧客」という語が出てくるが、顧客の技術的な問題に対処するのが Cristina の職務であり、彼女が顧客ではない。
(D) Cristina の役職については触れられていない。

---

18 Bill Parker は月曜日に何をしますか。

(A) 学会で話す。
(B) コンピュータを交換する。
(C) 書類を検討する。
(D) 同僚を指導する。

正解 (D)

解説 train「~を指導する」。最後の文に、On Monday, Bill Parker will give her an orientation「月曜日に、Bill Parker が彼女にオリエンテーションを行う」とある。この her は colleague「同僚」になる Cristina を指しているので、(D) が正解。
(B) replace「~を交換する」。最後の文に computer が出てくるが、コンピュータを交換するとは言っていない。
(C) review「~を(再)検討する」、document「書類」。

Questions 19 through 21 refer to the following telephone message.

問題19-21は次の電話のメッセージに関するものです。

(M-Au)

Hi Ray, this is Tom from human resources. I have a package here from Windsor Electronics that was supposed to be delivered to your office. It's addressed to Mr. Johnson, and since we share the same last name, it was delivered to me by mistake. I'm going to your building for a meeting at two o'clock—I'll stop by then to drop off your package.

もしもしRay、人事部のTomです。Windsorエレクトロニクスからあなたのところに届けられるはずだった荷物を私が預かっています。Mr. Johnsonという宛て名になっていて、私たちの名字が同じため、誤って私のところに配達されました。2時に会議でそちらの建物に行きます。そのときに荷物を届けに寄ります。

Words & Phrases

human resources 人事（部）　package【名】荷物、小包
be supposed to ~ ~することになっている　deliver【動】~を配達する
address ~ to ... ~を…宛てに出す　since【接】~なので　share【動】~を共有する
by mistake 誤って　drop off ~を置いていく

---

19 話し手はなぜ電話をしていますか。
(A) 同僚を紹介するため。
(B) 間違いについて話すため。
(C) 道順をたずねるため。
(D) 報告書を頼むため。

正解 (B)
解説 discuss「~について話し合う」。2、3文目でRay宛ての荷物が誤って自分のところに配達されたことを述べているので、(B)が正解。
(A) colleague「同僚」。
(C) directions「道順、説明」。

20 この同僚たちにはどんな共通点がありますか。
(A) 同じ建物で働いている。
(B) 同じ地域に住んでいる。
(C) 同じ名字である。
(D) 同じ製品を注文した。

正解 (C)
解説 coworker「同僚」、in common「共通した」。設問中のthe coworkersはRayとTomを指している。3文目でwe share the same last name「名字が同じである」と言っているので、(C)が正解。
(A) 最後の文でI'm going to your building for a meeting「会議でそちらの建物に行く」と言っているので、普段は別の建物で働いていることがわかる。
(B) neighborhood「地域、近所」。

21 話し手は何をするつもりだと言っていますか。
(A) 会議を手配する。
(B) 荷物を届ける。
(C) 郵便局に連絡する。
(D) 請求書を印刷する。

正解 (B)
解説 最後の文でI'll stop by then to drop off your package「そのときに荷物を届けに寄る」と言っている。drop offをdeliverで言い換えた(B)が正解。
(A) 2時に会議があると言っているだけで、会議の手配をするとは言っていない。
(C) package、deliverなどの語から郵便局と関連づけて判断しないこと。
(D) invoice「請求書」。

Part 4

Questions 22 through 24 refer to the following advertisement.

問題 22-24 は次の宣伝に関するものです。

(W-Br)

This message is brought to you by Linstead National Bank—sponsor of this year's Winter Parade. The event will take place on Saturday at ten. The parade will feature local schoolchildren, who'll be wearing costumes based on a winter theme. The weather is expected to be warmer than usual, so there's likely to be a large turnout. To get the best view, you may wish to arrive early.

このメッセージは、今年のウィンターパレードを後援するLinstead National銀行よりお届けします。このイベントは土曜日の10時に行われます。パレードの目玉は、冬をテーマにした衣装に身を包む地元の児童たちです。天候は平年よりも暖かいとの予想ですので、多くの人出が見込まれます。最高の眺めをお求めでしたら、早くお越しいただくとよいでしょう。

Words & Phrases

sponsor 【名】 スポンサー、後援者　　parade 【名】 パレード　　take place 行われる
feature 【動】 ～を呼び物にする　　local 【形】 地元の　　schoolchild 【名】 学童
costume 【名】 衣装　　based on ～ ～に基づいて　　theme 【名】 テーマ
be expected to ～ ～するはずだ　　than usual いつもより　　be likely to ～ ～しそうである
turnout 【名】 人出　　view 【名】 眺め　　you may wish to ～ ～するとよいだろう

---

22 土曜日に何がありますか。
(A) スポーツイベント
(B) 銀行の開業
(C) 学校のコンサート
(D) 地域のパレード

正解 (D)
解説 1文目のthis year's Winter Parade「今年のウィンターパレード」を受け、2文目でThe event will take place on Saturday「このイベントは土曜日に行われる」と説明している。また3文目で「パレードの目玉は地元の児童たち」とあり、地域のパレードとわかるので(D)が正解。
(B) この宣伝は銀行によるものだが、銀行の開業とは関係ない。
(C) 3文目のschoolchildrenからschoolと関係がある催しと判断しないこと。

23 土曜日の天気予報は何ですか。
(A) 大雨
(B) 例年になく暖かい気温
(C) 小雪
(D) 午前中は曇り空

正解 (B)
解説 unusually「いつになく、異常に」、temperature「気温」。4文目でThe weather is expected to be warmer than usual「天候は平年よりも暖かいとの予想だ」とあるので、(B)が正解。
(C) light「（量が）少ない」、snowfall「降雪」。

24 話し手は何を勧めていますか。
(A) 暖かい服を着ること。
(B) 傘を持ってくること。
(C) 早く到着すること。
(D) 中止かどうかを確認すること。

正解 (C)
解説 最後の文でyou may wish to arrive early「早く到着するとよいだろう」と言っているので、(C)が正解。
(A) 3文目にwearingがあるが、これはパレードでの児童たちの衣装について説明するのに使われている。また、4文目のwarmerは、天候が暖かいと言っているのであって、着る服について述べているのではない。
(D) cancellation「中止、キャンセル」。

Questions 25 through 27 refer to the following announcement.

(W-Am)
Good afternoon, and thank you for shopping at Moskoff Electronics. I'm sorry to announce that we just sold the last Brown Z-2 laptop computer we had in stock. But we're getting another shipment of this popular product early tomorrow morning. And if you order one before you leave today, we'll have it ready and waiting for you by the time the store opens tomorrow.

問題 25-27 は次のお知らせに関するものです。

いらっしゃいませ。Moskoffエレクトロニクスでお買い物いただきありがとうございます。申し訳ありませんが、Brown Z-2のノートパソコンは、ただ今最後の在庫品の販売が終了しました。ですが、この人気製品は明日の早朝に次の入荷を予定しています。今日お帰りの前にご注文いただければ、明日の開店時間までに、ご用意してお待ちしております。

── Words & Phrases ──
shop 【動】買い物をする　　laptop computer　ノートパソコン
have ～ in stock　～を在庫として持っている　　shipment 【名】出荷品
have＋物＋ready　(物)を準備しておく　　by the time ～　～するときまでに

25 このお知らせはだれに向けられたものですか。
(A) 報道記者
(B) 店の顧客
(C) 工場の従業員
(D) コンピュータの修理技術者

正解 (B)
解説 intend「意図する、向ける」。1文目のthank you for shopping at Moskoff Electronics「Moskoffエレクトロニクスでお買い物いただきありがとうございます」から、来店客へのお知らせだとわかる。よって(B)が正解。
(D) repair technician「修理技術者」。2文目のcomputerから判断しないこと。

26 話し手は何があったと言っていますか。
(A) 価格が引き下げられた。
(B) 発送品がたった今到着した。
(C) ある製品が売り切れた。
(D) ある型のコンピュータが生産中止となった。

正解 (C)
解説 設問は、What (does the speaker say) has happened?のように( )の部分が挿入された形。2文目でwe just sold the last Brown Z-2 laptop computer we had in stock「Brown Z-2のノートパソコンは、ただ今最後の在庫品の販売が終了した」と言っているので、(C)が正解。
(A) reduce「～を下げる」。
(B) 3文目のwe're getting another shipmentは、明朝の入荷についての説明。
(D) discontinue「(製造など)を中止する」。明朝入荷すると言っているので不適切。

27 聞き手は何をするように勧められていますか。
(A) 注文をする。
(B) ウェブサイトを確認する。
(C) 指示の続きをしっかり聞く。
(D) 製造業者に連絡する。

正解 (A)
解説 encourage＋人＋to ～「(人)に～するように勧める」。最後の文のif you order one before you leave today「今日帰る前に注文すれば」が答えにあたる部分。oneはBrown Z-2のノートパソコンを指す。動詞orderをplace an order「注文をする」という表現で言い換えた(A)が正解。
(C) listen for ～「～をしっかり聞く」、further「さらにつけ加えられた」、instructions「指示」。
(D) manufacturer「製造業者」。

Part 4

Questions 28 through 30 refer to the following telephone message.

(M-Cn)

Hi, Judy, it's Ted in the accounting department. I'm working on the reimbursement request from your business trip to New York last week. I've received the receipts for your travel expenses, but you forgot to attach the reimbursement form. I'll need that before we can reimburse you for your travel expenses. Would you mind sending the completed form to my office? Thanks, Judy.

問題 28-30 は次の電話のメッセージに関するものです。

もしもし Judy、経理部の Ted です。先週あなたが行ったニューヨーク出張の払い戻しの依頼を処理しているところです。旅費の領収書は受け取りましたが、あなたは精算書を添付し忘れていました。旅費を精算するにはそれが必要です。記入済みの精算書を私のところまで届けていただけませんか。Judy、よろしくお願いします。

Words & Phrases

accounting 【名】経理　　department 【名】部署　　work on ~　~に取り組む
reimbursement 【名】払い戻し　　request 【名】依頼　　receipt 【名】領収書
travel expenses　旅費　　forget to ~　~し忘れる　　attach 【動】~を添える
reimburse ＋人＋ for ~　（人）に~を払い戻す　　completed 【形】完成した

---

28 Judy は先週何をしましたか。
　(A) 休暇を取った。
　(B) 銀行口座を開設した。
　(C) オフィスの消耗品を買った。
　(D) 出張に行った。

正解 (D)
解説 go on a business trip「出張に行く」。2文目で Ted が Judy に対して your business trip to New York last week「先週あなたが行ったニューヨーク出張」と言っていることから、(D) が正解。
(A) メッセージ中にある trip、travel から、休暇の話だと判断しないこと。
(B) bank account「銀行口座」。
(C) supplies「補給品」。

29 問題は何ですか。
　(A) 飛行機の空席がない。
　(B) 用紙を受け取っていない。
　(C) 何枚かの領収書がない。
　(D) 間違った価格が提示された。

正解 (B)
解説 3文目で you forgot to attach the reimbursement form「あなたは精算書を添付し忘れていた」と言い、4文目で旅費を精算するにはその書類が必要だと述べている。よって (B) が正解。
(A) available「利用できる、手に入る」。
(C) missing「見当たらない」。3文目で「領収書は受け取った」と言っているので不適切。
(D) provide「~を提供する」。

30 話し手は Judy に何をすることを求めていますか。
　(A) 支払い金を送る。
　(B) 予約を変更する。
　(C) 折り返し電話をする。
　(D) 書類を提出する。

正解 (D)
解説 submit「~を提出する」、document「書類」。5文目で、Would you mind sending the completed form to my office?「記入済みの精算書を私のところまで届けていただけませんか」と依頼しているので (D) が正解。form「用紙」を (D) では document で言い換えている。
(A) send in ~「~を送付する、~を提出する」。お金を送るようには言っていない。
(C) return a call「折り返し電話をする」。

Questions 31 through 33 refer to the following announcement.

問題 31-33 は次のお知らせに関するものです。

(M-Au)
Ladies and gentlemen, in a few minutes, this train will arrive at the East Hampshire Station, our final stop. Please collect all of your belongings and get ready to exit the train. For those passengers going to Central Hampshire, please be advised: the Line 5 train does not operate on weekends, so you should take the city bus to Central Hampshire. These buses stop across the street from the station, and you can buy tickets on the bus.

皆さま、この電車はあと数分で終点のEast Hampshire駅に到着いたします。お手持ちのお荷物をすべてまとめ、降りる準備をなさってください。Central Hampshireへ向かう乗客の皆さまへお知らせです。5号線の電車は週末は運行しておりませんので、Central Hampshireへは市バスをご利用ください。バスは、通りをはさんで駅の反対側に止まります。切符はバスの車内でご購入いただけます。

Words & Phrases

a few　2, 3の〜、数〜　　stop【名】停車駅　　collect【動】〜を集める
belongings【名】所持品　　exit【動】〜を退出する　　passenger【名】乗客
please be advised　お知らせいたします　　line【名】路線　　operate【動】運行する
across【前】〜の向こう側に、〜の反対側に

---

31 話し手によると、まもなく何が起こりますか。
(A) 電車が終点に到着する。
(B) 電車が駅から出発する。
(C) 車掌が切符を回収する。
(D) 乗客が電車に乗る。

正解 (A)
解説 1文目で、in a few minutes, this train will arrive at the East Hampshire Station, our final stop「この電車はあと数分で終点のEast Hampshire駅に到着する」と言っているので、(A)が正解。(A)では、arrive atをreachで、finalをlastで言い換えている。
(B) depart「出発する」。
(C) conductor「車掌」。2文目のcollectと同じ語が使われていることから正解と判断しないこと。
(D) board「〜に乗車する」。

32 5号線の電車についてどんなことが述べられていますか。
(A) 1時間ごとに出発する。
(B) 遅れている。
(C) 平日だけ運行している。
(D) 時刻表が変更になった。

正解 (C)
解説 operate「運行する」。3文目でthe Line 5 train does not operate on weekends「5号線の電車は週末は運行していない」と言っている。つまり運行しているのは平日のみなので、(C)が正解。
(A) every「〜ごとに」。
(B) delay「〜を遅らせる」。
(D) timetable「時刻表」。

33 乗客はどのようにしてCentral Hampshireに行けますか。
(A) タクシーで
(B) 電車で
(C) バスで
(D) 徒歩で

正解 (C)
解説 3文目でyou should take the city bus to Central Hampshire「Central Hampshireへは市バスをご利用ください」と言っているので、(C)が正解。

Part 4

Questions 34 through 36 refer to the following recorded message.

(W-Br)

Welcome to Hamilton City Botanical Gardens. This audio tour highlights the plants and flowers you'll see on our grounds. Our tour begins in the Japanese Garden. From there, we'll walk around the lake with its fountains and water plants, and finally, we'll end at the center courtyard where there's a lush display of seasonal flowers in bloom. Just as a reminder, the special orchid exhibit is not part of this tour—you'll need a separate ticket for that, which can be purchased at the main entrance.

問題 34-36 は次の録音されたメッセージに関するものです。

Hamilton市立植物園へようこそ。この音声ガイドツアーでは、庭園内でご覧いただく植物や花を主に取り上げます。ツアーは日本庭園からスタートします。そこから、噴水と水生植物のある湖の周りを歩き、最後は、季節の花々が咲き乱れる緑豊かな中央庭園で終了となります。念のために申し上げますが、特別ラン展はこのツアーには含まれておりません。ラン展には別途チケットが必要で、チケットは正面入口にてお買い求めいただけます。

Words & Phrases

botanical 【形】 植物の　　audio tour 音声ガイドツアー
highlight 【動】 ～を目立たせる、～を強調する　　plant 【名】 植物　　grounds 【名】 庭園、敷地
fountain 【名】 噴水　　water plant 水生植物　　courtyard 【名】 中庭
lush 【形】 青々と茂った、繁茂した　　display 【名】 表示、展示　　seasonal 【形】 季節の
in bloom 真っ盛りで　　reminder 【名】 思い出させるもの　　orchid 【名】 ラン (花の一種)
exhibit 【名】 展示 (会)　　separate 【形】 別の　　purchase 【動】 購入する

---

34 訪問者は何を見学していますか。
(A) 美術館
(B) 庭園
(C) 市庁舎
(D) 歴史的邸宅

正解 (B)
解説 1文目にWelcome to Hamilton City Botanical Gardens.「Hamilton市立植物園へようこそ」とある。2文目以降でも、plants、flowers、courtyardなど庭園に関する語が繰り返されていることから、(B)が正解と判断できる。
(A) 4文目のdisplay、最後の文のexhibitなどから判断しないこと。
(D) historic「歴史上重要な」、residence「住宅、邸宅」。

---

35 ツアーはどこで終了しますか。
(A) 中央庭園
(B) 彫刻の展示
(C) 湖
(D) 正面入口

正解 (A)
解説 4文目にfinally, we'll end at the center courtyard「最後は、中央庭園で終了する」とあるので、(A)が正解。
(B) sculpture「彫刻」については触れられていない。
(C) 4文目から、湖は中央庭園の前に訪れる場所だとわかる。
(D) 最後の文で、正面入口はラン展のチケットが買える場所だと述べられているだけ。

---

36 特別展についてはどんなことが述べられていますか。
(A) ツアーの最初にある。
(B) 現在休業中である。
(C) 追加のチケットが必要である。
(D) 日本から貸し出されている。

正解 (C)
解説 最後の文に、you'll need a separate ticket for that「それには別途チケットが必要だ」とある。thatはthe special orchid exhibit「特別ラン展」を指していることから、(C)が正解。
(A) 最後の文で、特別展はツアーには含まれていないと言っている。
(D) on loan from ～「～から借りて」。

Questions 37 through 39 refer to the following announcement.

問題 37-39 は次のお知らせに関するものです。

(W-Br)

Good morning! I hope you're all enjoying the convention. I'd like to remind you that Dr. Lee Evans will be giving his speech right after lunch. Unfortunately, there's a sound equipment problem in this building's auditorium, so we've moved the event to the auditorium in the Jameson Center, which is on Fourteenth Street. Please pick up a map from the registration desk to help you get there.

おはようございます。皆さま本大会をお楽しみのことと思います。念のためお知らせいたします。Lee Evans博士が昼食後すぐにスピーチを行います。あいにく、館内講堂の音響設備に問題があるため、スピーチは14番通りにあるJamesonセンターの講堂に移動となりました。そちらまでの地図は受付所でお受け取りください。

Words & Phrases

convention 【名】 大会、集会　　unfortunately 【副】 あいにく　　sound 【名】 音響
equipment 【名】 設備、装置　　auditorium 【名】 講堂　　registration desk 【名】 登録受付所
help＋人＋動詞　（人）が～するのを助ける

---

37 問題は何ですか。
(A) 催しが予定よりも遅れて終わりそうである。
(B) プレゼンテーションが中止された。
(C) 音響システムが作動していない。
(D) 会議室が小さすぎる。

正解 (C)
解説 work「作動する」。4文目の前半で there's a sound equipment problem in this building's auditorium「館内講堂の音響設備に問題がある」と言っている。同じ内容を別の表現で言い換えた(C)が正解。
(A) 3文目より、催しは昼食後に行われる予定であることがわかる。
(B) プレゼンテーションが中止になったわけではない。
(D) 会場の大きさについては触れられていない。

---

38 何が変更されましたか。
(A) スピーチの場所
(B) 食事の開始時刻
(C) プレゼンテーションのテーマ
(D) 会合の長さ

正解 (A)
解説 4文目の後半で we've moved the event to the auditorium in the Jameson Center「催し会場はJamesonセンターの講堂に移動となった」と言っている。the event は直前の文で話題にされている Lee Evans 博士によるスピーチを指しているので、(A)が正解。
(B) 食事の開始時刻、(C) プレゼンテーションのテーマ、(D) 会合の長さについては触れられていない。

---

39 聞き手は何をするように求められていますか。
(A) ロビーで待つ。
(B) Eメールを確認する。
(C) 会合に登録をする。
(D) 地図を手に入れる。

正解 (D)
解説 obtain「～を入手する」。最後の文で Please pick up a map ... to help you get there「そこまでの道順の地図を…お受け取りください」と言っているので、(D)が正解。help you get there は「あなたがそこへ行く助けとなる」という意味。
(C) register for ～「～の登録をする」。最後の文にある registration から判断しないこと。registration desk「受付所」は地図を受け取る場所として説明されている。

Part 4

Questions 40 through 42 refer to the following talk.
(W-Am)

I'd like to introduce Mr. Alex Hong of Hong and Lee Architects. We've chosen his architectural firm to design our newest project, the Fair Meadows shopping center. Mr. Hong's firm is known for using building materials that reduce heating and cooling costs, which results in significant energy savings. And now Mr. Hong will tell us about some of these energy-efficient materials he proposes for the shopping center.

問題 40-42 は次の話に関するものです。

Hong and Lee設計事務所のAlex Hongさんをご紹介したいと思います。当社では、最新プロジェクトのFair Meadowsショッピングセンターの設計を彼の設計事務所に手掛けてもらうことに決めました。Hongさんの事務所は、冷暖房費を削減する建築資材を使用することで知られており、それは結果として大幅な省エネにつながります。それでは、ショッピングセンターのために提案されているエネルギー効率のよい資材のいくつかについて、Hongさんにお話しいただきます。

Words & Phrases

architectural 【形】建築の　　firm 【名】事務所　　design 【動】設計する
be known for ~　~で知られている　　building material 建築資材　　reduce 【動】削減する
heating and cooling cost 冷暖房費　　result in ~　~という結果になる
significant 【形】大幅な　　energy saving 省エネ　　energy-efficient 【形】エネルギー効率のよい
propose 【動】~を提案する

---

40 話し手は何の建築プロジェクトについて説明していますか。
(A) ショッピングセンター
(B) オフィスビル
(C) 集合住宅
(D) フィットネス施設

正解 (A)
解説 describe「~を説明する」。2文目でour newest project, the Fair Meadows shopping center「最新プロジェクトのFair Meadowsショッピングセンター」と言っているので、(A)が正解。
(C) complex「大型アパート、複合施設、総合ビル」。
(D) facility「施設」。

---

41 Hongさんはだれだと考えられますか。
(A) 銀行家
(B) 造園師
(C) 電気技師
(D) 建築家

正解 (D)
解説 1文目にMr. Alex Hong of Hong and Lee Architects「Hong and Lee設計事務所のAlex Hongさん」とある。また、2文目でWe've chosen his architectural firm to design our newest project「最新プロジェクトの設計を彼の設計事務所に手掛けてもらうことに決めた」と言っていることから、(D)が正解。
(C) 話に出てくるenergy「エネルギー」から、electrician「電気技師」と関連づけて判断しないこと。

---

42 Hongさんの会社はどんなことで有名ですか。
(A) 建築費を低く抑えること。
(B) エネルギー効率のよい資材を使用すること。
(C) 新規プロジェクトに資金を提供すること。
(D) さまざまな顧客を抱えていること。

正解 (B)
解説 3文目でMr. Hong's firm is known for using building materials that reduce heating and cooling costs「Hongさんの事務所は、冷暖房費を削減する建築資材の使用で知られている」と言い、4文目ではこの資材をthese energy-efficient materials「エネルギー効率のよい資材」と言い換えている。よって(B)が正解。
(A) construction cost「建築費」。低く抑えるのは消費エネルギーであって、建築費用ではない。
(C) fund「~に資金を出す」。2文目にnewest projectとあるが、資金提供の話はしていない。

Challenge 4

ボキャブラリーリスト

Challenge 3 と Challenge 4 で学習した語句のまとめです。復習に利用してください。

*ページ欄の番号は解説編の掲載ページです。
*品詞は本文で使われているものを記載しています。

Challenge 3

ページ		語句	品詞	意味
96	☐	empty	【形】	空いている、空の
	☐	office	【名】	執務室
	☐	downstairs	【副】	階下に
	☐	turn ~ into ...		~を…に変える
	☐	additional	【形】	追加の
	☐	hire	【動】	~を雇う
	☐	more ~ than usual		通常より多くの~
	☐	intern	【名】	実習生
	☐	fit	【動】	収まる
	☐	comfortable	【形】	快適な
97	☐	ask ~ if ...		…かどうかを(人)にたずねる
	☐	I'm not sure		私はわからない、確信が持てない
	☐	neighborhood	【名】	近隣、周辺
	☐	join	【動】	~に加わる、~に参加する
	☐	done	【形】	(用事などが)終わった
98	☐	work on ~		~に取り組む
	☐	advertising	【形・名】	広告(の)、宣伝(の)
	☐	campaign	【名】	キャンペーン、活動
	☐	major	【形】	主要な
	☐	line	【名】	商品(シリーズ)
	☐	come out		店に出る
	☐	be based on ~		~に基づいている
	☐	character	【名】	キャラクター
	☐	get ~ done		~を終わらせる
	☐	in charge of ~		~を担当して
	☐	finish up		最後の仕上げをする
	☐	launch	【名】	開始、新発売
99	☐	block	【名】	ブロック、区画
	☐	law office		法律事務所
	☐	mention	【動】	言及する
	☐	discount	【名】	割引
	☐	including ~	【前】	~を含めて
	☐	instead of ~		~の代わりに
	☐	regular	【形】	通常の
	☐	per ~	【前】	~ごとに
	☐	membership	【名】	会員資格

	☐	sign	【動】	署名する
	☐	as soon as ~		~してすぐに
	☐	get back to ~		~に戻る
100	☐	congratulations on ~		~（について）おめでとう
	☐	transport	【名】	運送
	☐	training program		研修
	☐	license	【名】	免許
	☐	certify	【動】	~を認定する
	☐	truck	【名】	トラック
	☐	intensive	【形】	集中的な
	☐	at the end of ~		~の終わりに
101	☐	rent	【動】	~を賃借りする
	☐	pick ~ up		~を受け取る
	☐	textile	【名】	織物、繊維
	☐	factory	【名】	工場
	☐	let me see		ええと（少し考えるときに使う表現）
	☐	I'm afraid that ~		（残念ながら）~だと思う
	☐	vehicle	【名】	車、車両
	☐	full-size	【形】	標準サイズの
	☐	van	【名】	バン、トラック
	☐	fabric	【名】	布地
	☐	sample	【名】	見本
	☐	bring ~ back		~を持って帰る
102	☐	take ~ out to eat		~を食事に連れていく
	☐	serve	【動】	（食事など）を出す
	☐	vegetarian	【形】	菜食主義の
	☐	review	【名】	批評
	☐	option	【名】	選択肢
	☐	though	【副】	~だけれど
	☐	stop by ~		~に立ち寄る
	☐	on one's way to ~		~への途中に
	☐	that way		そうすれば
103	☐	add	【動】	~を加える
	☐	budget report		予算報告書
	☐	draft	【名】	下書き、原稿
	☐	expenses	【名】	経費
	☐	quarter	【名】	四半期
	☐	date	【動】	日付を入れる
	☐	recent	【形】	最近の
	☐	version	【名】	~版
	☐	be about to ~		今~しようとしている
	☐	e-mail	【動】	Eメールを送る
	☐	excellent	【形】	素晴らしい

ページ		語句	品詞	意味
	☐	full	【形】	完全な
104	☐	performance	【名】	公演
	☐	a pair of 〜		ペアの〜
	☐	upstairs	【副】	2階に
	☐	balcony	【名】	(劇場などの)バルコニー席、階上席
	☐	lower level		下の階
	☐	theater	【名】	劇場、映画館
	☐	play	【名】	劇、芝居
	☐	for some time		しばらく
	☐	personally	【副】	個人的には
	☐	even though 〜		たとえ〜でも
	☐	view	【名】	眺め
	☐	entire	【形】	全体の
	☐	stage	【名】	舞台
105	☐	job posting		求人
	☐	graphic	【形】	グラフィックの、図形の
	☐	position	【名】	職、地位
	☐	artwork	【名】	絵画、(印刷物の中の)挿絵
	☐	interview	【名】	面接
	☐	a copy of 〜		1部の〜
	☐	résumé	【名】	履歴書
106	☐	professional school		専門学校
	☐	accounting	【名】	会計 (学)
	☐	survey	【動】	〜を調査する
	☐	attendee	【名】	参加者
	☐	accountant	【名】	会計士
	☐	a number of 〜		多数の〜
	☐	make sure		確認する
	☐	up-to-date	【形】	流行に詳しい、最新の
	☐	latest developments		最新情報
	☐	particularly	【副】	特に
	☐	get out of work		業務を終える
	☐	make it to 〜		〜に参加する
107	☐	dining room table		ダイニングテーブル、食卓
	☐	as you can see		ご覧のように
	☐	seat	【動】	〜を座らせることができる
	☐	at least		少なくとも
	☐	up to 〜		(最大で)〜まで
	☐	showroom	【名】	ショールーム、展示室
	☐	manufacturer	【名】	メーカー、製造業者
	☐	warehouse	【名】	倉庫
108	☐	uniform	【名】	制服
	☐	consider	【動】	熟考する

ページ		語句	品詞	意味
	☐	front desk		(ホテルなどの)フロント
	☐	staff	【名】	スタッフ、職員
	☐	professional	【形】	プロフェッショナルな、職業的な
	☐	impression	【名】	印象
	☐	reputation	【名】	評判
	☐	plus	【接】	しかも、そのうえ
	☐	return policy		返品規定
	☐	wrong	【形】	間違った、故障した
109	☐	article	【名】	論文
	☐	journal	【名】	専門誌
	☐	quarterly	【名】	季刊誌
	☐	paper	【名】	研究論文
	☐	issue	【名】	(雑誌などの)号
	☐	have a subscription to ~		~を定期購読している
	☐	come out		出版される
	☐	research project		研究プロジェクト
	☐	definitely	【副】	間違いなく
	☐	conference	【名】	(専門的な分野における)学会

Challenge 4

ページ		語句	品詞	意味
140	☐	remind	【動】	~に思い出させる
	☐	be scheduled to ~		~する予定になっている
	☐	meet with ~		~と(約束して)会う
	☐	checkup	【名】	健康診断、検査
	☐	appointment	【名】	約束、予約
	☐	since	【接】	~なので
	☐	patient	【名】	患者
	☐	proof	【名】	証明
	☐	insurance	【名】	保険
141	☐	award-winning	【形】	賞を取った
	☐	especially	【副】	特に
	☐	screenwriter	【名】	脚本家
	☐	be able to ~		~することができる
	☐	challenge	【名】	やりがいのある課題
	☐	discussion	【名】	話し合い、ディスカッション
142	☐	security	【名】	安全、警備
	☐	distribute	【動】	~を配布する
	☐	identification badge		身分証明書

ページ		語句	品詞	意味
	☐	include	【動】	～を含む
	☐	ask ＋ 人 ＋ to ～		(人)に～するように頼む
	☐	have ＋ 物 ＋ 過去分詞		(物)を～してもらう
	☐	create	【動】	～を作る
	☐	later today		今日この後で
143	☐	be looking to ～		～しようと思っている
	☐	rent	【動】	～を賃借りする
	☐	real estate agent		不動産業者
	☐	staff member		スタッフ
	☐	suit	【動】	～に合う
	☐	just to ～		ただ～するために
	☐	consultant	【名】	コンサルタント
	☐	purchase	【名】	購入品
144	☐	electric	【形】	電気の
	☐	power	【名】	電力
	☐	please be advised that ～		～ということをお知らせいたします
	☐	power line		送電線
	☐	crew	【名】	(特定の仕事に従事する)一団、班
	☐	restore	【動】	～を復旧させる
	☐	customer service representative		顧客サービス担当者
	☐	remain	【動】	～のままでいる
	☐	on the line		電話で
145	☐	hiring	【名】	雇用
	☐	update	【名】	最新情報
	☐	technical support		技術サポート
	☐	specialist	【名】	専門家
	☐	deal with ～		～に対処する
	☐	be pleased to ～		～してうれしい
	☐	have ＋ 人 ＋ 動詞		(人)に～してもらう
	☐	orientation	【名】	オリエンテーション、説明会
	☐	go over ～		～をざっと見る
	☐	process	【名】	過程、方法
	☐	handle	【動】	～を処理する
	☐	issue	【名】	問題
146	☐	human resources		人事(部)
	☐	package	【名】	荷物、小包
	☐	be supposed to ～		～することになっている
	☐	deliver	【動】	～を配達する
	☐	address ～ to ...		～を…宛てに出す
	☐	share	【動】	～を共有する
	☐	by mistake		誤って
	☐	drop off		～を置いていく
147	☐	sponsor	【名】	スポンサー、後援者

	☐	parade	【名】	パレード
	☐	take place		行われる
	☐	feature	【動】	～を呼び物にする
	☐	local	【形】	地元の
	☐	schoolchild	【名】	学童
	☐	costume	【名】	衣装
	☐	theme	【名】	テーマ
	☐	be expected to ～		～するはずだ
	☐	be likely to ～		～しそうである
	☐	turnout	【名】	人出
	☐	you may wish to ～		～するとよいだろう
148	☐	shop	【動】	買い物をする
	☐	laptop computer		ノートパソコン
	☐	have ～ in stock		～を在庫として持っている
	☐	shipment	【名】	出荷品
	☐	have ＋ 物 ＋ ready		(物)を準備しておく
	☐	by the time ～		～するときまでに
149	☐	accounting	【名】	経理
	☐	department	【名】	部署
	☐	reimbursement	【名】	払い戻し
	☐	request	【名】	依頼
	☐	receipt	【名】	領収書
	☐	travel expenses		旅費
	☐	forget to ～		～し忘れる
	☐	attach	【動】	～を添える
	☐	reimburse ＋ 人 ＋ for ～	【動】	(人)に～を払い戻す
	☐	completed	【形】	完成した
150	☐	a few		2,3の～、数～
	☐	stop	【名】	停車駅
	☐	collect	【動】	～を集める
	☐	belongings	【名】	所持品
	☐	exit	【動】	～を退出する
	☐	passenger	【名】	乗客
	☐	please be advised		お知らせいたします
	☐	line	【名】	路線
	☐	operate	【動】	運行する
	☐	across	【前】	～の向こう側に、～の反対側に
151	☐	botanical	【形】	植物の
	☐	audio tour		音声ガイドツアー
	☐	highlight	【動】	～を目立たせる、～を強調する
	☐	grounds	【名】	庭園、敷地
	☐	fountain	【名】	噴水
	☐	water plant		水生植物

ページ		語句	品詞	意味
	☐	courtyard	【名】	中庭
	☐	lush	【形】	青々と茂った、繁茂した
	☐	display	【名】	表示、展示
	☐	seasonal	【形】	季節の
	☐	in bloom		真っ盛りで
	☐	reminder	【名】	思い出させるもの
	☐	exhibit	【名】	展示 (会)
	☐	separate	【形】	別の
	☐	purchase	【動】	購入する
152	☐	convention	【名】	大会、集会
	☐	unfortunately	【副】	あいにく
	☐	sound	【名】	音響
	☐	equipment	【名】	設備、装置
	☐	auditorium	【名】	講堂
	☐	registration desk	【名】	登録受付所
	☐	help ＋ 人 ＋ 動詞		(人)が～するのを助ける
153	☐	architectural	【形】	建築の
	☐	firm	【名】	事務所
	☐	design	【動】	設計する
	☐	be known for ～		～で知られている
	☐	building material		建築資材
	☐	reduce	【動】	削減する
	☐	heating and cooling cost		冷暖房費
	☐	result in ～		～という結果になる
	☐	significant	【形】	大幅な
	☐	energy saving		省エネ
	☐	energy-efficient	【形】	エネルギー効率のよい
	☐	propose	【動】	～を提案する